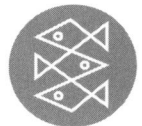

Diese Geschichte Chinas ist aus der Perspektive der Gegenwart geschrieben und zeichnet die für das Selbstverständnis des heutigen China wichtige, vieltausendjährige Geschichte nach. Besonderes Augenmerk liegt auf den Grundlinien und der Dynamik der politischen Entwicklungen in diesem großen Kulturraum, in dem heute ein Viertel der Menschheit lebt. Die Errungenschaften und Erfolge dieser Kultur, die sich noch im 18. Jahrhundert an der Spitze der Weltkulturen befand, werden ebenso anschaulich wie der langsame Aufbruch in die Moderne. Der Blick über lange Zeiträume hinweg und die Berücksichtigung des für China charakteristischen Staatskultwesens ebenso wie der vielen Religionen Chinas bringen dem Leser ein neues Chinabild vor Augen.

Der Sinologe *Helwig Schmidt-Glintzer* war von 1981 bis 1993 Ordinarius für Ostasiatische Kultur- und Sprachwissenschaft an der Universität München und ist seither Direktor der Herzog August Bibliothek Wolfenbüttel.

www.fischerverlage.de

Helwig Schmidt-Glintzer

KLEINE GESCHICHTE CHINAS

Fischer
Taschenbuch
Verlag

*K. gewidmet
und meinen Kindern
Lisa, Leander, Magdalene und Emilia*

Veröffentlicht im Fischer Taschenbuch Verlag,
einem Unternehmen der S. Fischer Verlag GmbH,
Frankfurt am Main, Mai 2010

Lizenzausgabe mit freundlicher Genehmigung des C. H. Beck Verlags
© 2008 C. H. Beck oHG, München
Alle Rechte vorbehalten
Karten: Peter Palm, Berlin
Druck und Bindung: Druckerei C. H. Beck, Nördlingen
Printed in Germany
ISBN 978-3-596-18409-5

INHALT

Vorwort 7
Einleitung 11

I. DIE ANFÄNGE 17
1. Ursprünge der chinesischen Zivilisation | 2. Das Altertum

II. REICHSEINIGUNG, KAISERZEIT UND NEUE
VIELFALT DER KULTUREN (221 v.Chr.–907 n.Chr.) . . 32
1. Aufstieg und Erfolg des Staates Qin und die Begründung des
Einheitsreiches | 2. Die Han-Dynastie: Bewährung der Ordnungsvorstellungen und der Kulte des Kaiserreiches | 3. Teilung
und Fremdvölker | 4. Die Konsolidierung der Sui- und Tang-Zeit

III. DAS BÜROKRATISCHE CHINA
UND DIE VERWIRKLICHUNG DES
EINHEITSREICHES (907–1644) 71
1. China im Kreis neuer Nachbarstaaten | 2. Das Song-Reich:
Abschluss und Neubeginn | 3. Die Mongolenherrschaft | 4. Der
Gründungsherrscher Ming Taizu und die Einigung unter der
nationalen Dynastie Ming | 5. Die kaiserlichen Hausgesetze |
6. Frühe Moderne

IV. CHINA SPRENGT SEINE GRENZEN (1644–1850) . . 111
1. Dynastiewechsel und Fremdherrschaft | 2. Die neuen Regionen und Neudefinition des Kaisertums | 3. Das 18. Jahrhundert |
4. Literatur und Bildung | 5. Chinas Demütigungen

V. CHINA UND DIE WELTGESELLSCHAFT (1850–1960) 137

1. Bedrohung von außen und die Suche nach einem neuen China | 2. Soziale Veränderungen und neue Öffentlichkeiten | 3. China, das «unbeschriebene Blatt», und die Revolution von 1911 | 4. Politische Wirren und die Suche nach einem Neuanfang 1912–1927 | 5. Die republikanische und die kommunistische Bewegung | 6. Revolutionsmodelle im Widerstreit (1927–1937) und antijapanische Einheitsfront (1937–1945) | 7. Jahre des Übergangs und das Ende des sowjetischen Vorbilds (1945–1960) | 8. Chinas Nordgrenze und die Tibetfrage

VI. AUFBRUCH UND ERKUNDUNG EIGENER WEGE SEIT 1960 198

1. Chinas wechselnde Identitäten und die Fünfte Modernisierung
2. Hongkong, Taiwan, Macau und «Großchina»

EPILOG: ELEMENTE DER ORDNUNG CHINAS 232

ANHANG
Zeittafel 243
Umschrift und Aussprache 247
Hinweise zur Literatur 249
Register 251

VORWORT

Das volkreichste Land der Welt in Ostasien als die seit Jahren dynamischste Wirtschaftsregion der Gegenwart, China, das «Europa des Ostens», wie es Gottfried Wilhelm Leibniz nannte, ist nicht nur zur größten Herausforderung für den Westen geworden, sondern durchläuft derzeit selbst einen in seiner bisherigen Geschichte mit solcher Beschleunigung niemals erlebten Wandlungsprozess. Denn die auf eigene Entwicklungsdynamiken aufbauenden, dann aber vor allem durch westliche Einflüsse beschleunigten Veränderungen haben China zu einem gänzlich neuen und gegenüber früheren Zeiten vollkommen anderen Land werden lassen. In dem Maße, in dem China sich heute dramatisch wandelt, wendet es sich in ganz neuer Weise der heutigen Weltgesellschaft, aber auch der eigenen Geschichte zu. Je ferner die eigene Vergangenheit rückt, desto wichtiger wird sie für die Gegenwart.

Zeugnisse der Geschichte finden sich allerorten, in Bauwerken, in Städten und Siedlungen und verstreut über das ganze Land. Manche dieser Zeugnisse werden bewahrt, die meisten jedoch verschwinden im Zuge der Modernisierung. Zugleich entstehen neben den Resten aus früheren Zeiten, auf dem Land wie in den Ballungsräumen, neue Bauten und städtische Strukturen. Während der Kaiserpalast in Peking aus dem frühen 15. Jahrhundert und der Platz vor dem Tor des Himmlischen Friedens, auf dem heute das Mausoleum für Mao Zedong steht, nach wie vor der Anziehungspunkt für Besucher aus aller Welt sind, findet sich auf der gleichen Nord-Süd-Achse im Norden der wichtigste bauliche Bedeutungsträger der Gegenwart, das Olympiastadion. Die Neubewertung von Geschichte und Gegenwart geschieht nicht nur unter der Jugend Chinas, die sich um ein eigenes

Chinabild bemüht, sondern auch unter Angehörigen älterer Jahrgänge, weil die durch archäologische Forschungen gewonnenen Erkenntnisse etwa zur frühen Staats- und Kulturgeschichte zunehmend Anlass bieten, die eigene Geschichte zu reflektieren. Und in solche Reflexion ist immer die Chance eingeschlossen, die Vergangenheit aus den Interessen der Gegenwart und aus den Zukunftserwartungen heraus zu deuten. Dabei entdeckt China erneut seine Geschichte.

So «objektiv» auch die Fakten sind, welche die Geschichte Chinas ausmachen, sosehr ist doch nicht nur für China und die Chinesen, sondern auch für Nichtchinesen der eigene Standpunkt von erheblicher Bedeutung für die China-Wahrnehmung. Während über lange Zeit westliche und marxistische Geschichtsdeutungsmuster vorherrschten, suchen inzwischen vor allem chinesische Historiker innerhalb und außerhalb Chinas nach einem neuen eigenen, nach einem chinesischen Standpunkt zur Deutung der Geschichte Chinas. Während also die westlichen Fragestellungen lange Zeit das Chinabild geprägt haben, wird für die Wahrnehmung Chinas der heutige Blick der Chinesen auf die eigene Geschichte immer wichtiger.

Für das Selbstbild Chinas spielt dabei eine zentrale Rolle, dass nach seinem eigenen Selbstverständnis von allen frühen Kulturen, dem alten Ägypten, den Sumerern und den Inkas, nur noch diejenige Chinas lebendig ist. Diese vieltausendjährige Geschichte ist, insbesondere im 20. Jahrhundert, in China selbst aber auch als Belastung empfunden worden. Dabei besteht hierzu kein Anlass, denn bei näherer Betrachtung zeigt sich, dass die Geschichte Chinas die Geschichte eines dauernden Wandels ist. Darauf stützt sich die Vermutung, dass die chinesische Welt eine große Zukunft haben könnte. Hinzu kommt, dass sich mit neuen Ausgrabungsfunden die Geschichte Chinas noch erheblich weiter in die Vergangenheit ausdehnt, so dass China inzwischen von einer 20 000-jährigen Geschichte sprechen kann. Es wird in der Zukunft eine Herausforderung sein, diese lange eigene Geschichte Chinas als Teil der Menschheitsgeschichte zu deuten.

Dabei wird immer auch der Kontext zu berücksichtigen sein. In den heutigen und zukünftigen geopolitischen Debatten über Rohstoffe und Interessenszonen wird China neben den USA, Europa und Eurasien – denn längst ist es nicht mehr Russland allein, welches hier bestimmend ist – als vierte Kraft eine Rolle spielen. Eurasien aber, das Land zwischen Europa und China, das die Klammer zwischen Europa und Ostasien bildet, ist über Jahrhunderte nur als Hinterland der europäischen und der chinesischen Entwicklung gesehen worden. Doch zeigt die Bedeutung dieses Territoriums heute deutlicher denn je, dass es zu einer weiteren führenden Kraft werden dürfte. Die Geschichte Chinas ist also immer nur vor der Folie dieser Regionen zu verstehen.

Mit der vorliegenden Darstellung wird ein Blick auf dieses sich stetig erneuernde und zugleich doch auch beständige China geworfen, mit dessen Geschichte und Kultur sich vertraut zu machen jedem an dem Wohlstand der Völker Interessierten selbst Gewinn bringt. Natürlich war die Entwicklung Chinas nicht zwangsläufig, und wie jede Geschichte von Kulturen und Staaten ist sie Teil einer größeren Geschichte mit naturgeschichtlichen Anteilen, vor allem aber ist sie Teil der Menschheitsgeschichte. Wir gehen also von dem heutigen China aus, dem Vielvölkerreich, innerhalb dessen – um nur einige zu nennen: mongolische, uighurische, tibetische und taiwanesische Völker leben. Es soll die Geschichte Chinas von den Anfängen bis heute dargestellt werden. Dabei muss es einerseits darum gehen, die früheren Perspektiven und Standpunkte mit zu bedenken, doch bleibt die Perspektive bewusst beschränkt auf die lange Vorgeschichte, auf die sich das heutige China berufen kann. – Es ist keine «Geschichte von unten», keine Geschichte der Verluste, keine Geschichte aus der Sicht von Dissidenten. All diese Perspektiven sollen auch berücksichtigt werden, aber im Vordergrund sollen sie nicht stehen. Dabei ist sich der Verfasser sehr wohl des Umstands bewusst, dass es viele andere Facetten von China gibt, ja geradezu ein «anderes China», das in der Literatur und in der Malerei, aber auch in vielen Texten philosophischen oder politischen Inhalts seinen Ausdruck gefunden hat und das hier nur an einigen Stellen aufscheinen kann.

China war lange nicht so erschlossen, wie wir es heute erleben. Entsprechend können wir nun seine Geschichte aus der heutigen Raumerfahrung betrachten. Der Aufstieg Chinas zur vielleicht wichtigsten Weltmacht des 21. Jahrhunderts wird verbunden mit vielerlei Fragen danach, was denn die Tradition Chinas sei. Die in der Kaiserzeit gelebten Traditionen waren noch in der Abkehr der frühen Modernisierer von der eigenen Geschichte lebendig. Es gab Zeiten, in denen chinesische Intellektuelle das Heil einzig und allein in der Übernahme westlicher Ideen sahen. Dies hat sich grundlegend geändert, und heute ist es mehr denn je die «eigene Geschichte», als deren Fortsetzung sich das China des 21. Jahrhunderts sieht.

EINLEITUNG

China hatte im Laufe seiner vieltausendjährigen Geschichte viele Namen. Seit der Zeit des Konfuzius (551–479 v. Chr.) wurde die «Mittlere Ebene» *(Zhongyuan)* als das Kernland Chinas betrachtet, und die dort herrschenden Staaten bezeichneten sich als «Mittlere Staaten» *(Zhongguo)*, eine Bezeichnung, die nach der Reichseinigung das ganze Reich bezeichnete. Heute nennt sich China *Zhonghua renmin gongheguo*, «Volksrepublik China». Doch bis zum Ende der letzten Dynastie im Jahre 1911 standen für das, was wir heute China nennen, Namen von Dynastien, deren bekannteste Han, Tang, Song, Ming und Qing lauten. Lange zuvor jedoch hatte sich schon die Vorstellung einer zusammenhängenden zivilisierten Welt gebildet, auch als «Alles unter dem Himmel» *(tianxia)* bezeichnet. Dieses «Reich» schloss die Vielfalt von Dynastien, Religionen, Organisationsformen, unterschiedlichen Wirtschaftsweisen und Lebensstilen ein, die wir alle als zu China gehörig bezeichnen müssen. China ist also zusammengesetzt, hat im Laufe seiner Geschichte immer wieder neue Gesichter gezeigt und stand dabei oft vor der Auflösung. Warum erscheint es dann heute so einheitlich? Die Einheitlichkeit hat ihren Grund in der bedeutenden Macht einer einheitlichen Schriftkultur, die zunächst durchgesetzt werden musste, die aber eine solche eigene Kraft hatte, dass sie die Idee einer «Kultur Chinas» auch über Zeiten politischer Zersplitterung hinweg stützte und beflügelte.

Dafür, dass von solch vieltausendjähriger Geschichte Chinas gesprochen werden kann, gibt es drei Gründe. Zunächst ist es seit dem Eintritt Chinas in die Weltgesellschaft wichtig für China, auf die lange Geschichte seiner Kultur zu verweisen. Hinzu kommt, dass China von außen, von seinen Nachbarn, mit denen Tributbeziehungen gepflegt wurden, und bereits seit dem 16. Jahrhundert auch aus der Sicht Europas als ein Reich mit langer Geschichte beschrieben wurde. Drittens aber finden wir in China selbst eine Tendenz zur Integration und Einheit, so dass wir geradezu von einer chinesischen Integrationsdynamik sprechen können, deren Kenntnis für das Selbstverständnis des heutigen China, aber auch im Blick auf die Zukunft entscheidend ist. Einige Teile Chinas, die erst in den letzten Jahrhunderten hinzutraten, fügen sich allerdings nicht ganz so einfach in die Einheitlichkeitsvorstellungen dieses Vielvölkerstaates, beispielsweise Tibet und das weitgehend uighurisch besiedelte Xinjiang.

Die Entfaltung der verschiedenen Kräfte einschließlich der Integrationsdynamik ist der Gegenstand des vorliegenden Buches, das den Schlüssel liefern soll zu einem Verständnis von Chinas Geschichte und Kultur, das Chinesen wie Nichtchinesen teilen können. Daher ist diese Geschichte Chinas gleichermaßen aus chinesischer wie aus westlicher Perspektive geschrieben worden. Solch «doppelter Blick» zielt auf die wechselseitige Gesprächsfähigkeit, doch kann er sich nicht ganz frei machen von der realen Dynamik des Weltgeschehens der Gegenwart, bei der China eine zunehmend wichtige Rolle zukommt.

Die großen modernen Städte Chinas werden anderen internationalen Metropolen immer ähnlicher. Die Berufung auf eine vieltausendjährige Kultur des offiziellen China erscheint dabei oft wie der hilflose Versuch, eine eigene Identität zu behaupten. Und doch ist die Vergangenheit wirksam, und die Gegenwart mit all ihren Chancen und Risiken ist ohne diesen Diskurs über die lange Vergangenheit nicht zu verstehen. Zugleich wissen wir, dass das 19. und das 20. Jahrhundert auch in China so grundstürzende Veränderungen mit sich gebracht haben, dass wir trotz vieler Anklänge an Vergangenheit von einem «neuen China» sprechen müssen, dessen Einwohner von der Geschichte Chinas und seiner Kultur in der Regel nicht mehr sehr viel wissen.

Die vorliegende Darstellung ist ganz bewusst aus der Perspektive der Erfahrungen des 20. Jahrhunderts geschrieben worden. Dabei sind erst in allerneuester Zeit ein neues Selbstverständnis Chinas und ein neuer Geltungsanspruch in der internationalen Politik hinzugetreten. Angesichts der gegenwärtigen globalen Konkurrenz um Rohstoffe und um Märkte ist es noch gar nicht absehbar, welche zukünftigen Entwicklungen möglich sind. Immer aber spielen bei Weichenstellungen die geschichtlichen Erfahrungen eine wichtige Rolle. Es muss also mit ihnen gerechnet werden. Die Erfahrungen mit dem Vormachtstreben der europäischen Mächte seit dem 19. Jahrhundert, die Emanzipation Japans und die Verstrickung der internationalen Mächte in den Bürgerkrieg in der Mitte des 20. Jahrhunderts sind in bleibender Erinnerung. Solche Erinnerungen sowie innerchinesische Erfahrungen bestimmen die innere Dynamik Chinas bisher und sicher auch in der nächsten Zukunft, wenn die politische Führung vermutlich in zunehmendem Maße Stimmungen und Meinungen größerer Bevölkerungsgruppen zu berücksichtigen haben wird.

Wenn China seinen wirtschaftlichen Fortschritt der letzten Jahre fortsetzt, werden wir im 21. Jahrhundert mit vier großen geopolitischen Gravitationszentren zu tun haben, mit China, Russland bzw. Eurasien, Europa und den USA, und jede Seite wird sich, wenn es einigermaßen gutgehen soll, auf die anderen Seiten einstellen müssen. Dabei werden – in welcher Weise auch immer – die Entwicklungen in anderen Regionen wie im Nahen und Mittleren Osten oder in Afrika und in Südostasien zu erheblichen Bestimmungsgrößen werden. Eine solche von China selbst geforderte Multizentralität steht nun in eklatantem Widerspruch zur Zentralität Chinas und auch im Gegensatz zum Selbstverständnis der USA. Das lässt Konflikte befürchten. Gerade deswegen aber wird es sehr darauf ankommen, dass sich China auch intern auf die Notwendigkeiten und Chancen eines föderativen Prozesses einstellt, der wohl der einzige Weg zur Fortsetzung der Moderne ist, während Europa seine Zersplitterung wird überwinden müssen, ohne seine innere Vielfalt aufzugeben.

Der Blick des Westens auf China hat sich geändert, und neue Horizonte haben sich aufgetan. Das betrifft die internationale Sicherheitslage, die sich verschiebenden Rohstoffkreisläufe, den zunehmenden und zugleich immer noch viel zu geringen Einfluss Chinas in der internationalen Politik und vor allem die innerchinesischen Entwicklungen auf verschiedenen Gebieten, vom Finanzsektor bis zur Energiewirtschaft, vor allem aber auf dem Gebiet der Bildung und Ausbildung. Vielleicht mehr noch als das über Jahre anhaltende wirtschaftliche Wachstum und mehr noch als der Umbau der Metropolen wird die gesteigerte Qualifizierung der nachwachsenden Generationen und deren Partizipation an der globalen Informations- und Konsumkultur einen Entwicklungsschub hin zu einem ganz «neuen» China zur Folge haben, zu dem das 20. Jahrhundert lediglich als Vorstufe erscheint. Die psychosozialen Veränderungen einer mit hohen Konsumerwartungen aufwachsenden neuen Jugend weisen auf neue Herausforderungen ganz eigener Art. Und doch wird auch dieses China anknüpfen an die älteren Traditionen, und die neuen Eliten werden sich ihrer eigenen kulturellen Identität vergewissern. Zwar wird es neue Ideale und neue Idole geben, doch zeichnet sich jetzt schon eine intensivere Zuwendung zur Geistigkeit der alten kulturellen und zivilisatorischen, darunter der religiösen wie der literarischen Traditionen ab. Äußere wie innere Herausforderungen und Naturkatastrophen sowie religiöse und soziale Bewegungen und neue Gesundheitsrisiken wie etwa Seuchengefahren und die prekäre Trinkwasserversorgung und das dramatische Sinken des Grundwasserspiegels im Norden stellen China vor gewaltige Aufgaben. Nicht nur die Chancen des Wachstums und die sozialen und politischen Risiken in China werden deutlicher, sondern mit der zunehmenden Einbindung Chinas in die internationale Politik wird sich China selbst, wird sich aber auch das Netzwerk der internationalen Beziehungen verändern. Daher bedarf es neben der sicher unverzichtbaren individuellen Beschäftigung mit China in Europa des öffentlichen Diskurses über die zukünftige

Rolle Chinas. Und gerade dabei wird man sich an der Vergangenheit orientieren.

Ein Rückblick auf die Geschichte Chinas lässt die heute noch wirksame innere Dynamik dieser Kultur, und zwar ihre Chancen wie auch ihre Gefährdungen, deutlicher erkennen. China war niemals eine Nation im modernen europäischen Sinne, sondern eine Ökumene, eine Welt. Die Beziehungen zu Völkern an den Rändern waren vielfältig, und früh schon wurden Beziehungen mit Nachbarstaaten auf der Ebene der Gleichberechtigung gepflegt. Während es in der Zeit des ersten nachchristlichen Jahrtausends nur allmählich zu einer inneren Vereinheitlichung kam, wurde die Tendenz zur sozialen und kulturellen Homogenisierung in den folgenden Jahrhunderten immer stärker. Vielleicht war die Kontinuität des Einheitsreiches seit der Mongolenherrschaft, seit der Yuan-Dynastie (1271–1368), eine Folge der Durchsetzung einer inneren Homogenisierung, insbesondere auf dem Gebiet der Erziehung und der Wertorientierungen.

Die Kontinuität scheint ohnehin seit der Song-Zeit vorzuherrschen, nicht nur weil die Mongolenherrschaft sich selbst in die chinesische konfuzianische Wertorientierung einfügt, sondern weil sich innerhalb der chinesischen Gesellschaft insbesondere durch das Erziehungs- und Bildungswesen jener Typus des Literatenbeamten zur Leitfigur entwickelt hat, der Professionalität, Gemeinwohlorientierung und Selbstkultivierung miteinander verbindet. Dass dieses erfolgreiche Staats- und Gesellschaftssystem in eine Krise geriet, die zeitlich zusammenfiel mit dem globalen Wettbewerb der europäischen Mächte um Ressourcen und Ertragschancen, ist bis heute nur zum Teil erklärt und im seither traumatisierten Selbstbewusstsein Chinas keineswegs überwunden worden.

In den letzten Jahrhunderten des Kaiserreiches bildete sich zwar eine Vielzahl intermediärer Systeme heraus, auf deren Grundlage eine Modernisierung des Reiches hätte stattfinden können. Die Bedrängnis von außen führte statt zu einer Verschärfung innerer Konflikte zu einer Stärkung nationalistischer Strömungen, insbesondere seit der 4.-Mai-Bewegung von 1919. Die Bedrohung von außen durch die imperialistischen Mächte, durch Japan vor allem, aber auch durch Europa und Nordamerika, führte zu einer Stärkung der auf Vereinheitlichung drängenden Gruppen und war daher einer Ausdifferenzierung der staatlichen und gesellschaftlichen Strukturen eher abträglich. Auf diese Weise geriet China, das sich selber als Vielvölkerstaat versteht, unter die Gewalt einer Partei, und die bereits entstandenen intermediären Organisationen und Strukturen wurden unter dem Druck der Bedrohung von außen ihrer Eigendynamik weitgehend beraubt. Eine gegenläufige Entwicklung hat sich seit den späten 70er Jahren des 20. Jahrhunderts angebahnt, deren Dynamik sich auch daraus speist, dass sie die durchaus ambivalent erlebten Krisen der ersten drei Jahrzehnte kommunistischer Herrschaft der Volksrepublik China, insbesondere die Politik des «Großen Sprungs» und die «Große Proletarische Kulturrevolution», beerbte.

Der Blick auf die Geschichte Chinas zeigt, dass der von einer Zentrale her gelenkte Staat nur kurze Perioden hindurch Bestand haben konnte. Die meiste Zeit überwog der Zustand regionaler Vielfalt oder – während der Zeit des späten Kaiserreiches – eine relative Laissez-faire-Politik gegenüber den Formen intermediärer Strukturbildung. In gewisser Weise war China auch ein «weltanschaulich neutraler» Staat, und erst dadurch war es möglich, das Reich trotz seiner religiösen Vielfalt zusammenzuhalten. Andererseits aber war es vielleicht gerade diese Tendenz zur Kohäsion, der Mangel an interner und über lange Zeit auch externer Konkurrenz, die mit zur – im Vergleich zu Europa – «verzögerten» Entwicklung beitrug.

I. DIE ANFÄNGE

1. Ursprünge der chinesischen Zivilisation

Die Kulturheroen und die Urkaiser
Weil alles, was auf chinesischem Boden gefunden wird, zur Vorgeschichte Chinas gehört, ändert sich aufgrund neuer Ausgrabungsfunde das Bild der Vor- und Frühgeschichte Chinas seit den letzten Jahren besonders stark. Vielleicht gerade weil sich China neuerdings dramatisch verändert und in vielerlei Hinsicht der internationalen Moderne angleicht, wird der Vor- und Frühgeschichte, wird den «Ursprüngen» und den Anfängen besondere Bedeutung zugemessen. Aber auch die Deutung der neueren Geschichte wandelt sich entsprechend den veränderten Interessenlagen. Dem Geschichtsbild werden diese Erkenntnisse aus Archäologie und Quellenstudium hinzugefügt, und sie werden so selbst zu bestimmenden Elementen der Gegenwart.

Die Volksrepublik China sieht sich in der Tradition der frühesten Staatsbildungs- und Vergemeinschaftungsformen auf dem Gebiet, oder besser: den Gebieten, die heute zu China gerechnet werden. Daher ist in der Chinawissenschaft gelegentlich auch von der «Chinesischen Welt» die Rede. Über die Ursprünge der Welt gibt es in China eine Vielzahl von Berichten und Mythen. Eine mit der Weltentstehung verbundene Gottesvorstellung jedoch hat sich nur im Volksglauben gebildet und wird dort mit dem Mythos von Pangu verknüpft. Seit es schriftliche Überlieferung gibt, wissen wir, dass den gebildeten Chinesen vor allem jene Gründerpersönlichkeiten wichtig waren und von ihnen verehrt wurden, die zur Entwicklung der chinesischen Zivilisation Wesentliches beigetragen haben. Diese «Kulturheroen», die «Drei Erhabenen» *(sanhuang)* und die «Fünf Urkaiser» *(wudi)*, waren Erfinder des Ackerbaus, der Wasserregulierung, des Wagenbaus, der Töpferkunst, des Seidenfadens und der Schrift. Die Erfindung der Schrift wird Huangdi, dem Gelbkaiser, zugeschrieben, der auch Pfeil und Bogen und das Boot eingeführt haben soll und dem wegen der Bedeutung der Schrift, die die chinesische Kultur einigte, eine Schlüsselfunktion zukommt. Er, der «Gelbe Kaiser», war der erste in jener Reihe von fünf vordynastischen Herrschern, die auch als Urkaiser bezeichnet werden. Die letzten drei waren Yao, dem die Erfindung des Kalenders und der Riten zugeschrieben wird, Shun, das Vorbild kindlicher Pietät, und Yu. Yao hatte mit Shun als Nachfolger einen einfachen Mann von hoher Moralität gewählt. Dieser übergab die Herrscherwürde an seinen verdienten Beamten Yu, der als dritter in der Reihe die Wasserwege ordnete. Yu, mit dem die möglicherweise legendäre Dynastie Xia (trad. 2205–1767 v. Chr.) beginnt, gliederte das Reichsgebiet in neun Regionen. Trotz aller Erfolge wurde nicht der von ihm bestimmte Mann sein Nachfolger, sondern sein Sohn. Damit wurde erstmals die Erblichkeit der Herrscherwürde in der männlichen Abfolge etabliert, welche die ganze spätere Kaiserzeit die Thronnachfolge bestimmte, auch wenn es immer wieder Ausnahmen hiervon gab. Yao, Shun und Yu aber wurden später als Modellherrscher gepriesen, und mit der Erinnerung an sie verband sich der Gedanke, dass Leistung und Verdienste, nicht aber Geburt zur Herrschaft legitimieren. Dieser Grundgedanke ist bis heute nicht aufgegeben worden.

Das Bild von der eigenen Vorgeschichte spiegelt die Erfahrungen der Menschen in der Nordchinesischen Ebene mit der «Neolithischen Revolution» wider. Der Weg der Sesshaftwerdung und der Entwicklung agrarischer Strukturen, verbunden mit der Selbstdomestikation, darunter auch der Heraufsetzung der Scham- und Peinlichkeitsschwelle und der Ausbildung komplexer Gesellschaftsstrukturen, der in China beschritten wurde, war nicht grundsätzlich verschieden von ähnlichen Prozessen in anderen Weltgegenden. Die zunächst in den Regionen Eurasiens, Afrikas und Südamerikas im Laufe der Jahrtausende ähnlich ver-

URSPRÜNGE IN DER CHINESISCHEN ZIVILISATION 19

Das chinesische Reich schließt mehr als ein Dutzend Naturräume ein. An Tibet und seine Gebirgszüge (1) schließt sich im Norden das Tarim-Becken von Xinjiang (Sinkiang, auch: Chinesisch-Turkestan) (2) an. Es folgen die Steppengebiete der Mongolei (3) und die Mandschurische Ebene (4). Nordwestlich und westlich der Halbinsel Shandong mit dem heiligen Berg Taishan (6) erstreckt sich die Nordchinesische Ebene (7), zu der die Provinz Hebei, das westliche Shandong, ein Großteil Henans und das nördliche Anhui gehören. Die Ebene wird nordwestlich von dem bergigen Shanxi-Plateau begrenzt (8) und verläuft sich nach Westen hin ins Shaanxi-Becken (9) mit dem Wei-Fluss und der Ostbiegung des Gelben Flusses. Nach Westen und dann nach Nordwesten zieht sich der Gansu-Korridor (10) am Fuße des Qinghai-Massivs bis in die Oasengebiete der östlichen Seidenstraße. Das Untere Yangzi-Tal (11) wird nach Südosten von den Küstengebieten Zhejiangs und Fujians (12) begrenzt. Die Mittlere Yangzi-Ebene (13) erstreckt sich über die Provinzen Hubei, Hunan, Jiangxi und Teile des südlichen Anhui. Weiter westlich öffnet sich hinter den engen Yangzi-Schluchten das wegen seines Bodens so genannte Rote Becken mit der Provinz Sichuan (14). Das aus den dortigen sino-tibetischen Grenzgebirgen (15) stammende Niederschlagswasser zerklüftet das südwestlich gelegene gebirgige Yunnan (16), das ostwärts in die Hochebene von Guizhou (17) und schließlich nach Guangxi (18) und Guangdong (19) ausläuft.

laufenden Kulturentwicklungen nahmen dann aber doch unterschiedliche Wege, wobei nicht nur Einflüsse und kultureller Austausch, sondern auch äußere Bedingungen wie etwa das Klima prägend wirkten. So ist auch in einem solch großen Raum wie dem Chinas eine regional unterschiedliche Entwicklung festzustellen.

Neben den Bergen spielen die Flüsse eine bestimmende Rolle: der Yangzi und für die Frühzeit vor allem der Huanghe, der Gelbe Fluss, der in seinem Unterlauf sein Bett mehrfach änderte.

Später kam der für die Getreideversorgung der Hauptstädte im Norden so wichtige Kaiserkanal hinzu. Gegenwärtig werden aufgrund der prekären Wasserversorgung insbesondere im Norden neue Wasserverbindungen geschaffen, darunter eine Ableitung eines Teils des Yangzi-Wassers in den Norden. Solche Unternehmungen wie auch das Drei-Schluchten-Staudamm-Projekt ziehen jedoch auch Kritik auf sich und werden wegen der komplexen Herausforderungen mit zur Stärkung zivilgesellschaftlicher Strukturen beitragen.

Das Alter der chinesischen Kultur
Angesichts der neueren archäologischen Funde sind traditionelle Datierungen überholt, und so könnte man, statt der Rede von der «fünftausendjährigen Geschichte», nunmehr von einer achttausendjährigen Geschichte ausgehen. Die Besiedelung Chinas ist nämlich weit älter als fünftausend Jahre. Auch der 1934 in Zhoukoudian geborgene, vor 500 000 bis 400 000 Jahren lebende Peking-Mensch gilt längst nicht mehr als der älteste Mensch in Ostasien; den im Südwesten in der Provinz Yunnan gefundenen Yuanmou-Menschen datiert man auf etwa 1,7 Millionen Jahre, abweichende Meinungen datieren ihn «jünger» auf die Zeit vor etwa 500 000 Jahren.

Nach Fundorten werden einzelne Kulturen benannt, wie etwa die von Hirseanbau, Haustierhaltung und Keramikherstellung geprägten jungsteinzeitlichen Cishan- und Peiligang-Kul-

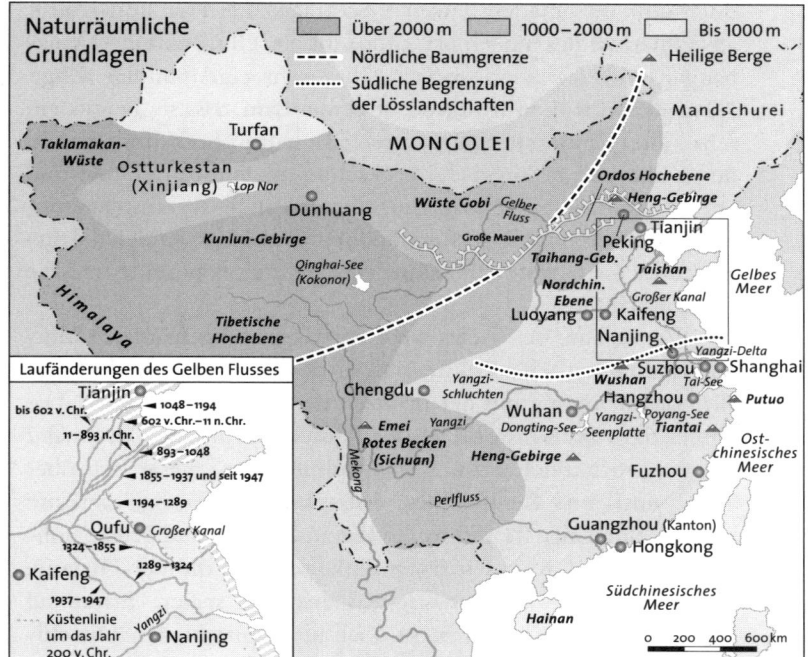

Laufänderungen des Gelben Flusses waren Folgen von Klimaänderungen oder Naturkatastrophen, im 19. Jahrhundert aber auch von jahrelanger Vernachlässigung der Deichunterhaltung.

turen des 7. bis 6. Jahrtausends v. Chr. Man muss in dieser Zeit zwischen einer südlichen Reis- und einer nördlichen Hirsezone unterscheiden. Ein etwas genaueres Bild geben uns Ausgrabungsfunde von der unweit des «Gelben Flusses» (Huanghe) gefundenen Yangshao-Kultur (ca. 5000–3000 v. Chr., Provinz Shaanxi), von der Longshan-Kultur (ca. 2400–1900 v. Chr., Provinz Shandong) und von der weiter westlich gelegenen Majiayao-Kultur (ca. 3300–2000 v. Chr., Provinzen Qinghai und Gansu). Während die Kulturen Nordchinas untereinander gewisse Ähnlichkeiten aufweisen, ist der Charakter der Kulturen des Südens doch sehr verschieden gewesen. So tragen die Hemudu-Kultur am Unterlauf des Yangzi (ca. 5000–3000 v. Chr.) und die Majiabang-Kultur (ca. 5000–4000 v. Chr.) sehr eigenständige Züge. Allen diesen frühen Kulturen ist gemeinsam, dass sie bereits ein sehr hohes technisches Niveau erreicht hatten. So kannte man in den Kulturen im Yangzi-Tal Lackschüsseln, feinste Keramik und eine Vielzahl von Werkzeugen, einschließlich Webinstrumente. Ebenso kannte man Haustiere und seit dem ausgehenden 3. Jahrtausend v. Chr. dann bereits die Verarbeitung von Seide und die Bronzetechnik.

Wie sich aus der Vielzahl der stark regional geprägten Kulturen eine chinesische Kultur bildete, ist die grundlegende Frage aller Beschäftigung mit der Frühzeit der Geschichte Chinas. Das China, das wir als historisch – weil durch schriftliche Denkmäler belegt – zu bezeichnen uns angewöhnt haben, dieser sich über Teile Nord- und Zentralchinas erstreckende Herrschaftsverband beerbte eine lange Tradition der Herausbildung und Pflege politischer, kultureller und sozialer Einheiten. Ob die der Dynastie Shang vorangehende Dynastie Xia erst eine spätere Erfindung war oder doch historisch ist, ist noch nicht entschieden. Die chinesische Kultur nahm also bereits im späten dritten Jahrtausend v. Chr., im Übergang zur Bronzezeit, bestimmtere Formen an. Allerdings hatte das damalige China nur einen Teil der heutigen Ausdehnung. Zudem veränderte sich infolge der Integration weiterer Völkerschaften und Kulturen die chinesische Kultur im Laufe der folgenden Jahrhunderte.

Natürlich gab es auf dem Gebiet des heutigen China lange schon menschliche Besiedlung, doch erst seit dem zweiten Jahrtausend v. Chr. können wir von der Durchsetzung einer Leitkultur sprechen, die zum Kern der chinesischen Zivilisation wurde. Es handelte sich um eine hochentwickelte Kultur in Yanshi Erlitou in der Provinz Henan, kurz um die Erlitou-Kultur, deren hoher Organisationsgrad und rationale Herrscherfolgeregelung die Grundlage für die Shang-Dynastie bildete. Dort hatte sich ein Netzwerk an Handels-, Abhängigkeits- und Herrschaftsbeziehungen gebildet, innerhalb dessen ein dominierender Herrscherklan seine Macht bilden und behaupten konnte. Dabei spielten vor allem die Heiratsbeziehungen des Herrscherklans eine entscheidende Rolle.

2. Das Altertum

Die bronzezeitliche Leitkultur der Xia und der Shang
Zu Beginn des zweiten vorchristlichen Jahrtausends entwickelte sich aus den verschiedenen neolithischen Kulturen in der Nordchinesischen Ebene eine hochdifferenzierte Bronzekultur, die mit dem Namen der Xia-Dynastie und dem der folgenden Shang-Dynastie verknüpft wird und in der eine eigene Schrift ebenso bekannt war wie die Technik der Metallverarbeitung, das Pferd und der Streitwagen. Es war eine Kultur des rituellen Weintrinkens.

In der Kultur der Shang-Zeit wurde die Welt als rechteckig vorgestellt. Über den vier Richtungsgottheiten und den Gottheiten von Sonne, Mond und Erde, von Bergen, Wolken, Flüssen und anderen Naturerscheinungen stand die oberste Gottheit Di, auch Shang Di oder Shangdi, eine oberste Gottheit, die man sich mit einem Hofstaat mit fünf Ministerien vorstellte. Obwohl Shangdi als allmächtig galt, hatte er doch keinen festen Platz und empfing keine Opfer. Die Ahnen des Königshauses waren in ständigem Kontakt mit den Gottheiten, vor allem mit Shangdi, und die Lebenden nahmen ihrerseits über die Betrachtung von Knochen und Schulterblättern, durch Orakelschau also, Kontakt mit den königlichen Ahnen in der anderen Welt auf. Diese Kultur der Shang, wie sie in der gelegentlich mit der Xia-Dynastie gleichgesetzten Erlitou-Phase vorbereitet worden war, wurde zur Basis aller chinesischen Kultur der späteren Jahrhunderte, indem eine Elitekultur gemeinsamer, die verschiedenen Teilkulturen verbindender Rituale begründet und anerkannt wurde. Die so geschaffenen rituellen Grundlagen wurden seither niemals aufgegeben, sondern immer nur variiert. Die Priesterkaste wurde bald in die Elitestruktur integriert, so dass sämtlicher Kult an die Staatsstruktur gebunden war, sofern er nicht im persönlichen Lebensvollzug der kleinen Leute seinen Platz finden konnte. Hier ist die Spezifik chinesischer Religiosität und ihrer gesellschaftlichen Einbettung begründet, die bis in die Gegenwart wirksam ist.

Selbstverständlich traten viele zusätzliche Elemente aus weiteren Begegnungen mit fremden Kulturen hinzu. Und doch blieb die Kultur erstaunlich stabil, weil sie sich in allen Erneuerungsphasen immer wieder an den mit dem Reichsgedanken verknüpften Ordnungsvorstellungen orientierte. Selbst die Modernisierungsprozesse im 20. Jahrhundert und die Kulturrevolution änderten daran nichts. Unterschiedliche Kulturen und Ritualtraditionen konnten so eingebunden werden. Diese kulturelle Vielfalt bei gleichzeitiger politischer Zentralisierung ist das Geheimnis Chinas bis zum heutigen Tage.

Das Wissen um den Lauf und die Konstellationen der Gestirne war für das Weltbild im alten China von zentraler Bedeutung. Deshalb auch war Astronomie keine Privatangelegenheit einzelner Gelehrter, sondern Angelegenheit des Herrschers und seiner Umgebung. Die Erstellung des Kalenders und die Aufzeichnung der Worte und Taten des Herrschers, eine Tätigkeit, die später im Geschichtsamt mündete, war anfangs der Obhut der Astronomen anvertraut. Nicht zuletzt wegen ihrer zentralen politischen Rolle sind die astronomischen Aufzeichnungen der Chinesen, insbesondere die Beobachtung «neue Sterne» betreffend, bis ins Mittelalter die genauesten und zum Teil die einzigen überlieferten derartigen Aufzeichnungen überhaupt. Der politische Umbruch im 11. vorchristlichen Jahrhundert führte zu einer beschleunigten Entwicklung auf vielen Technikgebieten, weswegen die Zeit seit etwa 1000 v. Chr. bis ins dritte vorchristliche Jahrhundert als spätere Bronzezeit bezeichnet wird, in der sich bereits vor der Mitte des Jahrtausends eine Eisentechnologie herausbildete, die sich schließlich durchsetzte.

Die Zhou-Dynastie und der Himmelskult
Die seit der Unterwerfung der Dynastie Shang und der Übernahme der Vorherrschaft durch die Zhou (11.Jh.–256 v. Chr.) zunehmend thematisierte Trennung zwischen der Welt der Götter einerseits und der Welt der Ahnen und der Menschen andererseits bestimmt in der späteren politisch-philosophischen Literatur den Grundtenor der Reflexionen. Zudem wurde der Obergott Shangdi der Shang weitgehend durch einen unpersönlichen Himmelsbegriff *(tian)* ersetzt. Die Darstellung des chinesischen Reiches in den ältesten Urkunden trug wesentlich dazu bei, die bereits länger bestehende Ansicht zu zementieren, dass das Herrschaftsgebiet des chinesischen Kaisers «alles unter dem Himmel» *(tianxia)* umfasst und eine von Barbaren und den Vier Meeren umgebene Insel sei. Damit verbunden war eine Vorstellung von konzentrisch angeordneten Bereichen, in deren Mitte sich der Bereich des chinesischen Herrschers als Zentrum der Zivilisation befand, deren Wirkung sich nach außen abschwächte und an deren äußersten Rändern nur noch Barbarei vermutet wurde. Die Wirkung dieser Vorstellung war nachhaltig, und eigentlich wurde bis ins 19. Jahrhundert neben dem vagen Wissen von fernen Kontinenten und Reichen die Ökumene, «alles unter dem Himmel» *(tianxia)*, als ein um ein Zentrum geordneter und von Meeren umgrenzter Kulturraum mit barbarischen Rändern vorgestellt.

Diese Weltbildkonstruktion war eine Folge geänderter Ritualpraxis, die mit der Abwertung der Götter und Klan-Ahnen einherging. Zugleich prägte diese Weltsicht die Weltdeutung der umliegenden Kulturen, die sich auch in ihrer sozialen Organisation, vor allem in der Klan-Organisation, dem Vorbild der Zhou anschlossen. Dieser Anpassungsprozess verlief über mehrere Jahrhunderte, so dass insbesondere im sechsten, fünften und vierten vorchristlichen Jahrhundert die Voraussetzungen für Standardisierungen und Vereinheitlichungen geschaffen wurden, ohne welche die Reichseinigung nicht hätte verwirklicht werden können. Gleichwohl blieben bestimmte regionale Eigenheiten erhalten, und in den politischen Prozessen der Selbstbehauptung einzelner Regionen sind manche der alten Kulturen, namentlich die der Chu-Kultur in der heutigen Provinz Hubei, wieder in ihrer Eigenständigkeit zur Geltung gebracht worden. Dabei dienten mit Vorliebe archäologische Funde als Demonstrationsobjekte.

Trotz der Gleichsetzung von Kulturwelt und chinesischem Reich hat das Reich in der Praxis doch nach außen hin durchaus gleichrangige Vertragspartner akzeptiert. Nach innen aber sollte sich der Umstand, dass Staatlichkeit «von Anfang eine Sache der Lehen» war (Herbert Franke), als höchst folgenreich erweisen. Denn dies begünstigte die Bildung der Teilstaaten und den Zusammenbruch der Han-Dynastie und damit die schrittweise Ausdehnung des chinesischen Kulturraumes. Zwar erweiterte sich der Staatsbegriff, doch blieb Staatlichkeit an eine Person, den Herrscher nämlich, gebunden, während die institutionelle Seite der Beamtenschaft oblag. Um einen abstrakteren, für die chinesische Nation geeigneteren Staatsbegriff drehten sich daher die gedanklichen Bemühungen unter den politischen Denkern Chinas seit dem späten 19. Jahrhundert.

Die Zhou-Dynastie war übrigens die am längsten dauernde Dynastie in der Geschichte Chinas, und auch deswegen wurde diese Epoche zum Vorbild für alle späteren Zeiten. Die Ausbildung eines fest umgrenzten Staatsgebietes im alten China geschah in dieser Zeit, wenn auch nur allmählich. Gebietsansprüche mit festen Grenzfestlegungen wurden zuerst in der Zeit des Zerfalls der Zhou-Dynastie formuliert, als einzelne Teilstaaten sich gegeneinander durch Wälle und Verteidigungslinien abgrenzten. Teile dieser Wälle gingen dann unter der Vorherrschaft des Staates Qin und nach der Reichseinigung durch diesen Staat in die «Große Mauer» ein.

Der Feudalismus der Zhou-Dynastie
Nach der Unterwerfung der Shang durch die Zhou um das Jahr 1045 v. Chr. hatten die Zhou die Mitglieder ihres Klans bzw. enge Verbündete belehnt, aber auch Nachkommen des früheren Herr-

scherhauses der Shang sowie einzelne lokale Machthaber. So zerfiel das Territorium in eine Vielzahl kleinerer politischer Einheiten. Die politische Geschichte der Zhou-Dynastie ist gekennzeichnet durch die wechselnden Allianzen der Teilterritorien, durch Kriege und Vereinnahmungen.

Die Zhou-Zeit wird gewöhnlich in drei Perioden unterteilt, «Westliche Zhou», «Frühling- und Herbstzeit» und «Streitende Reiche», von denen die zweite und die dritte auch als «Östliche Zhou» zusammengefasst werden (siehe Zeittafel). Die Westliche Zhou beginnt mit dem Gründungsherrscher König Wen, nach anderer Lesart mit der Eroberung der Shang durch seinen Nachfolger König Wu. Nach neueren Berechnungen fand die Eroberung der Shang nach dem Jahr 1059 v. Chr. statt, nach Meinung einer offiziellen Historikerkommission im Jahre 1046 v. Chr. Die genaue Chronologie aber bleibt vage, und erst mit dem Jahr 841 v. Chr. (nach westlichem Kalendarium) beginnt eine zuverlässige Zeitrechnung.

In der auf die Periode der Westlichen Zhou («Westlich» wegen der Lage der Hauptstadt) folgenden sog. Frühlings- und Herbst-Periode (722–481 v. Chr.) dürften mehr als 170 Staaten existiert haben. Um 400 v. Chr. waren es noch etwa ein Dutzend Teilstaaten, von denen dann sieben, Wei, Hán, Zhao, Qi, Yan, Chu und Qin, zu Königreichen wurden. Zu Beginn der Periode der «Streitenden Reiche» (die Zeit zwischen 403 und 221 v. Chr.) gab es außer dem Zhou-Staat nur noch sieben größere Staaten. Mit der Expansion eines dieser Staaten, des Staates Qin, und der Errichtung seiner Vorherrschaft und der Unterwerfung der anderen Teilstaaten endet das Chinesische Altertum, und es beginnt eine lange Zeit staatlich-gesellschaftlicher Gestaltung, die auch als «bürokratischer Staatszentralismus» bezeichnet worden ist.

Während der ersten Jahrhunderte der Zhou-Zeit war die Bindung einzelner Bauernfamilien an ein bestimmtes Land vorherrschend; einen Teil ihrer Arbeitskraft hatten sie auf den Feldern ihres Lehnsherrn einzubringen. Seit 594 v. Chr. aber wurde, zunächst im Staate Lu, dann in anderen Staaten, als neue Form

28 DIE ANFÄNGE

Dialekte des Hoch-chinesischen (Mandarin)

- Ⓐ Nördliches Mandarin
- Ⓑ Unterer Yangzi-Mandarin
- Ⓒ Nordwest-Mandarin
- Ⓓ Südwest-Mandarin

A.G. = Autonomes Gebiet

Andere chinesische Sprachen

- Kantonesisch
- Kejia (Hakka)
- Min
- ① Xiang
- ② Gan
- ③ Wu

Andere (nichtchinesische) Sprachen

- Birmanisch
- Mongolisch
- Tibetisch
- Kasachisch
- Uighurisch
- Zhuang

Die chinesische Zeichenschrift überbrückt seit alters die Dialekt- und Sprachenvielfalt. Seit der Reichseinigung wurde die Sprache der Nordchinesischen Ebene zum Leitdialekt für die Amtssprache («guanhua»).

der Steuererhebung die Naturalabgabe eingeführt. In manchen Fällen gingen diese Abgaben unmittelbar an den Staat, unter Umgehung der Lehnsherren, wodurch sich die Bindung an diese lockerte. Die Entwicklung zur unmittelbaren Unterstellung unter den König wurde durch Landerschließungen beschleunigt. Durch die neue Teilabhängigkeit der Bauern scheint deren Produktivität gesteigert worden zu sein; zugleich aber wurde der Landverkauf erleichtert, so dass sich zunehmend Großgrundbesitz bildete.

Von Feudalismus kann bereits seit den zentralistischen Tendenzen in den Teilstaaten des 4. und 3. Jahrhunderts v. Chr., insbesondere seit der Reichseinigung unter Qin Shihuangdi, nicht mehr die Rede sein. Eher wird man von zentralstaatlicher Bürokratie sprechen müssen, in der immer aber auch partikulare Interessen, vor allem der landbesitzenden Aristokratie, eine wichtige Rolle spielten. Im Laufe der Han-Zeit konzentrierte sich der Landbesitz in den Händen weniger. In der Folgezeit wurden von nahezu allen Dynastien Versuche unternommen, der Tendenz zur Landkonzentration Einhalt zu gebieten oder diese rückgängig zu machen. Obwohl es Sklaverei gab, war diese zu keiner Zeit bestimmend. Denn zwar erforderte die Bewässerungswirtschaft einen hohen Organisationsgrad, doch erwies sich bald die Notwendigkeit der Selbstversorgung der einzelnen Arbeiter und ihrer Familien als die wirtschaftlichste Form der Arbeitsorganisation, an der die Zentralregierung auch wegen des über lokale Organisationsformen gesicherten Zugriffs auf die Erträge der einzelnen Bauern interessiert war. Nur so konnte der kleinflächige intensive Landbau, vor allem der Nassreisanbau in Zentral- und Südchina, organisiert werden. Diese eher gärtnerische Form der Landbewirtschaftung sicherte über die Jahrhunderte die Ernährung einer wachsenden Bevölkerungszahl.

30 DIE ANFÄNGE

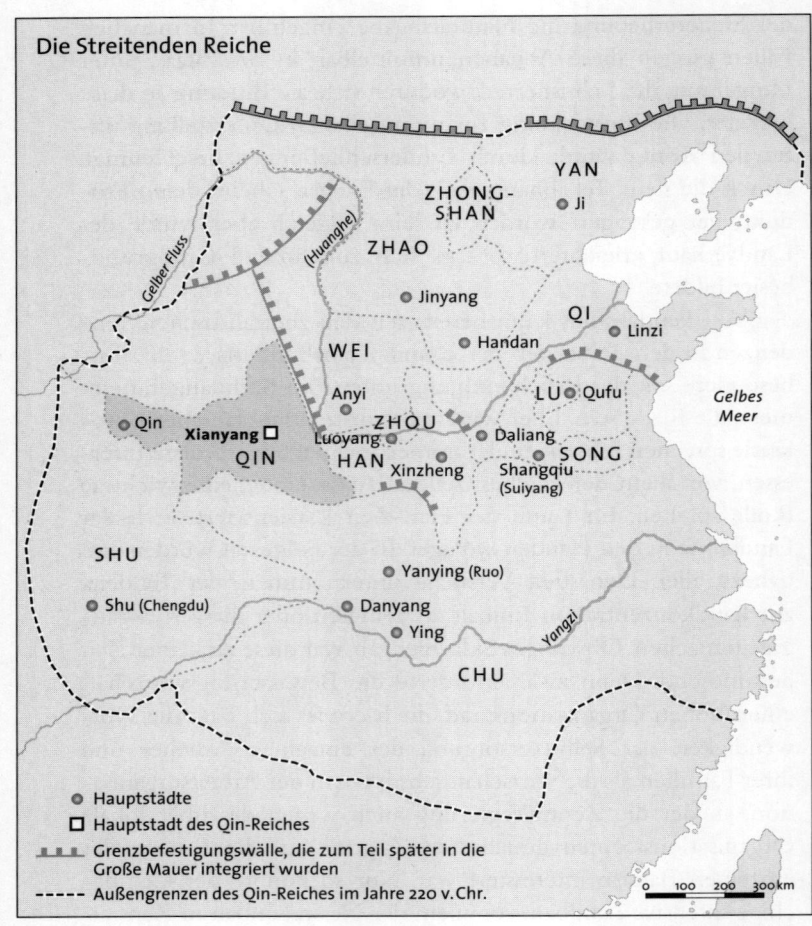

In der Zeit der Streitenden Reiche (Zhanguo-Zeit: 403–221 v. Chr.) bildeten sich Diplomatie und Staatlichkeit aus, und bis in die Gegenwart ist diese Epoche der Multizentralität Chinas in der Erinnerung präsent.

Außenbeziehungen

Die Pflege von Außenbeziehungen und Diplomatie war nur die Kehrseite eines in der Teilstaatenepoche insbesondere in den Grenzstaaten entstandenen Abwehrmechanismus gegen die Barbaren. Äußeres Zeichen der Abgrenzung untereinander und gegen die nördlichen Steppenzonen waren häufig Wälle aus Lehm, Vorformen der späteren Chinesischen Mauer, die von dem Staat Qin nach der Reichseinigung teilweise zum Bau eines Gesamtsystems von Abgrenzungswällen verwendet wurden. In jedem Falle spielte die Große Mauer als zumindest symbolische Grenze eine wichtige Rolle und kennzeichnet die Zone des kriegerischen oder friedlichen Kontaktes mit der zumeist nomadischen Bevölkerung am Rande der Ackerbauzone. Eine wirkliche Bedeutung erlangte die Große Mauer erst durch den Ausbau während der Dynastie Ming, als sich die Chinesen verstärkt von der Außenwelt absetzen wollten. Und als Grenzbefestigung wurde mit der Mauer vielleicht sogar schließlich das Gegenteil von dem erreicht, was man beabsichtigte: Sie wirkte als Provokation für die nomadischen Völker, die auf einen Austausch mit den Ackerbaugesellschaften angewiesen waren.

II. REICHSEINIGUNG, KAISERZEIT UND NEUE VIELFALT DER KULTUREN (221 v. Chr. – 907 n. Chr.)

1. Aufstieg und Erfolg des Staates Qin und die Begründung des Einheitsreiches

Reichhaltigkeit der schriftlichen Überlieferung
Neuere Ausgrabungsfunde haben unsere Kenntnisse über die frühe Zeit der chinesischen Kultur sehr erweitert. Seit der Gründung des Einheitsreiches tritt die schriftliche Überlieferung in immer reichhaltigerer Weise hinzu. Nicht nur die philosophisch-politischen Werke der Östlichen Zhou-Zeit werden in der Han-Zeit redigiert, vielmehr sprudeln überhaupt seither die Quellen und Berichte. Dies ist selbst ein Ausdruck der zunehmenden Bürokratisierung des Einheitsreiches. Doch trotz großer Forschungsbemühungen in den letzten Jahrzehnten ist das Bild von dieser ersten Kaiserzeit sehr stark geprägt durch die Interessenlage des späten Kaiserreichs. Daher wurde lange Zeit die für die Kulturentwicklung so wichtige Zeit der Reichsteilung, die wir heute als frühes chinesisches Mittelalter bezeichnen, eher stiefmütterlich behandelt, und auch manche anderen Aspekte sind erst durch neuere Grabungsfunde, dann aber auch durch die intensivere Beschäftigung mit den nichtchinesischen Völkern auf chinesischem Boden sowie mit dem Buddhismus und dem Daoismus jener Zeit klarer hervorgetreten.

In dem auf die Reichseinigung folgenden ersten Jahrtausend entwickelte die chinesische Kultur jene Integrationskraft, die ihr gewissermaßen zur «zweiten Natur» wurde, eine Qualität, die gerade in neuerer und neuester Zeit die Überlegenheit der chinesischen Kultur begründet. Insbesondere in der zweiten Hälfte dieses Jahrtausends prägt China nicht nur das, was wir heute als den chinesischen oder den sinitischen Kulturkreis kennen, wozu auch Korea und Japan gerechnet werden sowie alles, was wir heute sonst zu «Großchina» zählen. Die Kultur Chinas setzte sich in jener Zeit auch mit den großen religiösen Strömungen der Menschheit auseinander, mit Buddhismus, Christentum, Islam und Judentum. Es gibt wohl kaum eine andere Kultur, die in solch integrativer Weise mit der Vielfalt des Glaubens umzugehen verstand. Die Grundlagen dafür wurden allerdings viel früher gelegt und hängen mit der frühen spezifisch chinesischen Weltbildkonstruktion zusammen. Darin wurde alles Religiöse in die sozialen Ordnungen überführt – man hat dies auch als Innerweltlichkeit bezeichnet (Max Weber) –, so dass eine Destabilisierung von außen nicht gelingen konnte.

Reichseinigung
Der Teilstaat Qin, der seine Herrschaftstradition bis in das 9. Jahrhundert zurückführt, genaugenommen auf das Jahr 897 v. Chr., wurde zum eigentlichen Begründer des chinesischen Kaiserreiches. Mit der Verlegung der Hauptstadt des Staates Qin nach Xianyang im Jahr 350 v. Chr. wurde jenes Gebiet zum Zentrum des Staates Qin und im Jahr 221 v. Chr. dann zum Mittelpunkt des ersten geeinten chinesischen Reiches. Dieses «Gebiet innerhalb der Pässe» (Guanzhong) und die als «Zentralebene» (Zhongyuan) bezeichneten Überflutungsgebiete der heutigen Provinzen Henan, Hebei und Shanxi am Mittellauf des Gelben Flusses (Huanghe) gelten als die «Wiege der chinesischen Kultur». Daher ist es auch kein Zufall, dass unsere Bezeichnung des Landes «China», das sich das «Reich der Mitte» nennt, auf den Dynastienamen Qin zurückgeht. Die Durchsetzung einer effizienten Gesetzgebung und Verwaltung durch die Qin wurde die Grundlage für die Dauerhaftigkeit des chinesischen Kaiserreiches. Und doch blieb diese Dynastie mit dem Makel behaftet, dass sie jene Traditionen der Subsidiarität leugnete, die insgesamt die Eigenart des chinesischen Reiches

immer ausgemacht haben. Zur Kennzeichnung dieses «Makels» wurde bis in die Gegenwart der ursprüngliche «barbarische» Charakter der Qin-Herrschaft betont. Darin klingt an, dass die Ausgangsbedingungen dieses das Reich einigenden Staates Qin ebenso wie jene der die Shang-Dynastie seinerzeit erobernden Zhou von den kriegerischen Erfahrungen in den damals noch teilweise bewaldeten Gebieten des Ordos-Bogens und der daran anschließenden Wüstenzonen und von den aus dem Norden und Westen dorthin zuerst gelangenden Kulturtechniken geprägt war.

Militärische Expansion und Sicherung durch Verwaltung
Die Expansions- und Einigungspolitik der Qin hätte ohne nachhaltige Militärreformen nicht gelingen können, denn durch eine konsequente Reformpolitik allein, die von der Nachfolgedynastie übernommen wurde, wäre die gewonnene Einheit nicht gesichert worden. Zugutegekommen war dem Qin-Staat auch eine fortschrittliche Eisentechnologie, die unter dem Einfluss nichtchinesischer Nachbarvölker entwickelt worden war. Die innere Überlegenheit des Staates Qin befähigte ihn schließlich dazu, die anderen sechs Staaten zu unterwerfen, nach dem Untergang des Staates Qi im Jahr 221 v. Chr. ein Einheitsreich zu errichten und damit diesen lange vorher schon gehegten Gedanken einer politischen Einheit zu verwirklichen. Mit dem Qin-Reich entsteht also das zentralisierte bürokratische China.

In Qin und bei zeitgenössischen Fürstentümern wurden die politischen Veränderungen begleitet durch eine Weiterentwicklung verschiedener Institutionen und eine wachsende Professionalisierung und Spezialisierung in der Verwaltung sowie durch die Etablierung eines geschriebenen Rechtskodex. Die Gründung der Kaiserdynastie Qin im Jahr 221 v. Chr. stellt also einen Höhepunkt in mehrfacher Hinsicht dar: Sie war das Ergebnis einer jahrhundertelangen Entwicklung und zugleich der Beginn des chinesischen Großreichs bzw. Imperiums; denn trotz des Einheitsgedankens und des Herrschaftsanspruchs einer Zentralgewalt war das Herrschaftsgebiet früherer Königtümer immer recht klein geblieben. Doch seit der Reichseinigung wurden Vereinheitlichung und Standardisierung zu einem die chinesische Identität bestimmenden Element, nicht nur auf dem Gebiet der Standardisierung von Maßen und Gewichten, von Kalendern und Wagenspuren; auch die immer wieder zum Totalitären tendierende Verpflichtung des geistigen Lebens auf das geordnete Ganze gehört hierzu.

Als Folge der bereits in der Teilstaatenzeit vorgenommenen Verwaltungsaufteilung des Reiches in Kommandanturen *(jun)* und Kreise *(xian)* wurde eine Hierarchie von Zentralorten geschaffen, die sich im Zuge des wachsenden Binnenhandels, verstärkt in Zeiten staatlicher Zersplitterung, noch weiter differenzierte. Neben diesen Städten mit Verwaltungssitz gab es seit der Han-Zeit umwallte Ackerbau-Städte, deren Bewohner neben der Landwirtschaft Handel oder ein Gewerbe betrieben. Die Städte vereinigten in sich administrative und kommerzielle Funktionen und dienten zumeist auch als rituelle und religiöse Mittelpunkte.

Kaisernamen der Dynastien Qin und Han

Qin

| Qin Shihuangdi | 221–210 v. Chr. | Ershi | 210–207 v. Chr. |

Westliche Han		*Östliche Han*	
Gaodi	206–195 v. Chr.	Regentschaft	
Huidi	195–188 v. Chr.	des Wang Mang	
Lü Hou,		«Xin-Dynastie»	9–23 n. Chr.
Regentin	188–180 v. Chr.	Guang Wudi	25–57
Wendi	180–157 v. Chr.	Mingdi	57–75
Jingdi	157–141 v. Chr.	Zhangdi	75–88
Wudi	141–87 v. Chr.	Hedi	88–106
Zhaodi	87–74 v. Chr.	Shangdi	106
Xuandi	74–49 v. Chr.	Andi	106–125
Yuandi	49–33 v. Chr.	Shundi	125–144
Chengdi	33–7 v. Chr.	Chongdi	144–145
Aidi	7–1 v. Chr.	Zhidi	145–146
Pingdi	1 v. Chr.–6 n. Chr.	Huandi	146–168
Ruzi	7–9 n. Chr.	Lingdi	168–189
		Xiandi	189–220

2. Die Han-Dynastie: Bewährung der Ordnungsvorstellungen und der Kulte des Kaiserreiches

Machtsicherung durch Konföderation und der Blick in die Ferne
Der wesentliche Unterschied in der Territorialherrschaft der aus kriegerischen Konflikten einzelner Generäle und Aufstandsbewegungen hervorgegangenen Dynastie Han gegenüber der der Qin lag in der Organisation der Provinzen. Während der Gründungsphase dieser Dynastie war zunächst eine Konföderation von 19 Königtümern unvermeidlich, da entsprechende Erwartungen bzw. Ansprüche einzelner Mitstreiter des Gründungsherrschers Liu Bang erfüllt werden mussten. So wurden neben dem in Kommandanturen (*jun*, i. J. 195 waren es 83) und den Hauptstadtbezirk aufgeteilten Reichsland noch 20 Königtümer im Osten eingerichtet. Diese im Jahr 202 v. Chr. geschaffene Ordnung barg zwar zunächst die Gefahr der Verselbständigung der Königtümer, die ja als Erbkönigtümer beansprucht wurden, doch vermochte es Liu Bang, die Gefahr dadurch zu bannen, dass er in den folgenden Jahren die Könige durch Angehörige seiner Familie ersetzte.

Die Westlande waren für China allein der Waren und Rohstoffe wegen lange vor der Reichseinigung von grundlegender Bedeutung. Bereits in vorgeschichtlicher Zeit war dieses Gebiet die Brücke des Kulturtransfers, der zunächst und lange Zeit wohl eher von West nach Ost verlief, der dann aber bald in beide Richtungen erfolgte. Viele Techniken und Fertigkeiten, aber auch die Kenntnis von Waren und Gütern sowie kulturelle Errungenschaften wie Instrumente, Melodien und Erzählstoffe dürften in vorhistorischer Zeit über diesen Korridor Verbreitung und Aufnahme gefunden haben, und man kann wohl sagen, dass durch solchen Austausch die ersten menschlichen Kulturen auf chinesischem Boden wesentlich mitgeprägt worden sind.

Die Beziehungen zwischen der frühen chinesischen Kultur und anderen Kulturen in der näheren und ferneren Umgebung waren weit verzweigt und intensiv, und doch wurde die chinesische Wahrnehmung der Welt sehr stark von dem Gebot geprägt, die eigenen Zentren nicht zu verlassen. Dies galt selbst für den Herrscher, der nur innerhalb des eigenen Reiches reiste, wie es in der «Chronik des Himmelssohnes Mu», dessen älteste Teile aus der Zeit um 400 v. Chr. stammen, heißt. Der Herrscher reist in alle Himmelsrichtungen und dabei auch zum «Gebirge der Königmutter des Westens», kehrt jedoch immer wieder ins Zentrum seines Reiches zurück. Bei aller Konzentration auf die Kernzonen Chinas fanden wegen ihrer strategischen Rolle die Gebiete an den Rändern des Reiches schon früh besondere Beachtung. Man versprach sich Vorteile von der Erkundung der «Ränder der Welt», gelegentlich sogar getragen von der Vorstellung, dort ein Mittel zur Erlangung der Unsterblichkeit zu finden. Zur wichtigsten Route wurde der Weg westwärts durch den Gansu-Korridor. Gegenüber dieser Handelsroute war die aus dem Roten Becken Sichuans nach Westen bis nach Patna am Ganges in Indien führende ebenfalls sehr alte Verbindung weniger bedeutend. Entsprechend nehmen in den chinesischen Quellen die politischen und militärischen Nachrichten über die Orte und Staaten entlang der Seidenstraße eine besondere Stellung ein, zumal gerade dort in der Auseinandersetzung mit expandierenden nomadischen Völkern aus der Sicht der chinesischen Berichterstatter die Botmäßigkeit der einzelnen Stadtstaaten gegenüber China gesichert werden musste.

Nach der Sicherung ihrer Macht im Inneren strebten die Han-Herrscher weiter nach militärischer Expansion, insbesondere nach Nordwesten, aber auch nach Süden. Die Außen- und Grenzpolitik ebenso wie die Eroberungsfeldzüge dienten einerseits zur Stabilisierung der inneren Machtverhältnisse, wirkten andererseits aber infolge der erhöhten Belastung der Bevölkerung durch Abgaben und Dienstleistungen destabilisierend. Um die militärischen Aktivitäten zu finanzieren, mussten die Staatseinnahmen verbessert werden. Dies geschah durch verschiedene Abgabeformen, über deren Berechtigung jedoch auch immer wieder Diskussionen geführt wurden. Insbesondere die staatlichen Monopole (Erz, Wein, Salz) wurden von vielen abgelehnt.

Verständigung mit dem Xiongnu-Reich des Maodun
Infolge der Schwäche der Zentralmacht während des Zusammenbruchs der Dynastie Qin im letzten Jahrzehnt des dritten Jahrhunderts v. Chr. hatten fremde Völker am Rande Chinas ihre Chance wahrnehmen können. Diese Herausforderung an den Grenzen barg die Gefahr, dass sich einzelne Könige mit fremden Völkern gegen den Han-Kaiser verbündeten. Die nomadischen Völker waren selbst aus ursprünglich sesshafter Bevölkerung hervorgegangen und hatten hochkomplexe Sozialformen ausgebildet, die zugleich ihre Überlegenheit ausmachten. Vor allem das Volk der Xiongnu, das lange Zeit mit den Hunnen gleichgesetzt wurde, bedeutete eine dauernde Bedrohung der Nordgrenze des Reiches, insbesondere seit es gegen Ende der Qin-Zeit dem Xiongnu-Führer Maodun (209–174 v. Chr.) gelungen war, in der Steppenzone eine große Föderation der Nomadenstämme zu organisieren. Dieses von Maodun gegründete Xiongnu-Reich bestand von 204 bis 53 v. Chr., bis zu dem Jahr, in dem sich die Steppenstämme aufteilten in Südliche Xiongnu, die sich China anschlossen und in der Inneren Mongolei ansässig waren, und in Nördliche Xiongnu, die das Gebiet der heutigen Äußeren Mongolei bewohnten. Unter der Herrschaft des Sohnes von Maodun, Laoshang (174–160 v. Chr.), übten die Xiongnu Einfluss auf die Großen Yuezhi aus, die einen iranischen Dialekt sprachen und sich in den Oasengebieten und in der Provinz Gansu niedergelassen hatten. Die Yuezhi wurden bald nach Westen verdrängt und setzten sich – die Abwanderung war bereits um 180 v. Chr. erfolgt – in Griechisch-Baktrien fest. Die mit den Xiongnu beginnende und sich später mit anderen Nomadenvölkern fortsetzende Auseinandersetzung der chinesischen Kultur wurde prägend für China. Die Erfahrungen und Adaptionen aus diesen oft kriegerischen, zumeist aber kooperativen Beziehungen bildeten eine wichtige Voraussetzung für die Ausdehnung und Stabilität

Durch die «Westlande» (Xiyu), aber auch über den Indischen Ozean führten die Seidenstraßen, über die in der Han-Zeit und später bis nach Rom Waren, Ideen und vor allem religiöse Texte ausgetauscht wurden.

der Späteren Kaiserzeit, die mit der Song-Dynastie (960–1279) beginnt.

Die erste große militärische Begegnung des Han-Reiches mit den Xiongnu fand im Jahre 201/200 v. Chr. in Pingcheng (das heutige Datong in Shanxi) statt und endete mit einer Niederlage der Han, woraufhin der chinesische Kaiserhof die sogenannte *heqin*-Politik beschloss. Diese Politik der Beschwichtigung, deren Bezeichnung wörtlich übersetzt heißt: «sich (dem Gegner) friedlich anverwandtschaften» oder einfacher: «Friede und Freundschaft», bestimmte bis zur Regierungszeit des Han-Kaisers Wudi (reg. 141–87 v. Chr.) die Außenpolitik. Den Xiongnu wurden beträchtliche Geschenke gegeben, und im Jahre 198 v. Chr. wurde sogar eine chinesische Prinzessin zu den

Xiongnu gesandt. Der Architekt dieser Politik war Liu Jing, dessen Strategie ganz von dem Gedanken geprägt war, kampflos das Nachbarvolk zu Untertanen zu machen.

Der Umstand, dass es sich bei den *heqin*-Verträgen im Kern um einen Heiratsvertrag handelte, band diese Form zwischenstaatlichen Umgangs an die Dauerhaftigkeit der dynastischen Familien, wobei zudem die erheblichen Tributpflichten immer wieder neu zu legitimieren waren. Daher erwies sich die *heqin*-Politik auf Dauer nicht als besonders erfolgreich, und so wurde unter Kaiser Wudi eine neue Politik eingeschlagen. Dieser Wandel kam nicht unvorbereitet. So hatte bereits der junge Jia Yi (200–168 v. Chr.), ein Berater des Hofes und zugleich ein angesehener Dichter, unter Kaiser Wendi (179–154 v. Chr.) die *heqin*-Politik kritisiert und statt der Tributbeziehung die Unterwerfung der Xiongnu gefordert.

Der endgültige Umschlag der Außenpolitik der Han gegenüber den Xiongnu wurde eingeleitet durch das Begehren der Xiongnu im Jahre 135 v. Chr., den *heqin*-Vertrag zu erneuern. Die Meinungen bei der Hofkonferenz waren zunächst gespalten. Während sich zunächst die «Friedensfraktion» durchsetzte, gewannen schließlich im Jahre 133 v. Chr. die «Falken» die Oberhand, und es begann eine offensive Außenpolitik.

Mit dieser außenpolitischen Wende unter Kaiser Wudi setzte auch ganz allgemein eine neue Phase in den Beziehungen Chinas zu den «Westlanden» (Xiyu) ein, deren prominentes Ereignis die berühmte Gesandtschaftsreise des Zhang Qian in den Jahren von 139 bis 126 v. Chr. darstellt. Dieser hatte den Auftrag, die Yuezhi für ein Bündnis gegen die Xiongnu zu gewinnen.

Die Reise des Zhang Qian und Kunde aus Persien

Im Jahre 139 v. Chr. zog der Offizier Zhang Qian mit einem bewaffneten Spähtrupp zu den Yuezhi, um mit ihnen Verbindungen aufzunehmen und sie zu einer Allianz gegen die Xiongnu aufzufordern. Als Zhang Qian im Jahre 126 v. Chr. nach einer abenteuerlichen Fahrt quer durch Asien wieder in der Hauptstadt erschien, hatte er das Ziel einer Allianz mit den Yuezhi zwar nicht erreicht, aber er berichtete von einer den Chinesen bis dahin nicht bekannten Welt, dem hellenisierten Iran. Die in dem Bericht genannte Gegend Dayuan entspricht der Landschaft Ferghana und gibt wahrscheinlich den tocharischen Namen wieder. Von dort erhielten die Chinesen Kunde vom Traubenwein und anderen Kulturpflanzen. Insbesondere wurde durch den Bericht Zhang Qians – der über das große Interesse der Völker Zentralasiens und der Gebiete nördlich und südlich des Amu-darja für die chinesische Seide berichtete – eine aufwendige Expansionspolitik in das Tarim-Becken und das Pamirgebiet angeregt. Auch soll Zhang Qians Entdeckung von aus Sichuan stammenden Bambus- und Textilwaren in Baktrien, die über Birma und Nordindien dorthin gelangt waren, Kaiser Wudi dazu veranlasst haben, militärische Expeditionen in das Gebiet der heutigen Provinz Yunnan zu entsenden, um die dortigen Handelswege zu kontrollieren. Tang Mengs Vermutung, dass es zwischen Sichuan und Kanton einen Handelsweg geben müsse, sei der auslösende Faktor für die Feldzüge der Han in das südliche Guizhou gewesen: Tang Meng hatte nämlich bei einer Mission in Guangdong ebendort im Jahre 135 v. Chr. eine Sauce entdeckt, die aus einer aus Sichuan importierten Frucht gemacht wurde. Auch der Bericht über die Himmlischen Pferde von Ferghana, die in den Jahren 104 und 101 v. Chr. zu einer Expedition Kaiser Wudis führten, stammt wohl von dieser langen Kundschaftsodyssee des Zhang Qian. Die zahlreichen militärischen Expeditionen der Chinesen schwächten die Macht der Xiongnu und brachten das Tarim-Becken schließlich unter chinesische Oberhoheit. Die Zahl der Staaten in den Westlanden, wobei es sich eher um Stadtstaaten gehandelt haben dürfte, wird in den chinesischen Mitteilungen mit 36, später sogar mit über 50 angegeben. Dazu gehört im Norden Hami und Turfan, dann auch Kutscha und Aksu sowie Khotan und Yarkand im Süden.

Die Beziehungen zu den Westlanden blieben seit der Han-Zeit ein Thema in den offiziellen Geschichtswerken. Neue Informationen kamen mit dem zunehmenden Eindringen des Buddhismus hinzu, und später finden sich auch Reiseberichte von buddhistischen Pilgern ebenso wie von offiziellen Gesandtschaftsreisenden. Diese Berichte werden durch die seit dem Ausgang des 19. Jahrhunderts hinzugekommenen Funde aus den Oasen und Ruinenstädten rund um das Tarim-Becken ergänzt und erheblich erweitert, von denen manche ein ganz neues Licht auf die Rolle dieser bedeutenden Fernhandelsroute werfen, die China und Europa verbindet.

Weil Zhang Qian in seinem Bericht über die erste Expedition Kutscha nicht nennt, dürfte er seinen Weg über die südliche Seidenstraße gewählt haben, bevor er bei den Yuezhi am Fluss Oxus, dem heutigen Amu-darja in Usbekistan, ankam. Vielleicht hatte er die von den Xiongnu kontrollierte Nordroute meiden wollen. Auf seiner zweiten Reise um 116 v. Chr., wie dann auch bei späteren Expeditionen, die nach Wusun oder Dayuan (Ferghana im heutigen Usbekistan) führten, dürfte er Kutscha passiert haben. Von Wusun aus schickte Zhang Qian Gesandte nach Ferghana, nach Samarkand, zu den Tocharern, nach Baktrien, Parthien, Indien, Khotan und in andere Staaten.

Grenzsicherungspolitik: «Mit den Barbaren die Barbaren kontrollieren»
Die Beziehung zu den «Westlanden» blieb auch in der Folgezeit von Konflikten gekennzeichnet, doch vermochte sich die chinesische Militäradministration der Lage anzupassen. So wurde etwa, nachdem eine Gesandtschaftsreise mit dem Ziel, Pferde gegen Seide einzutauschen, im Jahre 104 v. Chr. unter dem Kommando des Generals Li Guangli wegen Verpflegungsschwierigkeiten fehlgeschlagen war, diese zwei Jahre später mit einer zehnfachen Anzahl von Soldaten unter dem gleichen General wiederholt. Die Hälfte der Soldaten gelangte ans Ziel, und General Li setzte im Ferghana-Tal einen China freundlich gesinnten Mann auf den Thron. Dieser militärische Erfolg, in dessen Folge mehrere tausend Pferde nach China gebracht werden konnten, führte dazu,

dass auch die meisten anderen Stadtstaaten die Dominanz Chinas anerkannten. Die wechselseitigen Beziehungen wurden durch Tributgesandtschaften und durch die Mitnahme von Angehörigen der herrschenden Familien in die Hauptstadt Chang'an – man kann auch von Geiseln sprechen – gefestigt.

Um den Zugriff in die Oasengebiete und vor allem die Versorgung und den Schutz von Gesandtschaften zu sichern, errichtete China nach dem zweiten Ferghana-Feldzug einige Militärkolonien entlang der Seidenstraße. Mit den militärischen Aktionen und der Ausweitung des Reiches waren offensichtlich auch wirtschaftliche Absichten verknüpft. Bereits 121 v. Chr. waren Kommandanturen in Dunhuang und an anderen Orten eingerichtet worden. Als dann aber im 1. Jahrhundert v. Chr. das Xiongnu-Reich bzw. deren Föderation allmählich zerfiel, nahm die Bedeutung des weitmaschigen Netzes von Garnisonen entsprechend ab. Da erwies es sich dann auch als vorteilhaft, dass die Grenzsicherung nicht nur mit eigenen Truppen, sondern auch mit Hilfe der lokalen Kleinkönigtümer durchgeführt worden war, die als Tributpflichtige die Grenzregionen weiterhin sicherten.

Die Ausdehnung des Reiches der Han-Dynastie wurde durch einige begünstigende Faktoren ermöglicht: Dazu gehörten sicherlich die intensivierte eigene Pferdezucht und der so ermöglichte Aufbau einer Kavallerie, aber auch das Auftreten fähiger Generäle. Die Expansionspolitik des Han-Reiches war zunächst eine Antwort auf die Bedrohung durch die nördlichen und westlichen Nachbarn gewesen, auf die man mit vorsorglichen Verteidigungsbemühungen reagierte. Dazu gehörte die Errichtung von Grenzwällen, die später zur Großen Mauer wurden. Um den Xiongnu gewachsen zu sein, hatten einige Herrscher ihre Untertanen die fremde Kleidung übernehmen und das Reiten von Pferden erlernen lassen, wodurch Fertigkeiten und Kenntnisse von außen nach China eindrangen. Diese von manchen als «Barbarisierung» bezeichnete Strategie führte letztlich zur Stärkung Chinas.

Solch offene Politik wurde jedoch nicht immer verfolgt. Beispielsweise betrieb der Gründungsherrscher der Östlichen Han-

Dynastie, Kaiser Guang Wudi (25–57 n. Chr.), eine Politik der Abschließung, die mit den Worten skizziert wird: «Den Yumen-Pass schließen, um so Geiseln von den Staaten der Westlichen Gebiete nicht hereinzulassen, und unterwürfig mit Worten und Geld die Gesandten der Xiongnu bewirten.» *(Hou Han shu* 48) Es wurde also mehr und mehr die Methode «mit Hilfe von Barbaren die Barbaren kontrollieren» *(yi yi zhi yi)* oder «mit Barbaren Barbaren angreifen» *(yi yi fa yi)* verfolgt, eine Form der Bündnispolitik, die aber auch die Verpflichtung Angehöriger fremder Völker als Soldaten einschloss.

Die Politik gegenüber den Nordvölkern war ein ständiges Thema bei Hofe. Aufschlussreich hierzu ist auch ein Text zur Xiongnu-Politik des Historikers Ban Gu (32–92 n. Chr.), in dem es ihm insbesondere um die Forderung nach einer flexiblen Politik, der sogenannten «lose Zügel» *(jimi)*-Politik, ging. Ban Gu argumentierte, Barbaren, mit denen man keine festen Tributbeziehungen aufnimmt, könnten daher auch nicht als rebellisch gelten, wenn sie sich verflüchtigen. Er wandte sich gegen die *heqin*-Politik, bei deren Implementierung im Jahre 198 v. Chr. ein Vertrag zwischen China und Xiongnu in Form eines Heiratsvertrages geschlossen worden war, an den erhebliche Tributpflichten geknüpft waren, der andererseits aber auch Handelsvorteile brachte. Ban Gu war aber auch gegen eine rigide *zhengfa*-Politik, d. h., er war gegen jede festere Beziehung, in der die Xiongnu (untergeordnete) Partner wären. Vielmehr vertrat er eine Politik der Aufmerksamkeit, der Beobachtung und des Abstandes. Damit wandte sich Ban Gu auch gegen die Entwicklung, Teile der Xiongnu als «fremde Verbündete» innerhalb der Grenzen zu akzeptieren. Mit solchen Ratschlägen wandte er sich an den ersten Herrscher der Späteren Han-Zeit, Guang Wudi, aber er gab dann auch dessen Nachfolgern in seinem Kommentar zum 94. Buch des *Han shu*, in dem auch Yang Xiongs große Eingabe zur Hunnenpolitik aus dem Jahre 3 v. Chr. enthalten ist, Ratschläge für eine bessere Außen- und Fremdenpolitik.

Die Beziehungen zu den Westlanden veränderten sich zusehends. Es gelang Ban Zhao (gest. 102 n. Chr.), dem jüngeren Bruder des Historikers Ban Gu, die chinesische Oberherrschaft über die Westlande noch einmal zeitweise herzustellen, doch fragmentierte sich die Macht auch durch das Auftreten neuer Völker an Chinas Grenzen. Die Diskussion über die «Rettung der Grenzgebiete» beherrschte die innerchinesische Diskussion weiterhin. Ein Beispiel hierfür sind einige Ausführungen in Wang Fus (um 150 n. Chr.) «Erörterungen eines Untergetauchten» *(Qianfu lun)*, in denen sich der Autor mit der «Bedrohung» durch das Volk der Qiang auseinandersetzt. Dabei zeigt sich bereits eine Idealisierung des Kaisers Wudi, der mit Stärke die Grenzen gesichert habe: «Kaiser Wu aber merzte die Barbaren aus und schuf neues Siedlungsland auf Tausende von Meilen. ... Wohin auch immer sich seine Armee wandte, überall wurden die Barbaren ausgetilgt. Wenn diese Banditen heute sogar bis in die Krondomänen vorgedrungen sind und nicht dingfest gemacht werden können, so entspringt unser Schmerz darüber gleichfalls dem Missstand, dass wir keine Grenzen haben. Beim Verlust der Lippen frieren die Zähne, bei Verletzungen des Körpers schmerzt auch das Herz.»

Während die Ausdehnung Chinas nach Süden und die Sinisierung dieser Gebiete kontinuierlich vorangingen, waren die Sicherung und die Versuche zur Ausdehnung der Nordgrenze in den folgenden Jahrhunderten immer wieder von Rückschlägen begleitet. Die Vorherrschaft Chinas in Zentralasien hat daher in den folgenden Jahrhunderten nicht immer aufrechterhalten werden können, doch sind mit den Ausdehnungen des Han-Reiches die wesentlichen Herrschaftsansprüche vor allem auch des späteren China festgeschrieben worden. Nach dem Zusammenbruch der Han-Dynastie (220 n. Chr.) bis zur Errichtung der Tang-Dynastie (618 n. Chr.) spielten die einzelnen Völker des Westens eine wichtige, zum Teil entscheidende Rolle. Zwar kontrollierte der Staat Wei des Cao Pi, eines der Nachfolgereiche der Han, noch im Jahre 222 n. Chr. den Gansu-Korridor, jedoch nicht mehr so intensiv wie zur Han-Zeit, auch wegen der Zunahme der «Barbaren», z. B. der Di-Stämme. Im 3. Jahrhundert wurden dann die Qiang in der Ordos-Gegend von den Xiongnu, die West-Qiang zumeist von den Xianbi, aus deren Mitte sich dann das Volk der Tuoba bilden sollte, absorbiert. Reste der Qiang hielten sich am Fuße des tibetischen Massivs in Westsichuan. Diese machtpolitischen Veränderungen und eine zunehmende Prosperität der Oasenstädte in den Westlanden begünstigten die Intensivierung der kulturellen Kontakte und beförderten damit auch die Ausbreitung des Buddhismus nach China und nach Ostasien überhaupt.

Grenzpolitik war immer auch Innenpolitik. So waren unter dem Han-Kaiser Wudi an Hinterbliebene von in Grenzkriegen Gefallenen sowie an sich unterwerfende oder ergebende Barbaren-Führer Ränge verliehen worden. Die Auseinandersetzung zwischen der Welt der Nomaden und den Ackerbau treibenden Siedlern an Chinas Nordgrenzen blieb auch aus innenpolitischen Gründen ein Element chinesischer Grenz- und Außenpolitik. Während der Han-Zeit gab es eigentlich keine festen Außengrenzen im modernen Sinne, und diese werden überdies in den chinesischen historischen Atlanten viel zu weit ausgedehnt dargestellt. Viele dieser nomadischen Völker verschwanden oder assimilierten sich oder wurden in die Grenzen des sich weiter ausdehnenden Reichs einbezogen. Ein Element der Grenzsicherungspolitik waren Umsiedlungsaktionen und eine rigide und systematische Organisation der Grenzsiedlungen, bei denen es sich um eine geplante und systematisch verfolgte Form der Landnahme handelte.

Das Weltbild des Kaiserhofs und die Herausbildung einer imperialen Identität

Der imperiale Anspruch der Han-Kaiser, insbesondere Kaiser Wudis, hatte seinen Ausdruck nicht nur in den militärischen Expeditionen gefunden, sondern auch in der Hauptstadt des Reiches, in der neuartige Palastgebäude errichtet und fremdartige Tiere und Pflanzen in Parks versammelt wurden. Auf diese Weise kamen die über die Fernhandelswege nach China gelangenden Güter, einschließlich exotischer Tiere, insbesondere in der Hauptstadt zur Geltung, in der die Vielfalt der Kulturen an den Rändern Chinas sich spiegelte. Freilich erhoben sich gegen die damit einhergehende Prachtentfaltung bald Stimmen, wie etwa in dem Gedicht des Sima Xiangru über den kaiserlichen Park, aber es wurde auch über die Frage gestritten, wie weit die Grenzen des Reiches erweitert werden sollten, wie überhaupt mit der Ausdehnung des Reiches sich stets die Frage nach der eigenen Kultur stellte.

Trotz immer wieder auftretender innerer Konflikte wurde die Han-Dynastie als Nachfolgerin des Qin-Reiches zu der Epoche, die die chinesische Identität erst wirklich konstituierte, denn in dieser Zeit erst trugen die Reformmaßnahmen der Qin, insbesondere die Standardisierungen von Maßen und Gewichten und nicht zuletzt die für die Reichsverwaltung so wichtige Schriftvereinheitlichung, ihre Früchte. Geschichtsschreibung und die Wissenschaften überhaupt erlebten eine bis dahin nicht dagewesene Blüte. Papier, Porzellan und andere Erfindungen fanden erste Verbreitung, und mit der Errichtung einer kaiserlichen Akademie und der Einführung von Staatsprüfungen wurden eigentlich erst die Grundlagen für eine professionelle Bürokratie und Verwaltung gelegt. Diese Entwicklung ging einher mit der Durchsetzung des Konfuzianismus als Staatsdoktrin, die sich im 2. Jahrhundert v. Chr. vollzog. Die Orientierung an den Klassikern und die damit verbundene Kultivierung moralischer Maßstäbe begründete eine Elite-Moral, die zugleich immer auf Glaubwürdigkeit bei der Masse der Bevölkerung bedacht war. Das im Konfuzianismus entwickelte Menschenbild von der Erziehbarkeit und grundsätzlichen Perfektibilität jedes Einzelnen betonte die Gleichheit aller Menschen und formulierte aufgrund dieses Prinzips das Gebot an die Politik, für wirtschaftlichen Ausgleich, d. h. für den Wohlstand aller zu sorgen. Dabei ist es ein Zeichen für die geistige Vielfalt dieser Zeit, dass es nicht nur innerhalb des Konfuzianismus eine Reihe zum Teil einander widerstreitender Strömungen gab. Andere Denkschulen, wie der philosophische Daoismus, und religiös-soziale Bewegungen, die zum Teil mit daoistischen Lehren in Verbindung gebracht werden, machen erst das ganze Bild der bereits in der Han-Zeit differenzierten Gesellschaft und ihrer Meinungsvielfalt aus. Gerade Werke wie die Schriften des daoistischen Philosophen Zhuangzi, aber auch das Werk des Laozi, gehörten zum Bildungsgut, wenn nicht sogar zur Lieblingslektüre der Literatenbeamten, denen bei all ihrem pragmatischen Realitätssinn auch Gedanken an Weltflucht und Rückzug in die Einsamkeit nicht fremd waren. Der geistige und künstlerische Reichtum fand seinen Niederschlag auch in den literarischen Zeugnissen, in der anspielungsreichen Reimprosa der Hofgelehrten ebenso wie in den umfangreichen zeitkritischen Werken eines Wang Chong (27–ca. 100 n. Chr.).

3. Teilung und Fremdvölker (220–589 n. Chr.)

Rebellion und Gefahren aus der Steppe
Religiös-soziale Bewegungen häuften sich in Zeiten des Verfalls von Herrschaftsstrukturen. Es mag solche Bewegungen schon früher gegeben haben, doch ausführlichere Berichte von solchen Aufstandsbewegungen finden wir erst aus der Zeit der Späteren Han-Dynastie (25–220 n. Chr.), wo von «dämonenhaften Rebellen» *(yaozei)* die Rede ist, die «Zeichen und Wunder» zur Legitimation ihrer Sache nutzten. Diese Rebellen forderten nicht nur einen neuen Herrscher, sondern einen Dynastiewechsel und damit so etwas wie eine «kosmische Erneuerung». Die Niederwerfung der Aufstände von 184 n. Chr. und der folgenden weiträumigen Unruhen führte bei einzelnen Feldherren zu einem solchen Maß an Machtzuwachs, dass sie ihrerseits schließlich zu einer Bedrohung der Dynastie wurden, die daran dann auch zerbrach.

Bis in die Gegenwart gilt diese Regel in China, dass bei einer Schwächung der Zentralgewalt und Unruhen oder Aufstandsbe-

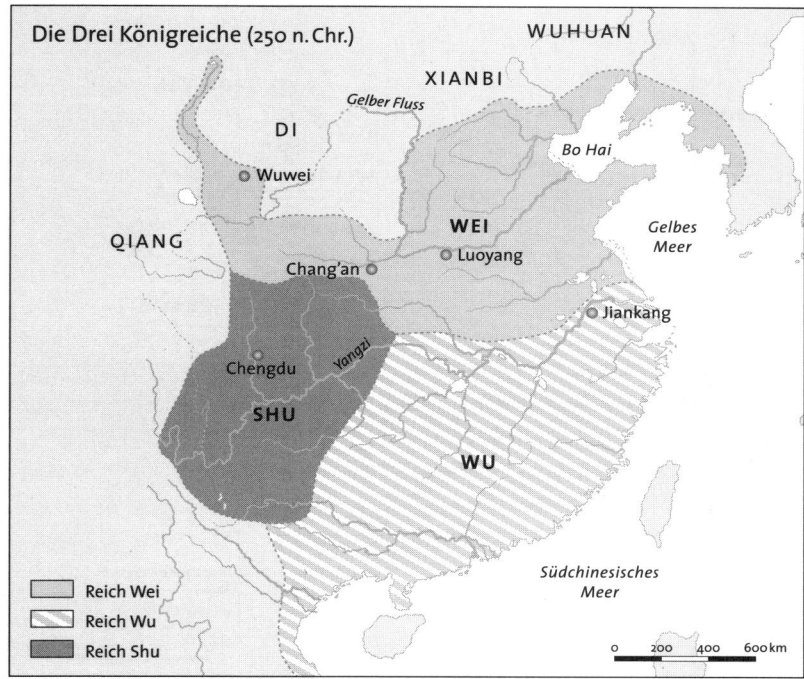

Die auf den Zusammenbruch des Han-Reiches folgenden Drei Reiche vermochten sich nur wenige Jahrzehnte zu halten, und im Norden begannen nomadische und halbnomadische Völker eigene Staaten zu bilden.

wegungen in der Provinz der Einheitsstaat nicht aufrechtzuerhalten ist. Herrscherwechsel waren immer kritisch, und sie bedeuteten nicht selten zugleich einen Dynastiewechsel. Zwar wurde in der Regel frühzeitig ein Thronfolger bestimmt, doch konnten bei dessen Minderjährigkeit die Witwe des verstorbenen Kaisers und ihr Klan erheblichen Einfluss ausüben. Bereits zur Zeit der Herrschaft Wang Mangs (9–23) und vollends dann in der Späteren Han-Dynastie hatte sich aber das Ideal des Imperiums und des Einheitsstaates weitgehend etabliert, das selbst über die lange Zeit der Teilung, die erst im 6. Jahrhundert beendet wurde, lebendig blieb.

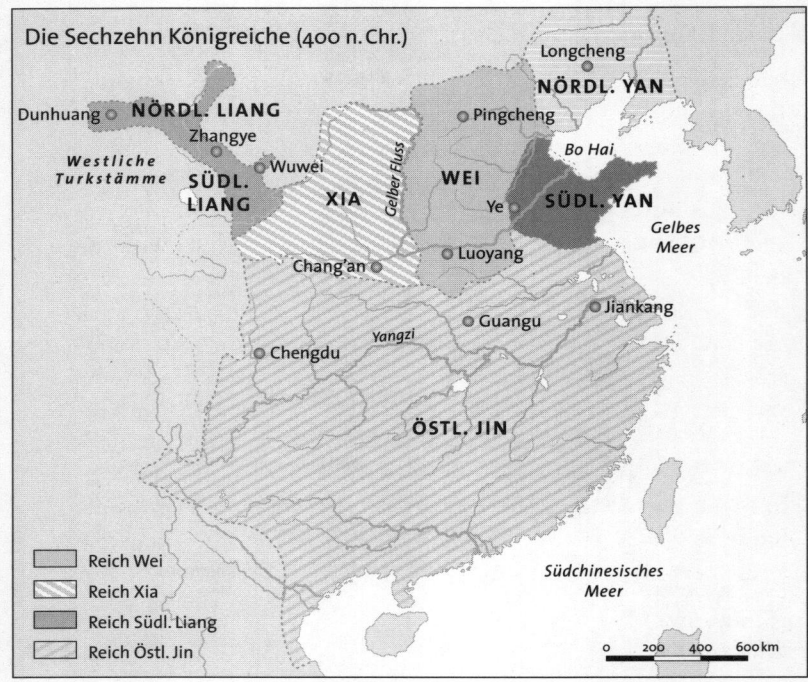

Die politisch-militärische Dynamik im Norden führte zu einer Vielzahl kurzlebiger Staatenbildungen zum Teil nichtchinesischer Völker, während der Süden von den dorthin geflüchteten Eliten kolonisiert wurde.

Die durch die Reichseinigung gebildeten Strukturen ermöglichten eine stärkere Abwehr gegen die nördlichen Steppenvölker, die sich ihrerseits immer schlagkräftiger organisierten und das chinesische Kaiserreich herausforderten. Solche Herausforderungen gab es immer wieder, bis die Mandschu-Dynastie im 18. Jahrhundert durch die Niederschlagung der Dsungaren und die schrittweise Integration Tibets, Ostturkestans (das heutige Xinjiang) und der Äußeren Mongolei ihre West- und Nordgrenze befriedete.

In den Kämpfen der Generäle untereinander festigten einige Feldherren zeitweilig ihre Macht, die jedoch in der Regel bald durch innere Konflikte wieder zerfiel. Einem von ihnen aber, nämlich Cao Cao, gelang es, eine schlagkräftige Truppe aufzubauen, mit der er 196 n. Chr. als stärkster Herausforderer seiner Rivalen in der Zentralebene, der sogenannten Mittleren Ebene, auf den Plan trat. Doch erst sein Sohn Cao Pi konnte die Thronabdankung des letzten Han-Herrschers entgegennehmen und sich im Jahre 220 als Kaiser von Wei ausrufen lassen. Auch wenn andere Generäle in anderen Landesteilen dieses nachahmten und sich, allerdings mit unterschiedlichem Erfolg, als Herrscher einer neuen Dynastie ausrufen ließen, blieben sie erfolglos. Doch auch die Cao-Familie vermochte es nicht, rivalisierende Klans auszuschalten, so dass im Jahre 265 eine neue Dynastie Jin begründet wurde. Zwar hatte die spätere Geschichtsschreibung mit der Zersplitterung des Reiches während dieser als «Mittelalter» bezeichneten Epoche ihre Mühen, doch war die Teilung der Ausbreitung chinesischer Kultur und Bürokratie günstig. So begann die Sinisierung des Südens eigentlich erst mit den eigenständigen Südreichen.

Die Ankunft des Buddhismus in China
Seit seinen Anfängen hat der Buddhismus in China viele Gesichter angenommen: als Laienbewegung, als klösterliche Lebensform, als Unterstützer des Staates ebenso wie als allem Weltlichen gegenüber distanzierte Veranstaltung von Einzelnen oder von Gruppen. Gerade wegen der durch buddhistische Klöster beförderten Literarisierung weiter Kreise der Bevölkerung und wegen des nachhaltigen Einflusses auf alle Bereiche des öffentlichen Lebens sind seit der Mitte des ersten Jahrtausends Kultur, Staat und Gesellschaft Chinas in hohem Maße durch buddhistische Impulse geprägt. Problematisch aber blieb stets die Beziehung zwischen dem Klerus und den Klöstern einerseits und den staatlichen Institutionen andererseits. Denn seit der Etablierung des Himmelskultes der Zhou-Zeit durfte jedes Heilsversprechen nur unter Anerkennung der spezifischen Verknüpfung von Staatlichkeit und Gesellschaftsorganisation auftreten. Ein eigenständiges

Priestertum war nur als allgemeines religiöses Dienstleistungsangebot zulässig; jede Kritik an den Verhältnissen war allenfalls innerhalb des staatlichen Herrschafts- und Beratungssystems erlaubt. Im Übrigen aber konnte es fast kaum eine bessere Grundlage für eine Verbreitung des Buddhismus in China geben als jene Überwindung von Geistern und Göttern, welche in dem konfuzianischen Agnostizismus ihren Ausdruck gefunden hatte. Andererseits hat gerade diese Konstellation dazu geführt, dass der Buddhismus nur als eine Religion unter mehreren in China eine Rolle spielen konnte.

Bereits in der Han-Zeit war die Lehre Buddhas und waren Vorstellungen von dieser Lehre nach China gekommen, und zwar sowohl auf dem Seeweg als auch über die Handelsroute der Seidenstraße. Als der Buddhismus im 1. Jahrhundert n. Chr. China erreichte, war er selbst nur zum Teil schriftlich fixiert, und so kam er durchaus nicht als kanonisierte Lehre nach China, sondern in Form einzelner Texte und mit ihnen verbundener Lehren, vertreten durch indische oder zentralasiatische Mönche, die in einigen kulturellen Zentren eine rege Vermittlungs- und Übersetzungstätigkeit entfalteten. Ebenso wie die schriftliche Überlieferung legen Werke der bildenden Kunst, darunter Statuen, Kultbilder sowie monumentale Bauwerke, von der Präsenz des Buddhismus in China Zeugnis ab. Seit dem Ende des 3. Jahrhunderts n. Chr. erfasste der Buddhismus größere Teile der chinesischen Bevölkerung und fand dort bald seine größte Verbreitung. Die wichtigsten Texte wurden übersetzt und seither verlässlich und in großem Umfange tradiert und lösten vielfältige Neuentwicklungen aus.

Seine Anfänge hatte der Buddhismus in Mönchsgemeinden, und er wurde erst in breiteren Kreisen wirksam und fand in großartigen Klosteranlagen seinen Ausdruck, als sich Angehörige der literarisch gebildeten Aristokratie dieser Lehre zuwandten, die sie zunächst im Begriffsgewand spekulativer philosophischer Strömungen jener Zeit verstanden und die erst im vierten Jahrhundert als buddhistische Lehren in intellektuellen Kontroversen erörtert wurden. Von da an, und insbesondere seit den beeindruckenden Übersetzungsleistungen Kumārajīvas (344–413), erlebte der Buddhismus in den einzelnen chinesischen Territorien eine überaus stürmische Entwicklung. Dort bildeten sich bald Schulen heraus, von denen einige später in Japan eine eigenständige weitere Entwicklung nehmen sollten.

Im Zuge einer geistigen und sozialen Krise seit dem 7. Jahrhundert und einer beginnenden intellektuellen und religiösen Neuorientierung begann sich aus all den verschiedenen Strömungen eine wirkmächtige Lehre des Meditationsbuddhismus herauszubilden, bei der Mönche und Laien auf der Grundlage des in China vorherrschenden und weiter ausgebildeten «Großen Fahrzeugs» sich um Selbstvervollkommnung und zugleich um Überwindung von übermäßiger Textbezogenheit bemühten. Dies war die «Geburt des Chan» (oder «Zen»). Die Begründung des Chan-Buddhismus und die gleichzeitige staatliche Beschränkung und zeitweise Verfolgung des Buddhismus in China, besonders drastisch in den Jahren 843 bis 845, ist zugleich Ausdruck eines gesellschaftlichen und kulturellen Umbruchprozesses in jener Zeit.

Diese Chan-Lehre des Mittelalters, die in Japan dann als Zen weiter überliefert und gepflegt wurde, unterschied sich von den früheren ebenso als «Chan» (Sanskrit: *dhyāna*) bezeichneten Meditationspraktiken. In der Mitte des 8. Jahrhunderts profilierte sich die Chan-Schule mit der Festlegung einer Patriarchenlinie, und ein in späterer Zeit sehr holzschnittartig dargestellter Lehrkonflikt trug mit dazu bei, die Identität einer orthodoxen Überlieferungstradition zu stärken. Dabei setzte sich auf lange Sicht die sogenannte «Südliche» Schule durch, die im Gegensatz zur sogenannten «Nördlichen Schule» die Lehre von der «plötzlichen Erleuchtung» vertrat. Hinter diesem Konflikt steht eine ältere Ambivalenz von einerseits Schriftgelehrsamkeit und andererseits Suche nach Erleuchtung durch Versenkung. An die Stelle dieses Gegensatzes trat die Vorstellung von einer Lehre außerhalb der schriftlichen Überlieferung, die «von Herz zu Herz», von Lehrer

Im Norden gelang es den Anführern des Tuoba-Volkes, mit der Wei-Dynastie einen zentralistischen Staat zu bilden, von dessen Buddhismusverehrung heute noch monumentale Standbilder zeugen.

zu Schüler und vor allem im Gespräch oder auch in wortloser Interaktion weitergegeben wurde. Praxis und Einsicht sollen mit der Erleuchtung zusammenfallen, ein Zusammenhang, der in den «überlieferten Gesprächen» *(yulu)* an vielen Stellen dokumentiert ist.

Die Verbreitung des Buddhismus wurde begleitet von antibuddhistischen Argumentationen, die seit dem vierten nachchristlichen Jahrhundert nachweisbar sind und bis in die Gegenwart reichen. Selbst die Reformer des 20. Jahrhunderts beriefen sich auf diese Tradition und sahen etwa in dem Verfasser eines Traktates über die Sterblichkeit der Seele, Fan Zhen (ca. 450–ca. 515), den «ersten chinesischen Materialisten». Dieser hatte mit seiner antibuddhistischen Polemik nicht unwesentlich dazu beigetragen, dass der Buddhismus in Südchina im frühen 6. Jahrhundert nach Christus zu einer der reformfördernden Kräfte wurde.

Die Vielfalt und die hohe Qualität der Übersetzungen buddhistischer Texte ins Chinesische, die Anpassung und spezifische Ausprägung der Vorschriften und Regelwerke für Mönche

Nach Konflikten innerhalb der Tuoba-Elite und der militärisch-politischen Zersplitterung bereitete die Nördliche Zhou als einer der Nachfolgestaaten die Reichseinigung vor.

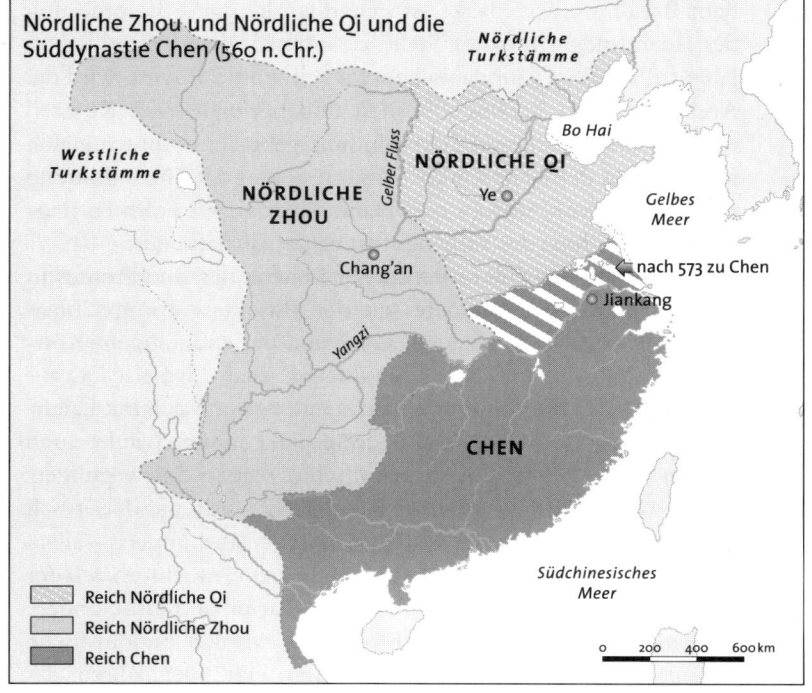

und Laien, die den Neokonfuzianismus vorbereitende intellektuelle Entwicklung der zweiten Hälfte der Tang- und der Song-Zeit bildeten die Grundlage für die weitere philosophisch-religiöse Entwicklung in Ostasien. Auch sind die sozialen Neubildungen seit der Jahrtausendwende nicht ohne die mit Klöstern verbundenen Verbandsbildungen, darunter Laiengemeinden, zu verstehen.

Innovationen bewirkten die buddhistischen Klöster, indem sie neue Lebensformen anregten und selbst wirtschaftliche Unternehmungen (z. B. Mühlen, Pfandleihhäuser) betrieben. Nach den schweren Buddhismusverfolgungen in den Jahren 844/45 war die buddhistische Klosterkultur zwar erheblich geschädigt, doch hielt der Einfluss des Buddhismus auf die chinesische Geisteswelt an. Von den zahlreichen Errungenschaften, die China dem Buddhismus verdankt, ist sicherlich die starke Beförderung des Buchdrucks an erster Stelle zu nennen, der dort etwa 500 Jahre früher als in Europa voll entwickelt wurde. Ebenso wird die Ausbildung von Erzähltraditionen und performativen Künsten mit indischen Einflüssen in Verbindung gebracht und ist zugleich ein Ergebnis der weiteren Urbanisierung und der Herausbildung eines Netzes von Städten und Handelsplätzen im politisch fragmentierten China des ausgehenden ersten Jahrtausends.

Trotz schwindender öffentlicher Präsenz des Buddhismus in der Elitekultur, insbesondere seit der Bürokratisierung Chinas unter der Dynastie Song (960–1279) und der endgültigen «Konfuzianisierung» unter der mongolischen Yuan-Dynastie (1271–1368), blieb der Buddhismus wirksam und verband sich mit Laienbewegungen, Gemeindeorganisationen und immer wieder auch mit an Endzeiterwartungen geknüpften Aufstandsbewegungen. Nur insofern wurde er zu einer Randerscheinung, aus der er sich im Zuge der Reformprozesse des 19. und 20. Jahrhunderts – allerdings nur teilweise erfolgreich – zu befreien vermochte. Nach der Machtergreifung der Kommunistischen Partei, und insbesondere während der Zeit der Kulturrevolution, wurden buddhistische Klöster weitgehend aufgelöst. Erst seit den 80er Jahren des

20. Jahrhunderts erlebt der Buddhismus eine Renaissance, begünstigt durch eine liberalere staatliche Religionspolitik. – Der Buddhismus hatte für China eine geistige Revolution bedeutet, denn er warf nicht nur viele neue Fragen auf, sondern gab auch zahlreiche Antworten. Mit seinen Lehren von der Verstrickung des Einzelnen in die Welt und seinen Strategien zur Befreiung wurde er zur größten Herausforderung der chinesischen Kultur vor der Begegnung mit dem Abendland.

4. Die Konsolidierung der Sui- und Tang-Zeit (581–907 n. Chr.)

Gründung der Dynastie Sui
Die Gründung der kurzlebigen Dynastie Sui mit der Hauptstadt in Daxingcheng (d. i. Chang'an, das heutige Xi'an) durch einen Angehörigen der nordwestlichen Adelsfamilien bedeutete einen im Wesentlichen unblutigen Dynastiewechsel. Die Einigung des Reiches unter der Dynastie Sui war das Ergebnis des Zusammenbruchs der Südstaaten und der zunehmenden militärischen Stärke der Reiche im Norden. Der so von einer dieser nördlichen Dynastien eingeleitete und von der Dynastie Sui forcierte Einigungsprozess wurde aber erst von der folgenden Dynastie Tang vollendet. Zu einer großen Belastung wurde für den ersten Sui-Herrscher der Abwehrkampf gegen die Osttürken, die Tujüe, so dass das Einigungswerk länger dauerte als beabsichtigt und eine Konsolidierung unter der von ihm gegründeten Dynastie nicht erreicht werden konnte. Die neue Reichseinigung erforderte eine Reform des Verwaltungswesens, wobei die Dynastie Han als Vorbild hingestellt wurde, in Wirklichkeit jedoch viele Funktionen der Nordstaaten übernommen und nur umbenannt wurden. Der Bau des «Großen Kanals» sollte die Hauptstadt mit den fruchtbaren Ebenen am Unterlauf des Yangzi verbinden. Mit diesem Wasserwegebau wurde ein Verkehrswegenetz zu Wasser begründet, das später China von Nord bis Süd insbesondere in

der Osthälfte durchziehen und damit zum Fundament für Handel und Kommunikation werden sollte.

Die Wiedereingliederung des lange doch relativ eigenständigen Südens in ein zentrales Reich erforderte die Überbrückung der verschiedensten Interessengegensätze, vor allem aber eine kulturelle Reintegration. Die entscheidende Rolle dabei spielte der Buddhismus, den der Gründer des Sui-Reiches, Wendi, sowie die ersten Tang-Herrscher für ihre Interessen instrumentalisierten. Zwar waren die Südreiche politisch und insbesondere militärisch dem Norden unterlegen, doch hinderte dies die Eliten im Süden nicht an einer höheren Selbsteinschätzung gegenüber dem Norden.

Machtwechsel und Konsolidierung des Reiches
Die ersten Jahre der Tang-Zeit waren eine Zeit fortgesetzter Unruhen, aber auch innerer Konsolidierung; von den mehr als 200 Rebellenorganisationen musste der später als Kaiser Gaozu kanonisierte Gründungsherrscher die meisten an sich binden, um auf diese Weise seinen größten Rivalen zu begegnen. Ein probates Mittel hierbei war die Politik der Amnestien und der «Adoptionen» bei persönlicher Kontinuität selbst der alten Anführer. Trotz seiner als Milde verstandenen Geschicklichkeit im Umgang mit alten Rivalen und gegnerischen Gruppen war die Herrschaftszeit Gaozus geprägt durch militärische Kampagnen. Er musste seine Macht durch zwölf stehende Armeen in der Umgebung der Hauptstadt sowie durch regionale Truppenkontingente sichern. Neben dem Mittel des Militärs bediente er sich aber auch administrativer Maßnahmen zur Sicherung seines Herrschaftsgebietes. Er leitete eine Reorganisation der Verwaltung ein und teilte sein Reichsgebiet in zehn Großregionen, aus denen im 8. Jahrhundert dann 15 wurden, denen Verwaltungs-, Finanz- und Justizinspektoren zugeordnet wurden. Insgesamt aber setzte die Tang-Dynastie auf den meisten Gebieten, wie dem der Strafgesetzgebung, des Agrarsystems, der Finanzverwaltung, des Heerwesens und des Erziehungs- und Prüfungswesens die durch die vorhergehenden

DIE KONSOLIDIERUNG DER SUI- UND TANG-ZEIT 59

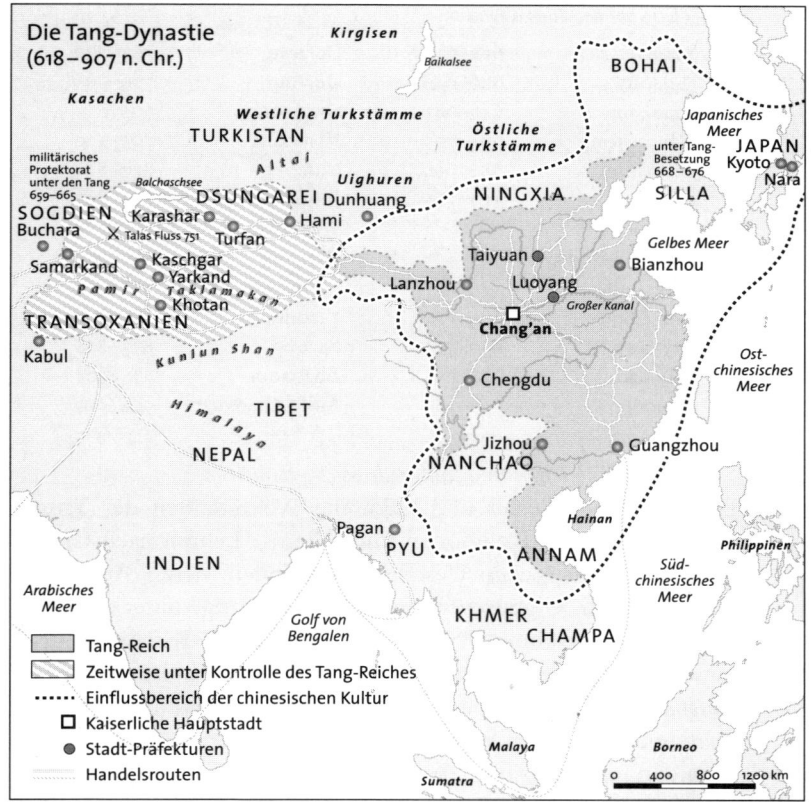

Die Kontrolle Zentralasiens bis in den Iran führte zu einem intensiven Kulturaustausch, und die chinesische Welt wurde zum Vorbild für ganz Ostasien.

Staaten eingeleitete Entwicklung fort. Besonders folgenreich war die Schaffung von Akademien und höheren Schulen in den beiden Hauptstädten Chang'an und Luoyang und die Errichtung von Präfektur- und Unterpräfekturschulen. Das damit entstehende Bildungssystem führte zusammen mit den Staatsprüfungen allmählich zu einem grundlegenden Wandel in der Zusammensetzung der Elite.

Herrscher der Tang-Dynastie

Gaozu	618–626	Daizong	762–779
Taizong	626–649	Dezong	779–805
Gaozong	649–683	Shunzong	805
Zhongzong	684, 705–710	Xianzong	805–820
Ruizong	684–690,	Muzong	820–824
	710–712	Jingzong	824–827
Wu Zetian,		Wenzong	827–840
Kaiserin und		Wuzong	840–846
Begründerin		Xuanzong	846–859
der Zhou-		Yizong	859–873
Dynastie	690–705	Xizong	873–888
Xuanzong	712–756	Zhaozong	888–904
Suzong	756–762	Aidi (Zhaoxuan)	904–907

Ethnische Vielfalt und kulturelle Weltoffenheit

Die ethnische Vielfalt und kulturelle Weltoffenheit der Tang-Zeit hatte fremde Religionen und religiöse Lehren nach China gebracht. Neben manichäischen Gemeinden, deren Anhänger wohl vor allem Uighuren waren, gab es eine lange unter der irreführenden Bezeichnung Nestorianismus, nun als «Kirche des Ostens» bezeichnete christliche Kirche, die als «strahlende Lehre» *(jingjiao)* auftrat. Daneben gab es auch Zoroastrismus, jüdische Gemeinden und eine Vielzahl kleinerer religiöser Gruppen. Trotz kosmopolitischer Züge der Tang-Gesellschaft blieb aber das Herrscherhaus an der Kontrolle der Religionen interessiert. Daher auch flammten immer wieder Kontroversen zwischen den einzelnen Religionen über ihren Status auf.

Die Herrscher der Tang-Dynastie zeigten sich bemüht, mögliche rassische Differenzen zu überspielen, und diese Bemühung wurde im Prinzip auch von der Schicht der Literaten unterstützt. Damit standen sie in der durch Tang Taizong geprägten Tradition, der im Jahre 644 formulierte: «Die Barbaren sind auch Menschen, und ihr Empfinden ist nicht anders als das der Chinesen. Wenn der Herrscher nur befürchtet, seine Tugend könnte nicht ausreichend sein, so braucht er doch nicht Misstrauen und Besorgnisse gegenüber anderen Rassen zu hegen. Wenn aber seine Tugend sich überall auswirkt, so kann er die Barbaren der vier Himmelsrichtungen veranlassen, wie eine Familie zu werden. Hegt er jedoch allzu viel Misstrauen und Besorgnisse, so kann er dem nicht entgehen, dass seine eigenen Verwandten ihm übel und feindlich gesonnen sind.»

Ähnlich betonte der Essayist Li Hua (ca. 710-ca. 767), die Dynastie vereinige das Reich «in einem Haus, in dem Chinesen *(hua)* und Nicht-Chinesen *(yi)* gleich sind». Und dabei handelte es sich nicht nur um Lippenbekenntnisse, sondern Ausländer bekleideten hohe und höchste Ämter während der Zeit der Tang-Dynastie. Freilich wurde die Einheit des Reiches durch den Kaiser getragen und repräsentiert, wie es Wei Zheng (580–643), einer der Berater Taizongs, ausgedrückt hatte: «Die Sicherheit des Staates und die Stabilität des Landes beruhen ganz und gar auf dem Einen.» Das Selbstverständnis der Tang-Kaiser gegenüber dem der Han-Kaiser unterschied sich dabei in einer Hinsicht grundlegend: Während die Han-Kaiser noch eine chinesische Herrschaft ausdehnen wollten und sich dann mit den Xiongnu verständigten, wollte Taizong sowohl Herrscher der Chinesen als auch oberster Führer *(qaghan)* der Steppenvölker sein. Einen solchen Anspruch auf Universalherrschaft erhoben dann erst wieder die Mongolen und verwirklichten ihn im späten 13. Jahrhundert für einige Jahrzehnte.

Neue Reiche am Rande des Tang-Reiches und der Aufstand des An Lushan

Die chinesische Kultur übernahm in jener Zeit nicht nur zahlreiche Kenntnisse sowie Handelsgüter und Kulturpflanzen aus dem Westen, sondern sie strahlte auch dorthin aus, was etwa zur Verbreitung der Kenntnisse der Papierherstellung führte, die über die arabische Welt und Spanien schließlich (im 13. Jahrhundert) bis nach Italien gelangte. Vor allem wurde China für seine östlichen Nachbarn das große Vorbild, für Japan, aber auch für das Silla-Reich auf Korea. Diese Länder übernahmen die chinesische

Schrift und den Buddhismus, und so waren Kunst und Kultur Japans im 7. und 8. Jahrhundert in hohem Maße chinesisch geprägt.

Im Zuge der Ausdehnung nach Nordwesten erlangte das Tang-Reich zeitweise Einfluss auf die Oasen des Tarim-Beckens, u. a. Charachotscho (Gaochang) nahe dem modernen Turfan in Ost-Xinjiang, der bis in das nördliche Afghanistan und nach Persien reichte. Dabei war es nicht zuletzt die Hilfe des türkischen Militärs, die es der Tang-Dynastie ermöglichte, das Reich in einem Maße auszudehnen, wie dies weder Qin Shihuangdi noch Han Wudi gelungen war. Die Türken wurden ein Teil der Tang-Administration und verschafften China so eine höchst effektive Pufferzone. Doch nach dem Tod des zweiten Tang-Herrschers bereits zerfiel dieses System, und die Osttürken vereinigten sich wieder und begannen erneut, das Tang-Reich anzugreifen. Erst 721 kam es zu einem Frieden zwischen dem Türkenreich und China, bei dem sich der chinesische Hof zu hohen Tributleistungen verpflichtete. Auch eine dauerhafte Beherrschung des Südwestens scheiterte zunächst an den Interessen des erstarkten Tibetischen Königreiches. Das auf dem Gebiet des heutigen Yunnan entstandene Königreich Nanzhao, eine Konföderation von sechs ihrer ethnischen Zugehörigkeit nach tibeto-birmanischen Stammesgruppen, blieb im 8. und 9. Jahrhundert selbständig.

Trotz aller Reformbemühungen war der innere Zerfall des Reiches nicht aufzuhalten, was auch in den häufigen Herrscherwechseln zum Ausdruck kommt. Mit der Einsetzung ständiger Militärgouverneure *(jiedushi)* seit 710–11 wurde die Voraussetzung für eine Aufsplitterung der Macht geschaffen. Mit Hilfe fremder Truppen, darunter Uighuren, Tibeter und Angehörige anderer Stämme aus dem Tarim-Becken, konnte zwar die das ganze Reich erschütternde Rebellion des An Lushan (755 n. Chr.) niedergeschlagen werden, doch kam es zu einem Verlust der Autorität der Zentrale, und faktisch war die Einheit des Tang-Reiches seither zerbrochen. Die Uighuren breiteten sich in die Gegend der Provinz Gansu aus, und die seit 650 in Sichuan und

Birma sich bildenden tibeto-birmanischen Fürstentümer hatten nun freiere Hand. So kennzeichnet der An Lushan-Aufstand eine Zäsur in der Geschichte des kaiserzeitlichen China, weil damit der endgültige Machtverlust des Erbadels und die Schwerpunktverlagerung nach Süden eingeleitet wurde.

Die wirtschaftlichen Veränderungen, der seit dem Ende des 6. Jahrhunderts allmählich sich vollziehende Verfall des Kleinbauerntums sowie die Verschiebung des wirtschaftlichen Zentrums vom Wei-Tal und der nordchinesischen Tiefebene in das Untere Yangzi-Tal – unter anderem eine Folge zunehmenden Handels und veränderter Reisanbaumethoden wie der Züchtung von Setzlingen –, führten zu regionalem Separatismus und Autonomiebestrebungen in den Provinzen. Ein Ausdruck dieser Tendenzen zur Machtauflösung war die sogenannte «Revolte der Vier Prinzen», bei der sich 782 vier Gouverneure verschworen und halbautonome Gebiete in Nord-China bildeten, die etwa 150 Jahre bestanden. Ausdruck solcher Sonderentwicklungen war auch, dass im Nordwesten An Lushan und sein Nachfolger Shi Siming (gest. 761) als Heilige verehrt wurden und die Bevölkerung Kultstätten für sie errichtete.

Die Suche nach der Einheit der Kultur
Mit der Abnahme der Stärke, insbesondere der militärischen Stärke der Position des Kaisers und der Zunahme der Bedeutung des staatlichen Prüfungswesens und der Etablierung des Literatenbeamtenstandes, der vor allem seit der Song-Dynastie beherrschend wurde, verlor die Vorstellung von der Multiethnizität des Reiches ihre Grundlage. Die in der Tang-Zeit einsetzende Entmilitarisierung und zugleich Literarisierung der Elite Chinas steigerte die Bedeutung der kulturellen und in gewisser Weise auch rassischen Identität und ließ den Gegensatz zwischen Chinesen *(hua)* und Barbaren *(hu)* in bis dahin nicht gekannter Schärfe erscheinen. Dabei ist zu bedenken, dass die Bezeichnungen für die «Barbaren» zwar nicht streng definiert waren, die Bezeichnung «*hu*» aber doch vornehmlich die Angehörigen der westlichen

und nordwestlichen Kulturen meinte. Die Demilitarisierung und gleichzeitige Zunahme der Bedeutung der kulturellen Identität war eine der Grundlagen für das Auseinanderfallen des Tang-Reiches in zwei auch sozial und zum Teil rassisch sich unterscheidende Kulturen und sich daraus entwickelnde Staaten. Das eine war die chinesische Kultur mit dem Zentrum und der Hauptstadt Chang'an einerseits, und die – nicht zuletzt infolge von Zuwanderungen von außen – stark von nichtchinesischen Elementen geprägte Kultur im Nordosten andererseits. Die fremden Völker, die als «Klauen und Zähne» der Chinesen verstanden worden waren, die sich wiederum selbst als Kopf und Rumpf betrachteten, hatten selber ihren Kopf entdeckt.

Trotz tief verankerter separatistischer Tendenzen blieb unter den Gebildeten im Nordosten die Neigung zu einer Reichskultur ohne Konflikte die wichtigste treibende Kraft. Da der Buddhismus seine einigende Funktion verloren hatte, suchte man nach neuen Wegen, die kulturelle Identität zu bekräftigen, und dabei spielte dann die Chinesen-Barbaren-Unterscheidung wieder eine entscheidende Rolle. Der von der späteren konfuzianischen Renaissance als Vorläufer der Erneuerung des Konfuzianismus betrachtete Literat und Beamte der späten Tang-Zeit Han Yu (768–824) bewunderte die Politik des «Ersten Kaisers» Qin Shihuangdi und repräsentiert eine am Einheitsstaat und an der Unterdrückung von separatistischen Gruppen interessierte politische Richtung seiner Zeit, die zu Recht als «Neo-Legalismus» gekennzeichnet worden ist. Dabei ging es ihm nicht um rassische Differenzen, sondern um die Einheit der Kultur; er wandte sich nicht gegen den Vielvölkerstaat der Tang-Gründer, sondern gegen die Entwicklung zu einer multikulturellen Situation und wollte auf diese Weise ganz im Sinne des von ihm vor allem begleiteten Herrschers Xianzong (regierte 805–820) die Restauration der Tang-Zeit befördern. Han Yu hatte also durchaus nichts gegen einen multiethnischen, aber etwas gegen einen multikulturellen Staat. Die enge emotionale Beziehung zwischen dieser Auffassung und der Orientierung an der Stellung des Kaisers

DIE KONSOLIDIERUNG DER SUI- UND TANG-ZEIT 65

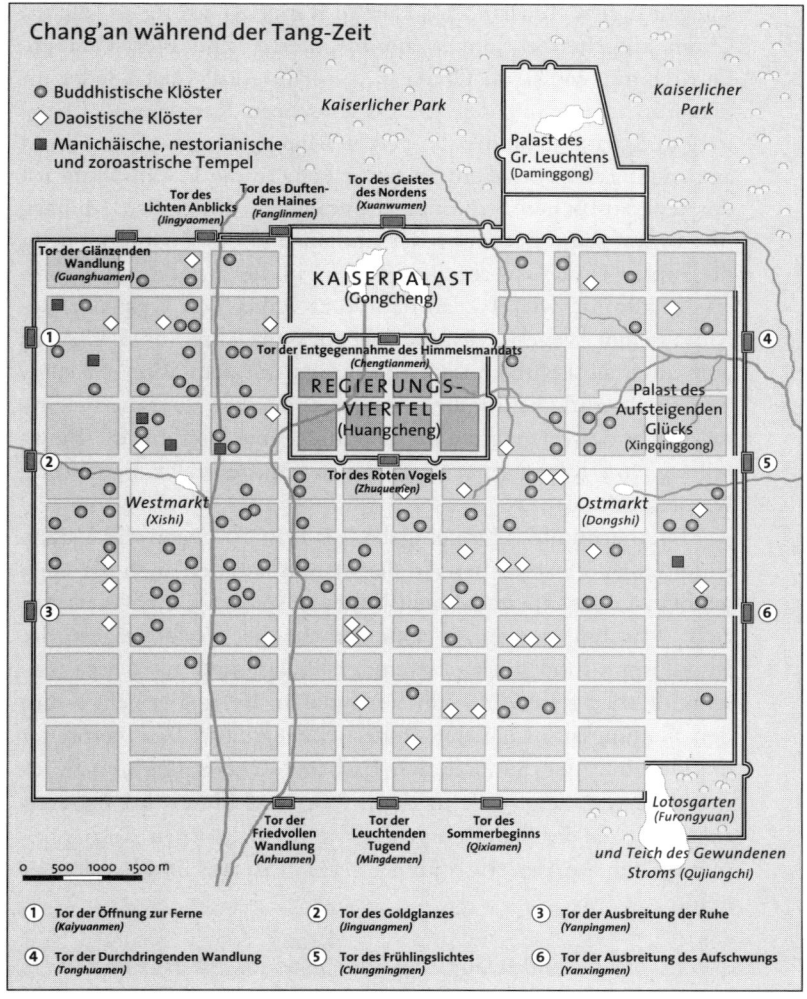

Die Tang-Hauptstadt Chang'an (das heutige Xi'an), Zentrum internationaler Handelswege und größte Stadt ihrer Zeit, wurde zum Vorbild anderer Städtegründungen in Ostasien.

spiegelt sich auch darin, dass Han Yu Kaiser Xianzong als «die im Osten aufgehende Sonne» apostrophierte, eine Herrscherverherrlichung, wie sie in China in dieser Intensität erst wieder im Zusammenhang mit den Qing-Herrschern Kangxi und Qianlong und später dann mit der Person Mao Zedongs aufkam. Wohl am wichtigsten von allem aber war Han Yu die Bekämpfung jeder separatistischen Strömung, insbesondere unter den Militärs, und es war diese Betonung der Einheit und des Zusammenhalts, die hinter Han Yus zentralen Texten immer wieder zum Vorschein kommt, wie etwa in dem Text «Über den Ursprung des Moralischen Weges» *(Yuandao lun)* aus dem Jahre 805 n. Chr., in dem auch die Lehre von der «Nachfolge auf dem Weg» *(daotong)* vorgestellt wird, die für alle folgenden Debatten über die Rechtmäßigkeit der vertretenen Lehrrichtung, aber auch für die Beurteilung von dynastischer Legitimität von zentraler Bedeutung werden sollte.

Die berühmte Throneingabe des Han Yu gegen die Verehrung des Buddhaknochens in der Hauptstadt, den auch der zeitgenössische japanische Mönch Ennin in seinem China-Reisebericht erwähnt, worin er anschaulich die Verfolgungen des Buddhismus und anderer fremder Religionen in China beschreibt, trägt fremdenfeindliche Züge. Im Kern aber geht es um den Geltungsanspruch der chinesischen Kultur. Wie verbreitet die Debatte über die Chinesen-Barbaren-Unterscheidung zu jener Zeit war, zeigt sich in dem Traktat «Chinese im Herzen» *(Hua xin)* aus der Feder eines sonst wenig bekannten Autors namens Chen An, der etwas jünger als Han Yu war und bei dem es heißt:

> «... *die Unterscheidung zwischen Chinesisch und Barbarisch beruht auf dem Herzen [eines Menschen] und ist nach dessen jeweiliger Neigung zu treffen. – Wenn einer in den mittleren Provinzen geboren wurde, sich aber in Gegensatz zu Rite und Rechtschaffenheit stellt, dann hat er vielleicht das Aussehen eines Chinesen, aber das Herz eines Barbaren. Wenn einer*

dagegen auf barbarischem Gebiet geboren wurde, aber im Einklang mit Rite und Rechtschaffenheit handelt, so mag er ein barbarisches Aussehen haben, doch ist er im Herzen Chinese. (…) Man ist Chinese durch das Herz und nicht durch Geburt.»

Kultureller Nationalismus
Die Abgrenzung des Chinesischen gegenüber dem Nichtchinesischen blieb schwierig und fand Widerhall auch in den Selbstverständnisbemühungen religiöser Gruppierungen. So hatten die Vertreter der daoistischen Lehre ursprünglich einen Universalitätsanspruch reklamiert und im Buddhismus nicht mehr als eine Schwesterreligion gesehen. Doch verschob sich die Bestimmung der Grenze zwischen Vertrautem und Fremdem im Zuge der Adaption konfuzianischer Werte im Daoismus, was sicherlich zur Verschärfung des Konfliktes zwischen Buddhismus und Daoismus beigetragen hat. Während die Buddhisten in ihrer Polemik die Daoisten als tendenzielle Unruhestifter verfemten, suchten Anhänger des Daoismus den Buddhismus als eine Lehre für Fremde zu stigmatisieren und knüpften damit an Debatten des fünften Jahrhunderts an. Eine dieser antibuddhistischen Polemiken aus dem daoistischen Milieu ist das «Buch der kostbaren Reinheit des Höchsten Großen Dao» *(Taishang dadao yuqing jing)*, verfasst um 750 n. Chr., in einer Zeit also, die wir gemeinhin noch als die am meisten weltoffene, ja geradezu kosmopolitisch gestimmte Epoche Chinas zu kennzeichnen gewohnt sind. China war eben zu jener Zeit längst nicht mehr mit einem Wort zu charakterisieren.

Nicht nur der Buddhismus galt als Lehre ausländischen Ursprungs – und wurde dann ja im Jahre 846 einer landesweiten Verfolgung ausgesetzt –, sondern später wurde auch der Daoismus als fremde Lehre bezeichnet, einmal weil er starken Rückhalt in den Randgebieten der chinesischen Kultur hatte, vor allem aber, weil seine Erfolgsgeschichte seit dem Ausgang der Han-Zeit von manchen damit erklärt wurde, dass er nur durch die Übernahme buddhistischer Elemente hatte erfolgreich bleiben können. Andere haben den Ursprung des religiösen Daoismus in Tibet vermutet. Eine nähere Betrachtung der Selbstbestimmung des Daoismus zeigt aber, dass die Kriterien für die Abgrenzung gegenüber dem Andersartigen, die Unterscheidung zwischen korrekt und unkorrekt, zwischen rein und unrein, innerhalb der chinesischen Kultur gewonnen wurden und nicht in Abgrenzung gegen andere. Es ging um die Verwerfung alter Opfertraditionen und die Konstituierung einer eigenen Kultgemeinde. Entsprechende Texte und Formulare, mit denen seit dem 4. Jahrhundert die Aufnahme eines «Barbaren» in die daoistische Lehre durchzuführen war, zeigen diesen Zusammenhang.

Was wir als «Kulturellen Nationalismus» bezeichnen, hatte seine Argumente bei der Auseinandersetzung zwischen Buddhisten und Daoisten ausgebildet. Gerade die aufgrund ihrer Ausbildung zur Übernahme von Verwaltungsämtern Befähigten waren gegenüber allem Fremden misstrauisch. Und weil insbesondere unter den Händlern und den Soldaten der Anteil von Ausländern besonders hoch war, richtete sich ihre Polemik außer gegen Buddhisten auch gegen diese. Das Misstrauen gegenüber den Barbaren zeigt sich auch in dem Gedicht des Wang Zun (um 866), in dem zugleich die Unerreichbarkeit des moralischen Ideals der Literatenschicht zum Ausdruck gebracht wird: «Qin errichtete die Große Mauer wie ein eisernes Gefängnis/Damit die Barbaren niemals über Lintao hinausgingen;/Doch auch weil sie Tausende von Meilen und bis zu den Wolken reicht,/Führt sie doch nicht die drei Fuß zum Thron von Yao.»

Bürokratisierung, Regionalismus und das Ende der Tang-Herrschaft

Im ausgehenden 9. Jahrhundert hatte die Zunahme der Macht der Eunuchen im Inneren Hof und die Rückkehr zahlreicher Mitglieder der alten Aristokratie in hohe Regierungsämter zu wachsenden Spannungen innerhalb der Bürokratie geführt. Seit der Herrschaft Kaiser Wenzongs (827–840) war es in verschienen Gebieten des Reiches unter der Bevölkerung zu Unruhen gekommen, und eine wachsende Zahl beteiligte sich an illegalen Handelsunternehmungen wie Salzschmuggel und an Piraterie, so dass von einem endemischen Banditentum gesprochen werden kann. Im Jahre 875 begannen Aufständische in großer Zahl von Shandong aus sich zu organisieren und plündernd durch das Land zu ziehen. Diese Rebellionen, in deren Verlauf auch die Hauptstadt Chang'an für zwei Jahre in die Hände der Rebellen fiel, dauerten bis ins Jahr 883. Der Tang-Hof zog sich nach Chengdu in der heutigen Provinz Sichuan zurück, wo er bis 885 blieb. Faktisch bestand die Dynastie Tang seit 885 n. Chr. nicht mehr, doch erst im Jahr 907 wurde sie formal beendet.

Am Ende des 9. Jahrhunderts hatte massive Unzufriedenheit unter der Bevölkerung zu dem verheerenden Aufstand des Huang Chao geführt, und in der Folge war es zum Auseinanderbrechen des Reiches in mehr als zehn Einzelstaaten gekommen. Bei diesen handelte es sich tatsächlich um die Nachfolger der bereits während der Tang-Dynastie mehr und mehr sich verselbständigenden Provinzen, wobei die Etablierung autonomer regionaler Herrschaftsausübung nicht nur die Folge zielgerichteter separatistischer Politik, sondern zugleich eine Folge des Zusammenbruchs der Zentralmacht war.

Unter den Gebildeten zumindest blieb es unzweifelhaft, dass das Reich irgendwann wiedervereinigt werden würde. Dies galt auch für jene Gebiete im Norden Chinas, die zu Beginn des 10. Jahrhunderts in die Hände benachbarter fremder Staaten gefallen waren und mehr als vierhundert Jahre lang unter fremder Herrschaft bleiben sollten. Auch diese Gebiete galten als letztlich unaufgebbar, und an ihrer Wiedereingliederung in die chinesische Welt zu einem späteren Zeitpunkt gab es gar keinen Zweifel. So wurde – und so wird auch heute noch – politische Teilung als eine vorübergehende Störung der natürlichen Ordnung verstanden. Nicht unter Bezugnahme auf die Zeit nach dem Zusammenbruch der Han-Dynastie wurde die Teilung gesehen, sondern sie wurde gleichgesetzt mit dem (wie wir wissen: vermeintlichen) Machtverfall der Zhou-Dynastie und dem Auftreten feudaler Verhältnisse. Während der Sui- und Tang-Zeit hatte sich insbesondere in den Reihen der neuen, durch Prüfungen rekrutierten Literatenschicht die Vorstellung von einem Einheitsreich neuerlich verfestigt. Mit dieser Vorstellung durchaus vereinbar war das Wissen von Randzonen, in denen chinesischer militärischer und politischer Einfluss überwog oder in denen sich unabhängige Staaten einrichteten, die gleichwohl kulturell, geistig und politisch von China abhängig waren und sich auch der chinesischen Schrift bedienten.

Einer dieser Staaten war das Königreich Bohai, das von 689 bis 926 über die Mandschurei, Teile des heutigen Nordkorea und das heute russische Ost-Ussuri-Gebiet herrschte und damit über jene Region, von der später die Dynastien Liao und Jin ihren Ausgang nahmen. Die Geschichte dieses Staates ist gerade in den letzten Jahren mehrfach Gegenstand der Beschäftigung in China, Russland, Japan und Korea selbst gewesen, und in allen diesen Fällen sind politische Hintergründe mit eingeflossen. So geht es den koreanischen Historikern verständlicherweise darum, Bohai als einen Teil der koreanischen Geschichte darzustellen, während die Chinesen darin lediglich einen chinesischen Vasallenstaat sehen und die Russen ihrerseits die Unabhängigkeit dieses tungusischen Staates betonen. Die Diskussion darüber dauert bis heute an. Manche argumentieren jedoch, dass jene Mohe-Stämme am Amur eine eigenständige Kunst und eine Weltanschauung besaßen, welche sich von der geistigen Tradition Chinas und Japans unterschieden, sowie eine entwickelte Gesellschaftsordnung. Die Gesellschaftsordnung dieser Stämme habe ihre Vollendung in der Gründung des tungusischen Staates Bohai gefunden, welcher den aggressiven Plänen Chinas einen Riegel vorschob.

III. DAS BÜROKRATISCHE CHINA UND DIE VERWIRKLICHUNG DES EINHEITSREICHES (907–1644)

1. China im Kreis neuer Nachbarstaaten

Wirtschaftliche Revolution
Der sich während des ersten nachchristlichen Jahrtausends ereignende Diversifizierungs- und Einigungsprozess, der in der Tang-Zeit mündete, hatte zugleich neue Kräfte und damit auch neue Konflikte freigesetzt, die mit zu jenem Prozess einer grundlegenden Veränderung beitrugen, bei dem der alte Adel endgültig abdankte, die Landbesitzverhältnisse leichter rechtlich regelbar wurden, neue städtische Zentren sich entwickelten und insgesamt die Grundlage für einen neuen Wohlstand gelegt wurde.

Ein bestimmendes Element bei dieser neuen Entwicklung war eine verbesserte Kommunikation, die mit der Einführung von Vervielfältigungstechniken und insbesondere des Buchdrucks mit Holzplatten zusammenhängt. Es entstand ein dichtes Netzwerk zur Verbreitung von Informationen aller Art, wodurch bis in die entlegensten Teile des Reiches Dokumente gelangen konnten. Ein staatliches Postwesen wurde eingerichtet. Dabei war wesentlich, dass nicht nur einzelne Texte wie etwa Verordnungen in vervielfältigter Form verbreitet wurden, sondern ganze Textsammlungen, darunter Handbücher ebenso wie Dokumentensammlungen, auf die dann Bezug genommen werden konnte. In diesen neuen Möglichkeiten wurde bald auch eine Gefahr gesehen, so dass sich ein ausgeklügeltes Zensur- und Vorschriftensystem entwickelte.

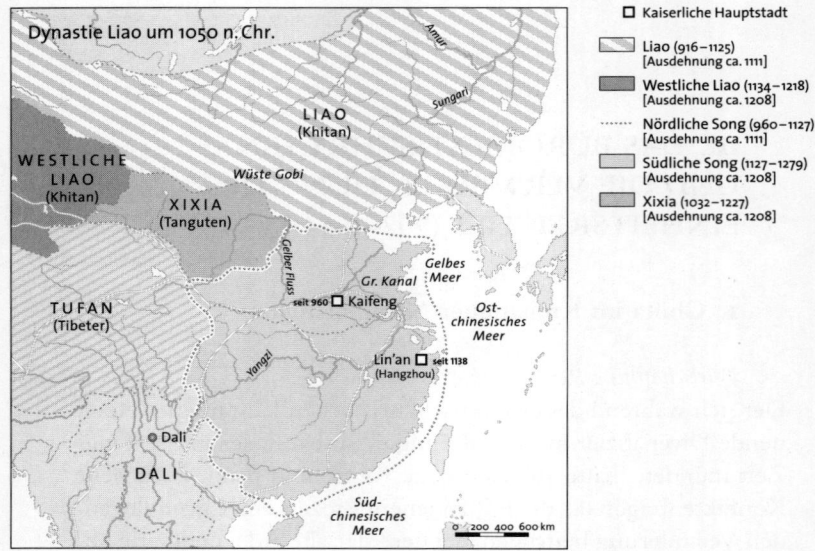

Die Song-Dynastie einigte nach der Zeit der Fünf Dynastien (907–960) zwar wieder die chinesischen

Die Fünf Dynastien im Norden			
Spätere Liang	907–923	Spätere Han	947–951
Spätere Tang	923–935	Spätere Zhou	951–960
Spätere Jin	936–947		

Wie überhaupt das 10. Jahrhundert eine Zeit des Umbruchs in ganz Ostasien war, so erlebte auch China in jener Zeit der «Fünf Dynastien» (907–960) eine wirtschaftliche Blüte in einzelnen Regionen, vor allem im Süden. Es ist zu Recht von einer «wirtschaftlichen Revolution» gesprochen worden. Politisch-militärisch waren die für den Verfall und den Untergang der Tang direkt Verantwortlichen die Militärgouverneure *(jiedushi)* gewesen. Doch in den knapp 60 Jahren der Zeit der Fünf Dynastien bildete sich ein neuer Typ militärgestützter imperialer Machtaus-

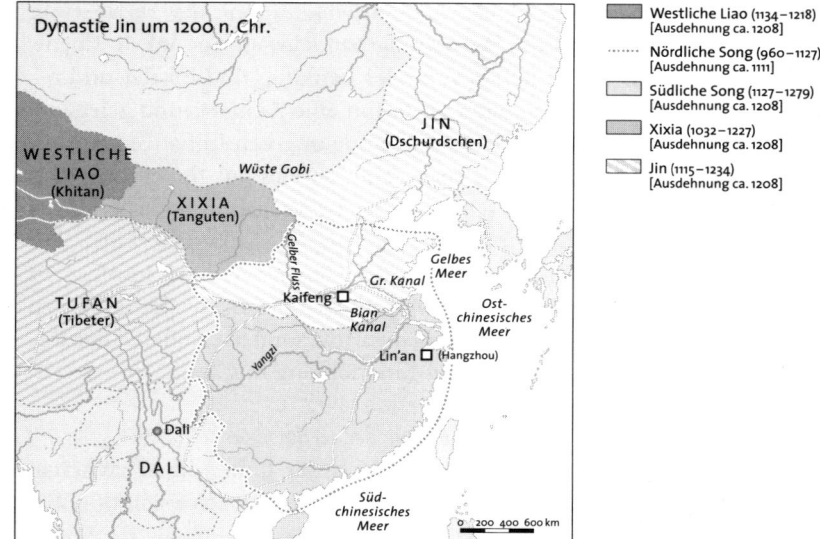

Kernlande, doch bestanden auch andere Reiche in den ehemals von China beherrschten Gebieten.

übung aus, der die Grundlage für die bürokratische Herrschaft der Späten Kaiserzeit bildete. Trotz der Aufspaltung des Reiches in selbständige Staaten, die nur die Realisierung einer seit der Mitte des 8. Jahrhunderts bereits bestehenden faktischen Fragmentierung war, wurde eine zukünftige Wiedervereinigung von den Gebildeten ebenso wie in der populären Propaganda als selbstverständlich betrachtet. Dieser Dynamik waren auch die Teilentwicklungen unterworfen.

Der Übergang von der Tang- zur Song-Dynastie ist lange als Epochenbruch gesehen worden, doch entgegen dieser insbesondere mit dem Namen des japanischen Gelehrten Naito Konan (1866–1934) verbundenen Auffassung sehen wir heute die Song-Zeit als Abschlussphase einer Entwicklung. Wichtig bleibt die Beachtung der Entwicklung in den einzelnen Regionen und die

Verknüpfung der Bevölkerungsentwicklung mit der Verlagerung des größten Teils des Verwaltungshandelns auf die lokale Ebene. Die Steuerung zwischen zentraler Lenkung und lokaler und regionaler Verwaltung blieb weiterhin eine Aufgabe, und gelegentlich wurde die Zentrale durch Bündelung von Initiativen zur bestimmenden Kraft, doch vermochte sie dies nur für kürzere Zeit durchzuhalten. Dieses spannungsreiche Verhältnis zwischen Zentrale und Regionen blieb das wichtigste Strukturmerkmal aller politischer Entwicklung bis in die Gegenwart, und insofern ist die Song-Zeit nicht nur der Abschluss einer Entwicklung hin zu einer bürokratischen Staatsorganisation, sondern zugleich der Beginn einer frühneuzeitlichen Entwicklung in China.

Urbanisierung und die Stellung der Religionen
Während im mittelalterlichen China der Unterschied zwischen Stadt und Land nicht so erheblich war, entwickelte sich offenbar im 9. und 10. Jahrhundert, in der Zeit des Übergangs zur Song-Dynastie, ein neues städtisches Selbstbewusstsein, das seinen Ausdruck unter anderem in der Errichtung von Stadtgott-Tempeln fand. China erlebte in diesen Jahrhunderten einen derart grundlegenden Wandel, dass die Menschen des 11. und 12. Jahrhunderts die Tang-Zeit als fremd empfanden. Diese Veränderungen hängen mit dem erwähnten Zusammenbruch der alten Adelstraditionen in der Tang-Zeit zusammen, aber auch mit neuen geistigen und religiösen Impulsen und nicht zuletzt mit wirtschaftlichen Veränderungen. Eine zunehmende Verrechtlichung der Beziehungen mit der erweiterten Möglichkeit des Kaufs und Verkaufs von Land sowie ein Aufschwung des Handels und eine Zunahme der Marktorte machten erst in jener Epoche China trotz Fortdauer der Bedeutung des Ackerbaus zu einem Land der Städte, und zwar nun nicht mehr der Städte als Verwaltungssitz, sondern als Ort des Handels und des Handwerks, aber auch des Vergnügens und der Kultur.

Die Konsolidierung des Reiches beschränkte sich jedoch aufgrund der Entwicklungen bei den Nachbarvölkern auf die chinesischen Kernlande, und gerade diese Konzentration ermöglichte die intensivere Bürokratisierung. Doch bedeuteten die politischen Entwicklungen an Chinas Grenzen auch eine erhebliche Herausforderung.

Khitan-Liao und Westliche Xia
Die von den Khitan, einem türkisch-uighurischen Nomadenvolk, begründete Dynastie Liao (907/946–1125) war eines jener «sinisierten» Reiche am Rande der chinesischen Kulturwelt. Die Beziehungen zwischen dieser Nomadendynastie und den anderen chinesischen Territorien waren vielfältig. Die Gründungsherrscher des Song-Reiches, die auf Reichseinigung aus waren, meldeten generell ihren Anspruch an, verlorenes Gebiet der Tang zurückzuerobern. Damit war der Konflikt mit dem Khitan-Reich vorprogrammiert. Allerdings hielt der im Jahre 1005 unterzeichneter Friede von Shanyuan zwischen dem Song-Reich und den Khitan dann beachtlicherweise mehr als 100 Jahre. Das Besondere an diesem Vertrag war, wie Christian Schwarz-Schilling herausgearbeitet hat, dass er einen so langen Frieden ermöglichte, weil er mit seinen Verabredungen die Basis für die Abwehr nachfolgender territorialer Ansprüche der Khitan bildete, aber auch die Verfolgung von Gebietsansprüchen durch die chinesische Politik im Zaume hielt. Die Wirksamkeit des Vertrages war durch die chinesischen Zahlungen von 100 000 Unzen Silber und 10 000 Rollen Seide gefestigt worden.

Am Nordwestrand der chinesischen Welt hatte sich im frühen 11. Jahrhundert ein von tangutischen Volksstämmen beherrschter weiterer Staat namens Xia oder Westliche Xia (Xixia) gebildet, der bis zur Unterwerfung durch die Mongolen im Jahr 1227 bestand. Die Führungsschicht dieses Staates setzte sich aus mit Xianbi vermischten Tanguten zusammen, deren tibeto-birmanische Sprache der Sprache der Yi (Luoluo) in Südwestchina ähnlich ist. Der Friede von Shanyuan und die Existenz dieses Staates der Xia trugen mit dazu bei, dass China sich im 11. Jahrhundert sehr stark mit sich beschäftigte. Die Song-Dynastie legte gezielt ihren Schwerpunkt auf die Innenpolitik. Dies war einer der Gründe dafür, dass das 11. Jahrhundert zu einer Zeit intensiver innerer Reformen wurde.

2. Das Song-Reich: Abschluss und Neubeginn

Bürokratisierung und Entmilitarisierung

Mit der im Jahre 960 ausgerufenen Song-Dynastie beginnt die Zeit der endgültigen Durchsetzung bürokratischer Verwaltung und formalisierter Beamtenrekrutierung. Es ist die Zeit der großen Orientierungsdebatten zu Grundfragen der Politik, der Philosophie und der Literatur, vor allem aber auch die Zeit einer wirtschaftlichen Blüte bis dahin nicht gesehenen Ausmaßes, des Aufkommens neuer Märkte und der Städtebildung. Die Bürokratie erforderte und schuf geradezu einen neuen Typus des Beamten, ebenso wie die Position des Herrschers durch die Bürokratisierung neu bestimmt wurde. Die Folge war – zumindest in einzelnen Bereichen – eine Professionalisierung der Zivilverwaltung und überhaupt erst die Herausbildung eines spezifischen Beamtenethos.

Herrschernamen der Nördlichen Song-Dynastie

Taizu	960–976	Shenzong	1068–1085
Taizong	976–997	Zhezong	1086–1101
Zhenzong	998–1022	Huizong	1101–1125
Renzong	1022–1063	Qinzong	1126
Yingzong	1064–1067		

Die Konsolidierung des wiedervereinigten Reiches, das nicht mehr die Ausdehnung der Tang-Dynastie erreichte, war bereits durch die letzte der Fünf Dynastien im Norden, die Spätere Zhou (951–959), eingeleitet worden, durch Kultivierung zusätzlicher landwirtschaftlicher Nutzflächen, durch Enteignung von Klosterbesitz im Jahr 955, durch die Umverteilung der Steuerlast, durch forcierten Kanal- und Dammbau. Die Spätere Zhou-Dynastie war zumindest «Prolog», wenn nicht bereits ein Teil der Song-Zeit. Die Zunahme vor allem der militärischen Macht des Hofes war eine der Voraussetzungen der Einigung gewesen. Im Gegensatz zu früheren autokratischen Herrschern schuf der erste Song-Kaiser einen institutionellen Rahmen für eine absolutistische Regierung, indem er durch Reduzierung der Kompetenzen der wichtigsten Hofbeamten jede Politik einzelner Beamter am Kaiser vorbei unmöglich machte. Dies ist auch ein Grund dafür, dass das Reich danach niemals mehr auf Dauer zerfiel. Mit diesem Ausbau der Zentralgewalt, insbesondere mit der Unterstellung des Militärs unter zivile Aufsicht, wurde ein Paradigmawechsel vollzogen. Denn bis in die Tang-Zeit hatte es keine strenge Trennung in militärische und zivile Karrieren gegeben. Die für die Einigung des Reiches so wichtigen vom Militär bestimmten Machtverhältnisse mündeten in einen bürokratischen Absolutismus, bei dem die Staatskanzlei *(shangshusheng)* die Hauptlast der Verwaltungsarbeit trug.

Die zunehmende Verbreitung formaler Bildung und die Ansätze zu Professionalisierung zusammen mit der Institution der Beamtenprüfung, die neuen Schichten den Zugang zu Ämtern und damit zu Pfründen und Anerkennung eröffnete, prägte nicht nur die Bürokratie, sondern das öffentliche Leben überhaupt. Aus diesem Kontext der Qualifikation durch Bildung heraus sind die neuen Formen der Traditionsaneignung verständlich, zu denen neben einer ausgeprägten Quellenkritik die Erstellung von Handbüchern ebenso gehört wie die Anlage von privaten Sammlungen von Altertümern und Zeugnissen der Vergangenheit. Staatlich geförderte Bildung und ein über das ganze Land organisiertes Prüfungs- und Qualifizierungssystem trugen mit zur Prosperität des Handels und zur Differenzierung der Verwaltung bei. Nicht nur in den städtischen Zentren, sondern auch in Dörfern wurden Schulen errichtet. Der Zusammenhang zwischen solcher «Bildungsexpansion» einerseits und den späteren wirtschaftlichen Erfolgen ist offenkundig.

Binnenhandel und handwerkliche Spezialisierung

Auf wirtschaftlichem Gebiet war die Song-Zeit eine prosperierende und zugleich durch große Umwälzungen und Veränderungen gekennzeichnete Epoche. Überschwemmungen infolge von Laufänderungen des Gelben Flusses (Huanghe), u. a. in den Jahren 893, 1048 und 1194, verstärkten noch die seit der Mitte der Tang-Zeit sich vollziehenden und insbesondere in den Südosten gerichteten Wanderungs- und Umsiedlungsbewegungen, so dass Ende des 13. Jahrhunderts etwa 85 Prozent der chinesischen Bevölkerung im Süden, d. h. südlich des Huai-Flusses, lebten. Die Verdichtung der Bevölkerung erforderte eine Intensivierung, zum Teil sogar Mechanisierung der Landwirtschaft, wie den Einsatz von Wasser zum Antrieb von Mühlen und Dreschmaschinen. Da die einzelnen Regionen des Reiches ökonomisch nicht mehr autark waren, kam es zu einem verstärkten Binnenhandel, der überwiegend auf den inländischen Wasserstraßen und Kanälen abgewickelt wurde.

Die Entwicklung zu stärkerem überregionalem Handel zeigte sich auch in der auf Verbesserung der Transportwege gerichteten staatlichen Strukturpolitik, bei der, insbesondere seit dem 11. und frühen 12. Jahrhundert, Wasserwege für den Warentransport eine besonders wichtige Rolle spielten. Mit dem Rückzug nach Süden und der Ausbildung des Huai-Laufes als Grenze zwischen dem Dschurdschen-Staat Jin und Süd-Song um 1130 verloren die wichtigen Nord-Süd-Verkehrsverbindungen, insbesondere der Kaiserkanal, allerdings vorübergehend ihre Bedeutung.

Die durch die Veräußerbarkeit von Grund und Boden begünstigte Landakkumulation in den Händen weniger ließ die Zahl der Gutshöfe *(zhuangyuan)* steigen und führte zu einer Verminderung des Kleinbauerntums. Wenn sie nicht zu Pächtern *(dianhu)* wurden, blieb den Bauern nur die Abwanderung, wodurch das Wachstum der Städte weiter vorangetrieben wurde. Innerhalb der Städte entstand so etwas wie eine urbane Öffentlichkeit und eine Stadtkultur, durch handwerklich-technische Errungenschaften gefördert und diese wiederum stimulierend.

So senkte eine Verbesserung des Holzplattendrucks und das Vorhandensein guten Papiers aus Maulbeerbaumrinde die Kosten des Buchdrucks derart, dass überall im Reich private Druckereien entstanden.

Herrschernamen der Südlichen Song-Dynastie

Gaozong	1127–1162	Duzong	1265–1274
Xiazong	1163–1190	Guangzong	1275
Guangzong	1190–1194	Duanzong	1276–1278
Ningzong	1195–1224	Bing Di	1279
Lizong	1225–1264		

Krise in der Mitte der Dynastie

Seit dem Ende des 11. Jahrhunderts erlebte die Dynastie Song einen Niedergang, der nicht zuletzt mit ungelösten Problemen der Agrarverfassung zu tun hatte. Die entscheidende Wende aber kam von außen. Als nämlich zu Beginn des 12. Jahrhunderts die Liao-Dynastie in schweren Abwehrkämpfen gegen die ehemaligen Untertanen, die Dschurdschen, lag, sah der Song-Hof eine Möglichkeit, die 16 Präfekturen zurückzugewinnen, und suchte ein gemeinsames Vorgehen mit den Dschurdschen gegen Liao. Dann aber warfen die Dschurdschen den Song fortgesetzten Vertragsbruch vor, eroberten Peking und besetzten im Jahr 1127 Nordchina, nachdem sie ihre Dynastie Jin («die Goldene») gegründet hatten. Damit war der Norden Chinas wieder, wie es manche Chinesen sahen, unter «barbarische Fremdherrschaft» geraten.

Ziel der Dschurdschen war zunächst nicht die Besetzung großer Gebiete gewesen, sondern die Errichtung eines ihnen willfährigen Pufferstaates. Sie drangen dann aber doch weiter vor, so dass im Winter 1129 Nanjing nicht gehalten werden konnte und der Kaiser ihnen sogar einen Vorschlag machte, als ihr Vasall und König des Gebietes zu herrschen. Der Hof floh von Hangzhou nach Yuezhou (das heutige Shaoxing) und zeitweilig sogar, gegen erhebliche Widerstände unter dem Gefolge, aufs Meer, wohin sich der Kaiser mit ca. 60 Schiffen und 3000 Soldaten flüchtete. Das grausame Wüten der Dschurdschen-Truppen soll, den Berichten zufolge, bei der Bevölkerung die Loyalität zur Song-Dynastie verstärkt haben, die sich schließlich südlich des Huai-Flusses halten konnte.

3. Die Mongolenherrschaft

China – Teil eines Weltreiches
Die in entferntem Verwandtschaftsverhältnis zu den Türken und Tungusen stehenden Mongolen, die vor dem 12. Jahrhundert in Zentralasien keine herausragende Rolle gespielt hatten und zunächst nichts als ein Teil jener fluktuierenden Nomadenwelt an den Grenzen Chinas waren, traten mit einem Mal ins Licht der Weltgeschichte. Dies hatte vor allem seinen Grund in der Genialität des Heerführers Tschingis Khan (ca. 1160–1227). Dieser Mongolenführer muss eine ganz außergewöhnliche Gestalt gewesen sein, der es gelang, ein Weltreich über ganz Eurasien zu errichten. Dabei beschränkte er sich nicht auf militärischen Erfolg, sondern setzte einen Gesetzeskanon in Kraft, dessentwegen er bis heute gerühmt wird. Überhaupt war die innovative Rechtspraxis der Mongolen für das chinesische Rechtswesen folgenreicher, als man lange wahrhaben wollte.

Eine zweite Phase der Mongolenherrschaft erstreckte sich auf die Regierungszeiten Ögödeis, Güyüks und Möngkes (1229–1259). Sie war durch weitere territoriale Expansion und durch die Konsolidierung der Herrschaft über die eroberten Gebiete gekennzeichnet. Die dritte Phase begann im Jahre 1260, als Khubilai Khan das Erbe seines Bruders Möngke antrat, und dauerte bis zum Zerfall der chinesischen Mongolendynastie im frühen 14. Jahrhundert.

Die Unterwerfung durch den Khan der Mongolen erinnerte an frühere Einfälle fremder Völker. Doch während es bis dahin stets zu einer Form engerer Kontaktaufnahme zwischen den An-

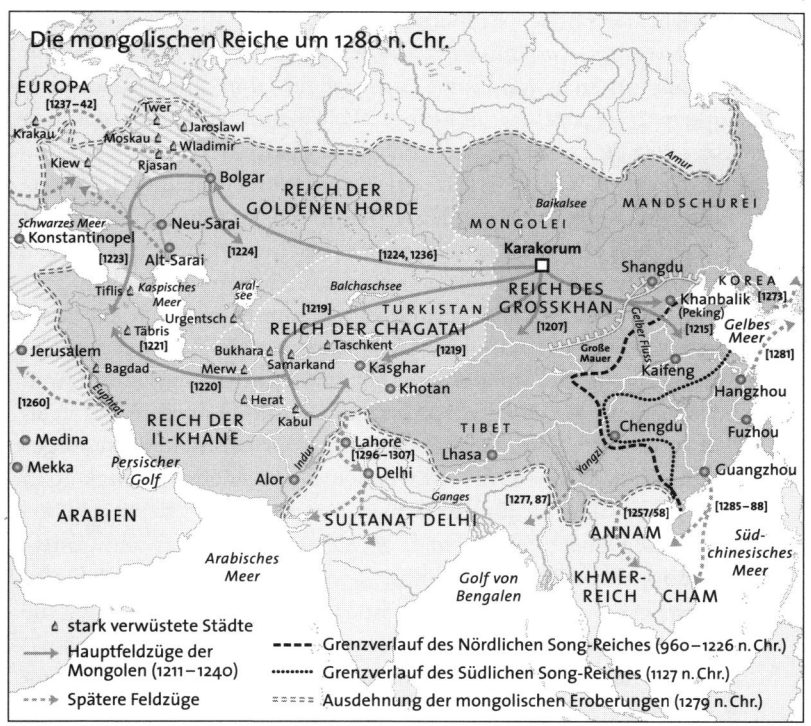

Die mit der Errichtung der Yuan-Dynastie als Teil des mongolischen Weltreiches erfolgende Überformung der Herrschafts- und Verwaltungsstrukturen wurde zur Grundlage für die Stabilität der Späten Kaiserzeit.

gehörigen der chinesischen Elite einerseits und den führenden Familien der fremden Dynastiegründer gekommen war, war eine solche Form der Verständigung, etwa mit den Mitteln der Heiratspolitik, nicht mehr gangbar. Denn nach vorangehenden Bürokratisierungsschüben war nunmehr auf chinesischer Seite eine größere Zahl von Beamten involviert, deren Loyalität nicht mehr so umstandslos übertragbar war, die sich dann aber doch in das neue System hineinfinden mussten.

Mit der raschen Eroberung Chinas durch die Mongolen bei gleichzeitiger Ausdehnung der Mongolenherrschaft weit in den Westen Eurasiens war China zum ersten Mal in seiner Geschichte in seiner Gesamtheit Teil eines Weltreiches geworden, das sich vom Fernen Osten bis nach Russland erstreckte.

Doch Khubilai, selbst eine Ausnahmeerscheinung, orientierte sich dann doch wieder vornehmlich auf China und scheint dieses Land als das Herzstück seines Reiches angesehen zu haben. Er regierte mehr nach chinesischen als nach mongolischen Traditionen, und die Verlagerung der Hauptstadt von Karakorum nach Khanbalik (Peking) im Jahre 1264 war ein Zeichen der Abwendung von der Steppe. Seit 1267 wurde Peking ausgebaut, und 1272 verlegte Khubilai alle zentralen Behörden dorthin. Auch als Verwaltungssprache wurde neben dem Mongolischen im Allgemeinen das Chinesische verwendet. Diese Mehrsprachigkeit in der Verwaltung ist nur ein Aspekt der bis 1368 praktizierten sogenannten dualen Herrschaft, bei der wichtige Verwaltungsstellen doppelt besetzt wurden: mit Mongolen oder Zentralasiaten, welche die militärische Macht innehatten, und Chinesen, die die Verwaltung führten.

Die Mongolenherrschaft führte zu einer Intensivierung des Kulturaustausches zwischen Ost und West, wobei dem Iran eine wichtige Mittlerrolle zukam. Ein wesentliches Element bei diesem Kulturaustausch wurde durch den Umstand begründet, dass die mongolische Gesellschaft aufgrund ihrer nomadischen Wirtschaftsform mit wenigen Menschen eine große Zahl von Weidetieren auf großen und zum Teil wechselnden Arealen zu versorgen hatte. Schon allein deswegen waren sie zur Sicherung eines größeren Herrschaftsgebietes auf die Unterstützung durch Angehörige fremder Völker angewiesen. So wurden sie selbst schnell zu einer Minderheit in ihrem eigenen Territorium, ein Umstand, dem sie in China mit der Klassifizierung der Bevölkerung in erstens Mongolen, zweitens Zentral- und Westasiaten, drittens Nordchinesen und viertens Südchinesen Rechnung trugen. Im Zusammenhang mit einer ‹Quotenregelung› kam es zu einer geplanten systematischen Vermischung von Personen ganz unterschiedlicher kultureller und sozialer Herkunft.

Herrschernamen der mongolischen Yuan-Dynastie

Khubilai Khan	1279–1294	Yesun Temur	1323–1328
Temur Oljeitu	1294–1307	Tugh Temur	1328–1329;
Khaishan	1308–1311		1329–1332
Ayurbarwada	1311–1320	Khoshila	1329
Shidebala	1321–1323	Toghon Temur	1333–1368

Die Mongolen spielten in ihrem Jahrhundert jene große Entfernungen verbindende Rolle, die sie dann an das seefahrende Europa abgaben; sie waren die Vermittler zwischen den Kulturen Europas und Asiens. Die politische Entwicklung der Tschingiskhaniden zwischen 1251 und 1335 unter besonderer Berücksichtigung des persischen Il-khānats zeigt jedoch, dass angesichts der ständig aufflammenden Konflikte unter den Erben Tschingis Khans von einer *pax mongolica* nicht die Rede sein kann.

Das sich ausbreitende Fernhandelssystem wurde erst durch die Pest gestört, die im zweiten Drittel des 14. Jahrhunderts ausbrach. Freilich gab es weitere Gründe für den Niedergang des Mongolenreiches, insbesondere die mangelnde Fähigkeit, ein Weltreich auf Dauer zu verwalten. Überschwemmungen, Dürrezeiten und wirtschaftlicher Zusammenbruch waren einige der Gründe, verbunden mit religiös motivierten Aufstandsbewegungen, die zum Untergang der Mongolenherrschaft und zu einer neuen Machtkonstellation führten. Die Konsequenz war, dass Europa trotz erheblicher innerer Schwäche im 14. und 15. Jahrhundert von außen nicht behelligt wurde. Erst nachdem jenes Weltsystem, welches zwischen 1250 und 1350 die «Unterregionen» China, Indien, Arabien und Persien sowie Europa durch Fernhandelsbeziehungen miteinander verknüpfte, zusammengebrochen war, konnte sich Europa entfalten, was vollends dann nach dem Fall Konstantinopels und der anschließenden Westorientierung Europas erfolgte.

Unter allen Dynastien in China ist die Yuan-Dynastie insofern ein Sonderfall, als sie, im Gegensatz zu anderen Dynastien auf chinesischem Boden, nur Teil eines supranationalen Weltreiches war. Allerdings erstreckte sich die Eroberung durch die Mongolen auf die Zeit von nahezu einem Vierteljahrhundert, was einen allmählichen Anpassungsprozess ermöglichte. Anders als alle fremden Völker, die vor den Mongolen Teile Chinas beherrschten und – zumindest als Träger eigener Staaten – verschwanden, blieben die Mongolen auch nach dem Verlust ihrer Herrschaft über China ein wichtiger Machtfaktor im Norden Chinas, mit dem sich die folgende Ming-Dynastie, die «Leuchtende», auseinandersetzen musste, während sie die bürokratischen Initiativen und während der Mongolenherrschaft begonnenen Integrationsmaßnahmen fortsetzte. Dabei spielte eine Person die zentrale Rolle, Zhu Yuanzhang (1328–1398), der unter der Bezeichnung seiner Regierungsdevise als Hongwu-Kaiser in die Geschichte einging. Dieser höchst komplexe Transformationsprozess zeigt deutlich das Spezifische an der «politischen Kultur» der Späten Kaiserzeit. Daher und weil diese Zeit bis in die Gegenwart prägend geblieben ist, soll der Gründungsphase der Ming-Dynastie besondere Aufmerksamkeit geschenkt werden.

Während China in der Zeit zwischen der ersten Reichseinigung im Jahre 221 v. Chr. bis zum Ende der Song-Dynastie im Jahre 1279 fast die Hälfte der Zeit nicht geeint, sondern politisch zersplittert war, blieb es danach die meiste Zeit geeint. Und vielleicht ist die Aufrechterhaltung der Reichseinheit die geschichtlich bedeutendste Leistung der Ming-Herrscher. Denn zu Beginn der Ming-Zeit hatte angesichts eines zur Erblichkeit tendierenden Militäradels durchaus die Möglichkeit einer «Refeudalisierung» bestanden. Doch es war dem Hongwu-Kaiser und den frühen Ming-Herrschern gelungen, das Heer wieder gänzlich einer zivilen Kontrolle zu unterwerfen. Damit knüpfte die Ming-Dynastie an die Song-Zeit an, und gerade weil der Hongwu-Kaiser das Erbe der Song wie auch jenes der vorherigen Mongolen-Dynastie aufgriff und fortsetzte, gilt er zu Recht als einer der großen chinesischen Kaiser. Auch wenn er vielleicht der einzige wirklich bedeutende Herrscher der Ming-Zeit war, sind von den 15 weiteren Herrschern der Ming-Dynastie die nach ihrer Regierungsdevise *(nianhao)* benannten Kaiser Yongle (1403–1424), Jiajing (1522–1567), Wanli (1573–1620) und Chongzhen (1628–1644) schon allein deswegen erwähnenswert, weil sich mit ihren Namen kulturelle und politische Glanzleistungen verbinden.

4. Der Gründungsherrscher Ming Taizu und die Einigung unter der nationalen Dynastie Ming

Herrschernamen der Ming-Dynastie

Hongwu	1368–1398	Hongzhi	1488–1505
Jianwen	1399–1402	Zhengde	1506–1521
Yongle	1403–1424	Jiajing	1522–1567
Hongxi	1425	Longqing	1567–1572
Xuande	1426–1435	Wanli	1573–1620
Zhengtong/	1436–1449;	Taichang	1620
Tianshun	1457–1464	Tianqi	1621–1627
Jingtai	1450–1457	Chongzhen	1628–1644
Chenghua	1465–1487		

Macht der Rituale und Hoffnung auf eine bessere Zeit
Mit der Gründerfigur Zhu Yuanzhang (1328–1398), dem Hongwu-Herrscher, der heute noch als eines der größten Rätsel in der Geschichte Chinas gilt, wird der Despotismus der Späten Kaiserzeit verknüpft. Diese Zuschreibung kann sich zwar auf den Rigorismus des Hongwu-Herrschers stützen, doch ist der Despotiebegriff selbst nicht gerechtfertigt, sondern verdankt sich einer Konstruktion der europäischen Wahrnehmung. Dieser Zhu Yuanzhang ist einer der bedeutendsten Dynastiegründer Chinas und auf einer Stufe mit Mao Zedong und Qin Shihuangdi zu sehen und doch von ihnen verschieden. Aus einfachsten Verhältnissen stammend – als Sohn eines armen Bauern in Anhui in der

Ebene des Huai-Flusses am 21. Oktober 1328 geboren –, ist er allenfalls mit dem Gründer der Han-Dynastie, Liu Bang, zu vergleichen, auf den er sich später auch selbst bezog. Ohne Zweifel eine Ausnahmepersönlichkeit, begründete er unter Bezugnahme auf die Tradition eine eigene Herrschaftsform, die bis ins 19. Jahrhundert Bestand hatte, also 500 Jahre, und die bis heute an Paradigmatischem für Herrschaftsausübung und Machterhalt in China vieles zu bieten hat.

Zhu Yuanzhang war zunächst nur einer der Kriegsherren, und als solcher hatte er Rivalen, etwa Zhang Shicheng (1321–1367) oder Fan Guozhen (1319–1374). Dass er, der nicht der Einzige war, aus der Gruppe der offiziell als «Banditen» bezeichneten Aufständischen zum ersten Anwärter auf die neue Herrschaft wurde, hat immer wieder zu Erklärungsversuchen geführt. Ohne die Berufung auf bereits vorhandene Legitimierungstraditionen ist sein Erfolg jedenfalls nicht zu erklären. Dabei konnte er an die Politik der Vorgängerdynastie anknüpfen. Bereits Khubilai Khan hatte im letzten Viertel des 13. Jahrhunderts den chinesischen Ritualen und der chinesischen Kultur ein immer stärkeres Gewicht gegeben, und sein Urenkel Ayurbarwada, Kaiser Renzong (1312–1320), hatte 1315 die Staatsprüfungen wieder eingeführt und Zhu Xis Klassikerauslegungen zum Standard erklärt. Es war also bereits unter der Mongolenherrschaft eine Blüte der chinesischen Kultur angebrochen, und so bedarf es doch einer ausführlicheren Erklärung, was denn als das «Nationale» und das spezifisch «Chinesische» an der neuen Ming-Dynastie auftrat.

An Legitimation hatte es der Yuan-Dynastie unter den Angehörigen der Bildungselite im Prinzip nicht gemangelt. Ihnen galt die Aufrechterhaltung der Ordnung und die Gewährleistung der notwendigen Rahmenbedingungen für ein friedliches Auskommen der Bevölkerung als das oberste Prinzip, und darin sahen sie dann doch bald wieder Handlungsbedarf. Sie waren nicht einem Herrscherhaus, sondern einer guten Ordnung verpflichtet, und auch deswegen hat dann die junge Bildungselite der ausgehenden Mongolenzeit – sicher auch neue Handlungsspielräume für sich erwartend – wesentlich zur Etablierung und Gestaltung der Ming-Herrschaft beigetragen. Die Gebildeten waren es nämlich, die gewährleisteten, dass auf der örtlichen und regionalen Ebene trotz der Militarisierung und der Bürgerkriegssituation gewisse Ordnungsstrukturen fortbestanden, die dann auch zur Basis der neuen Ordnung wurden. In diesem Zusammenhang müssen wir einen Teil der Wurzeln und Antriebe für das Gelingen der Dynastiegründung suchen. Dass diese Elite passiv gewesen sei und nicht aktiv am Umsturz der Yuan beteiligt war, was man ihr später zum Vorwurf gemacht hat, ist sicher andererseits eben auch Ausdruck der Hoffnungsstärke, dass es vielleicht doch noch gut werde. Sie wollten keine neue Zeit, keine neue Ordnung, sondern die Herstellung einer «alten» Ordnung.

Die Entwicklung entsprach auch dem sogenannten dynastischen Zyklus, wozu Desintegration der Zentralgewalt und Regionalismus gehören. Dabei spielten u. a. regionale Kriegsherren, lokale Machtnetzwerke, Banditen und Schmuggler und Sektenbewegungen, namentlich die «Roten Turbane» *(hongjin),* eine Rolle. Dieser Zyklus war zwar nicht im Bewusstsein der Gelehrten, er war nicht Programm, aber er konnte bemüht werden, als die Sektenbewegung zum Ausgangspunkt einer neuen Dynastiegründung wurde.

Sektenbewegungen und die Rettung durch den «Prinzen des Lichts»

In der Mitte des 14. Jahrhunderts war China politisch höchst fragmentiert und hatte sich in einzelne Herrschaftsgebiete aufgespalten. China war in Auflösung wie seit Jahrhunderten nicht. Dem allgemeinen Chaos begegneten einzelne Gruppen mit militärischen Mitteln, ein Prozess, in dem Yuan-Loyalisten, lokale Selbstverteidigungsorganisationen und ein ausgedehntes Banditenwesen lokale und regionale Machtzentren bildeten und in dem Sektenbewegungen miteinander rivalisierten. In der fragmentierten Gesellschaft wurden dann vor allem die religiösen Bewegungen zum Ferment für eine neue Gesellschaft. Manichäische und buddhistische Lehren, insbesondere der in China zu einer messianistischen Lehre gewandelte Maitreya-Kult, hatten sich mit einem neuen als Weiße-Lotos-Gesellschaft bezeichneten populären buddhistischen Kult verbunden. Daraus war eine Heilslehre entstanden, als deren Vollstrecker sich die «Roten Turbane» *(hongjin)* verstanden. Diese in den 1330er Jahren erstmals belegte Bewegung wurde prominent unter ihrem ersten großen Anführer, einem revolutionären Volkshelden namens Peng Yingyu, auch als «Mönch Peng» bekannt. In der nordchinesischen Ebene hatte diese Geheimgesellschaft großen Einfluss gewonnen. In den Bürgerkriegswirren profilierte sich Zhu Yuanzhang als Militärführer. Er war 1344 während einer großen Hungersnot in ein buddhistisches Kloster gegangen, hatte vier Jahre später aber das Mönchsgewand wieder abgelegt und die Führung einer Gruppe Aufständischer übernommen. Zhu Yuanzhang bezog, als er die Nachfolge in der Anführerschaft der Roten Turbane des Nordens übernommen hatte, im südlich gelegenen Nanjing sein Hauptquartier. Von dort gelang es erst Jahre später, die weiter westlichen Rivalen, die eine Han-Dynastie errichtet hatten, zu neutralisieren. So hatten sich zwei große Kräfte herausgebildet, die seit der Mitte des 14. Jahrhunderts mit jeweils dynastischem Anspruch um die Vorherrschaft rivalisierten. Dies waren der Yuan-Hof und seine Verbündeten einerseits und die Aufständischen unterschiedlichster Couleur andererseits.

Unter den Aufständischen hatten die Roten Turbane des Nordens, eine eigene Gruppierung unter der Anführerschaft Liu Futongs, im Jahre 1355 erklärt, dass sie die Song-Dynastie wiedererrichten würden. Den Sohn des 1351 hingerichteten Anführers Han Shantong, Han Lin'er, hatte Liu Futong zum «König des Lichts» *(ming wang)* erklärt. Als dieser 1363 in Gefangenschaft geriet, war es Zhu Yuanzhang, der ihn und seine Mutter rettete und auf diese Weise sich des Trägers dynastischer Legitimität bemächtigte. Im Jahre 1359 hatte er mit seinen Verbündeten Nanjing besetzt und im Jahre 1363 bei der Schlacht am Boyang-See in Jiangxi, in der Nähe von Jiujiang, schließlich den Rivalen der

Südlichen Roten Turbane, Chen Youliang, besiegt und damit die Han-Dynastie beendet. Er hatte sich zum Fürsten des Staates Wu ausrufen lassen und beherrschte jetzt ganz Zentralchina. Fünf Jahre später, im Jahre 1368, proklamierte er nach Ausschaltung einiger Rivalen die «Große Ming»-Dynastie und eroberte Peking. Doch es sollte noch fast 20 Jahre dauern, bis zum Jahre 1387, bis China wieder ganz vereinigt war, und dann noch etwa ein halbes Jahrhundert, bis etwa 1435, bis die Ausbildung der Institutionen des neuen Kaiserreiches abgeschlossen war, die dann bis zum Untergang der Mandschu-Herrschaft am Ende des Jahres 1911 im Wesentlichen Bestand hatten. Auf diese Weise wurde durch die Zusammenführung unterschiedlicher Dynastiegründungsansprüche ein eigener dynastischer Geltungsanspruch etabliert.

Die Erbschaft der Jahrzehnte des Bürgerkriegs und der damit verbundenen Entwicklung für die folgenden Jahrhunderte bedeutete einen gegenüber früheren Zeiten weiter gesteigerten kaiserlichen Herrschaftsanspruch. Unter welchen Bedingungen wurde diese Erbschaft begründet? Es war jedenfalls kein typischer Dynastiewechsel, sondern er trug das Kennzeichen des Außergewöhnlichen. Er war eben nicht nur die Folge von Anti-Yuan-Rebellionen der 1350er Jahre, sondern eher eine Machttransformation, die nur in gewissen bürokratischen Elementen an die vorhergehende Zeit anknüpfte und sich sonst aus dem Rückgriff auf ältere Traditionen nährte und in gewisser Hinsicht gänzlich neu «erfand». Als Zhu Yuanzhang den Anspruch auf das Zentrum und die Abgrenzung gegenüber den Barbaren kombinierte, bestritt er das Fortdauern von deren Legitimität mit dem Hinweis auf den moralischen Niedergang der Mongolen. Hier findet sich ein neuer Ton, der besonders in dem «Kriegsaufruf zum Nordfeldzug» von 1367, der «ersten nationalen Propagandaschrift», seinen Ausdruck findet.

Kalte Winter und Suche nach Sicherheit: Die Begründung der Ming-Autokratie

Zhu Yuanzhang und sein Erfolg wurden auch getragen von Welterrettungsvorstellungen einer Reihe von Denkern jener Zeit, die man zu Recht als «geistige bzw. konzeptionelle Begründer der Ming-Autokratie» bezeichnet hat. Der ausgeprägte Regionalismus und die Uneinigkeit innerhalb der mongolischen Regierungselite hatten Lösungsvorstellungen im Zusammenhang einer auf alte Ordnungsvorstellungen zurückgreifenden zentralistischen Staatsorganisation begünstigt. Das kalte Weltklima im 14. Jahrhundert mit seinen eisigen Wintern und kurzen Sommerzeiten und die verheerenden Überschwemmungen des Gelben Flusses 1344 mit einer anschließenden Flussbettveränderung hatten zur katastrophalen Lage beigetragen. Die Gebildeten konzentrierten sich zwar auf die lokale Ebene, doch zugleich suchten sie die sich neu etablierende Dynastie zu stärken und ihr zu dienen. Gekennzeichnet durch Professionalität und moralische Autonomie, waren sie die Garanten für die langfristig erfolgreiche Reformierung des Reiches und die Durchsetzung von Zentralismus und Autokratie. Fälle wie der des Fang Xiaoru (1357–1402) sind außergewöhnlich und doch beispielhaft, wenn etwa dieser hochbegabte junge Mann trotz der ungerechtfertigten Verfolgung seines Vaters durch drakonische Maßnahmen Zhu Yuanzhangs dennoch der Dynastie weiter diente. Solche Leute standen in einer Tradition der Suche nach einer stabilen Ordnung, die unabhängig von der Loyalität zum Herrscherhaus bestand. Diese an einen allgemeinen Wohlstand geknüpfte Loyalität machte sie zugleich offen für solches Engagement stützende Lehren, wie etwa den Buddhismus, der in der Ming-Zeit eine breite Anhängerschaft gewann.

Die Persönlichkeit des Hongwu-Kaisers

Nicht alles wird durch solche Umstände erklärt, denn auch die Herkunft des Hongwu-Herrschers kann manches erhellen. Mit 16 Jahren hatte er große Teile seiner Verwandtschaft verloren und

Die Ming-Dynastie lebte aus der Abwendung von der Mongolenherrschaft, doch ließen die Versuche der Grenzsicherung die Dynastie trotz wirtschaftlicher Blüte nicht zur Ruhe kommen.

war infolge von Seuchen und Plagen zum Vollwaisen geworden. Mit seinem pockennarbigen Gesicht mit vorspringendem Unterkiefer als eindrucksvoll geschildert, wird er 1344 in ein buddhistisches Kloster geschickt und muss in den folgenden Jahren als Bettelmönch – manche vermuten auch den Militärdienst und das Erlernen von Kampfkünsten – umherziehen. 1347 kehrt er ins

Kloster zurück und bleibt dort bis 1352, wo er sich Bildung und Wissen aneignet. Im Zuge von wahllosen Militäraktionen der Mongolenherrschaft gegen Aufständische wird sein Kloster zerstört, und hier ist wohl der entscheidende Antrieb dafür zu suchen, selbst das Heft in die Hand zu nehmen. Er schließt sich am 15. April 1352 dem Anführer der Roten Turbane, Guo Zixiang (gest. 1355), in der Stadt Haozhou an. Das Datum wird genau benannt, obwohl es sich einer späteren Festlegung verdanken dürfte. In Haozhou wird er mit der 19-jährigen Adoptivtochter Guos, einer Waisen namens Ma, verheiratet und auf diese Weise in die Familie Guos eingebunden.

Nach der schließlich erfolglosen Belagerung Haozhous durch die mongolischen Truppen im Winter 1352/53 kehrt Zhu, inzwischen zum Schwiegersohn eines der mächtigsten Rebellenführer avanciert, in sein Heimatdorf zurück und rekrutiert über 700 Mann unter der Anführung von 24 früheren Freunden. Zunächst im Auftrag des Schwiegervaters Guo Zixiang stehend, baut er allmählich eine eigene Armee auf. Nach etwa zwei Jahren am Unteren Yangzi-Lauf zieht er weiter nach Süden in Richtung Nanjing und nimmt diese Stadt schließlich am 10. April 1356. Dieser Ort hatte bereits eine lange Geschichte als Hauptstadt und Regierungssitz.

Die Ordnung der Welt, die der junge Militärführer anstrebte, war auch im Sinne seiner konfuzianischen Berater, und diese trugen erheblich zur Propagierung der neuen Politik bei. Es war eine Zeit der Propaganda und der Massenerziehung. Ganz offenkundig analysierte Taizu selbst die Ursachen und Folgen sozialer Unruhen und setzte dagegen seine «Großen Ankündigungen» *(dagao)*. Eines seiner Erfolgsrezepte war die Durchsetzung moralischer Regeln bei seinen Truppen. Weil er die verheerenden Folgen plündernder und vergewaltigender Truppen kannte, stellte er Regeln auf, deren Universalisierung zugleich auch als «totalitär» empfunden wurde. Diese Kontrolle trat als Retraditionalisierung, als «Wiederherstellung der vorbildlichen Zustände des Altertums» *(fugu)* auf.

Diese Entwicklungslinien im Rahmen dynastischer Erneuerung entsprechen in gewisser Weise zwar noch dem traditionellen Konzept von der Abfolge von Unordnung, Erlösungswunsch und Utopie, Ordnungsgewinnung durch einfachen Rigorismus und schließlicher Mäßigung. Doch die bisher zumeist in solchen Fällen eintretende Verschränkung von äußerlicher Stabilität und innerlicher Labilität kennzeichnete die Dynastien Ming und Qing nicht mehr. Gegenüber den früheren Sequenzen Qin/Han (221 v. Chr.–220 n. Chr.: 441 Jahre), Sui/Tang (581–907: 326 Jahre), Wudai/Song (906–1279: 373 Jahre), die nach einer Reichseinigungsphase eine frühe Reichszersplitterung bzw. Fragmentierung von Einflusssphären sahen, waren die Dynastien Ming und Qing etwa bis um 1800 erstaunlich stabil.

Diese Stabilisierung hängt natürlich auch mit der äußeren Bedrohung durch die Mongolen zusammen, gründete vor allem aber in dem Sendungsbewusstsein des Gründers, der als Verwirklicher kosmischen Ordnungsstrebens auftrat. Demgegenüber spielte das rigide Bestrafungssystem nur eine sekundäre Rolle. Es handelte sich um gemäßigte Formen der Herrschaft und der Machtausübung, bei denen freilich immer noch zahlreiche rigoristische Komponenten erhalten blieben, die mit dazu beitrugen, das System ebenso stabil wie innovationsfeindlich werden zu lassen. Unter einer anderen Perspektive war die Ming-Zeit der lang andauernde Widerstand gegen die Entwicklung zu einem «Greater China», wie es dann die Mandschu realisierten. Und man kann wohl gerade in dieser gehemmten Entwicklung den Preis für die lange Stabilität sehen.

Die Hauptstadtfrage und die Suche nach Ordnung
Zunächst war sich Zhu Yuanzhang nicht sicher, ob Nanjing seine Hauptstadt werden solle. Sie lag ihm eigentlich zu weit südlich. Diese Unsicherheit ist zugleich bezeichnend für die – ich nenne es einmal – «reichsweite Ubiquität» seines Herrschaftsanspruchs, obwohl offenbleiben muss, ob er wirklich zu jenem Zeitpunkt das ganze Reich im Auge hatte. Nanjing wurde nach ersten Be-

strebungen, an seinem Geburtsort in der Provinz Anhui (beim heutigen Fengyang) eine Hauptstadt zu errichten, dann – inzwischen in «Yingtian» (wörtlich: «Himmelsentsprechung») umbenannt – ab 1375 doch neue Hauptstadt.

Von der Eroberung Nanjings bis zur formellen Dynastiegründung (1368) aber hatte es noch fast 13 Jahre gedauert, eine Zeit, in der Zhu begierig lernte. 1364 hatte er sich als Wuwang («Prinz/König von Wu») ausrufen lassen und sich damit in die Tradition der Zeit der Drei Reiche gestellt. In großem Stil ausgebaut wurde die Hauptstadt Yingtian (Nanjing) dann erst seit 1367; sie blieb Hauptstadt, bis der Yongle-Herrscher 1421 die Hauptstadt endgültig nach Peking verlegte. Bezüglich der Lage der Hauptstadt hatte es immer Zweifel gegeben. Noch 1391 ließ Taizu seinen ältesten Sohn, den Thronfolger Zhu Biao, die Lage der Hauptstadt der Han- und der Tang-Zeit in der Gegend des heutigen Xi'an erkunden. Nach Zhu Biaos Tod 1392 wurde die Erkundungsidee zwar nicht weiterverfolgt, doch die Unsicherheit bestand fort, und die Hauptstadtfrage blieb ein Thema bis in unsere Tage.

Nanjing war seit der Proklamation der Ming-Dynastie von etwa 100 000 Einwohnern auf das Zehnfache gewachsen, eine Millionenstadt mit 10 000 Zivilbeamten, 12 000 Militärbeamten, 50 000 Amtsdienern. In der Nähe der Hauptstadt standen etwa 200 000 Mann unter Waffen, und die Kaiserliche Universität (Guozijian) hatte mehr als 8000 von staatlichen Stipendien lebende Studierende. Diese Zahlen sprechen für eine Dynamik, die nicht allein der Hauptstadtfunktion, sondern wirtschaftlicher Prosperität geschuldet war.

Die Durchsetzung der neuen Dynastie und ihres Herrschers war bis zuletzt vielfältig gefährdet, auch wenn die Annalen der Dynastie die Zeit seit etwa 1356 mit Dynastiegründungsmaßnahmen verknüpfen. Dies war aber erst der Blick aus der Retrospektive und unter Verwendung bereits seines postumen Ehrennamens Ming Taizu. Zu solchen Maßnahmen gehört die vermutlich auch tatsächlich erfolgte Errichtung von Steuereinnahmestellen für Wein und Essig und die Stärkung des Salzmonopols im Jahre

1360. Es folgte 1361 die Errichtung einer Münzanstalt sowie bald darauf ein Teehandelsmonopol. 1360 soll er Song Lian zum Verantwortlichen für Erziehung gemacht haben. Bei dem Aufbau seiner Verwaltung knüpfte er an das Verwaltungssystem der Mongolen an und betonte Riten und Gesetze *(li und fa)* als die Grundlagen des Staates. Höchst bemerkenswert aber ist, dass die Dynastiegründung vor der Konsolidierung des Reiches gegen äußere Feinde stattfindet; Dynastiegründung ist nicht das Ergebnis, sondern mit dieser wird ein bestimmter Anspruch geltend gemacht.

Denn es gab gegenüber der Herrschaft Taizus rivalisierende Ansprüche. Taizu hatte sich erst allmählich von einem «Anführer einer religiös inspirierten militärischen Aufstandsbewegung» zum «Führer einer politischen Bewegung mit traditionellem Führungsanspruch» entwickelt. Bei der Ausgestaltung dieses Rollenwechsels spielten seine Literatenberater eine entscheidende Rolle, die ihn der Vorbildrolle des Gründers der Han-Dynastie, Liu Bang, versicherten. Bei der Dynastiegründung konnte er sich dann selbst gegen die Lehren der Roten Turbane wenden und diese als Massenverführungsideologie brandmarken.

Die Gründungszeremonie und Konsolidierung durch Legitimation
1367 lobte Taizu Staatsprüfungen aus und ließ die Hanlin-Akademie wiederaufleben. Ferner errichtete er einen Tempel für seine Vorfahren und ließ einen Himmels- und Erdaltar bauen. Im Dezember 1367 verkündete er seine ersten Gesetze, auch in Umgangssprache, und einen neuen Kalender und proklamierte die Große Ming-Dynastie, die am 20. Januar 1368 begann, nachdem er am 12. Januar 1368 nach dreimaliger Ablehnung die Kaiserwürde angenommen hatte. Hier finden wir die ganze konventionelle Symbolik einer Dynastiegründung. Am 23. Januar 1368 vollzog dann der neue Herrscher die Opfer für Himmel und Erde; seine Thronbesteigung wurde den Geistern mitgeteilt und der Dynastiename wurde verkündet: «Ming», d.h. «Leuchtend», übrigens nach dem «Uranfänglich» *(Yuan)* der Mongolenzeit und seit Khubilai Khan die erste programmatische Dynastiebezeich-

nung. Das war neu. Der Tradition entsprechend aber war, dass Zhu seinen Vorfahren, vier Generationen zurück, obwohl er deren Namen ja nicht einmal kannte, postum Tempelnamen verlieh. Zwei Herrscherrollen wurden hier verknüpft. Zhu agierte als Repräsentant einer Ahnenreihe sowie als Vertreter des Reiches gegenüber dem Himmel und der Erde. Die Thronbesteigungsproklamation verdeutlicht dies unmissverständlich. Der Geltungsanspruch des neuen Herrschers drückte sich auch darin aus, dass er in dem Amnestieerlass aus dem Jahre 1368 die Mongolen und Innerasiaten innerhalb seines Landes als seine «Kinder» bezeichnete; zugleich wandte er sich gegen fremde Sitten und betonte die Notwendigkeit der Wiedereinführung und der Stärkung alter chinesischer Sitten und Gebräuche. Insofern nahm er den Nationalismus des 19. Jahrhunderts vorweg.

Zhu Yuanzhangs Frau wurde Kaiserin, und sein ältester Sohn Zhu Biao (1355–1392) wurde zum Thronfolger bestimmt. Diesen hatte Zhu unter anderen von dem Gelehrten Song Lian (1310–1381), der sich ihm 1360 angeschlossen hatte, unterrichten lassen. Die systematische Unterweisung des Thronfolgers war ein bewusst gewähltes Element der Herrschaftssicherung. Welche Rolle die Familie hinfort spielen soll, zeigt sich auch in den Himmels- und Erd-Zeremonien, die Zhu Ende 1369 auch für seinen Vater ausrichten ließ. Damit wurde das Herrscherhaus zugleich gegenüber dem Staat verselbständigt, und der Herrscherklan wurde gegenüber früheren Zeiten weiter herausgehoben.

Dass am Ende dann der letzte Mongolenherrscher Toghon Temür, mit dessen Vertreibung aus China die Gründung der neuen Dynastie «Ming» zusammenfällt, von seinem Besieger mit dem postumen Tempelnamen Shundi, als «der sich fügende Herrscher», in die Ahnenreihe aufgenommen und zugleich als «weibisch» belästert wurde, ist nur eines jener Indizien für die enge Verzahnung von Macht und symbolischer Repräsentation und zugleich ein Zeichen der Verachtung des Dynastiegründers gegenüber dem letzten Mongolenherrscher.

5. Die kaiserlichen Hausgesetze

Befriedung des Nordens und Machtsicherung
Mit der Kaiserwürde hatte sich Zhu Yuanzhang, unterstützt durch vor allem drei Männer, Xu Da, Chang Yuchun und Li Shanchang, seine sogenannte Anhui-Clique, die Ausgangsbasis für die endgültige Konsolidierung seiner Herrschaft erkämpft und konnte nun gegen die Mongolenherrschaft im Norden sowie gegen die Xia-Dynastie unter dem manichäischen Prinzen Ming Sheng vorgehen. In den nächsten Monaten des Jahres 1368 organisierte er die weitere Eroberung des Nordens, unterstützt von seinen Generälen. Am 14. September 1368 erreichen die Truppen Dadu («Große Hauptstadt»), das in Peiping («Der Norden ist befriedet») umbenannt wird, das aber erst der Yongle-Herrscher zur Hauptstadt machen sollte. Von da an verlagern sich die Kampfzonen an die Grenzen, doch misslingt dem Ming-Gründer insbesondere bei einer verlorenen Schlacht 1372 gegen die Mongolen die Ausdehnung seines Einflusses auf das Territorium der vorhergehenden Yuan-Herrschaft, insbesondere in die Äußere Mongolei. Erst der folgenden Mandschu-Dynastie gelingt die Befriedung der Grenzen.

Weitere Maßnahmen zur Legitimierung seiner Herrschaft waren die Beauftragung einer Geschichte der vorherigen Dynastie. Bereits 1368 beauftragte Taizu die Gelehrten Song Lian und Wang Wei (1323–1374) mit der Kompilation der Yuan-Geschichte; dieser Kommission wurden mit den letzten Yuan-Herrschern vertraute Gelehrte wie Wei Su zugeordnet. Im März 1369 führte Zhu das rituelle Pflügen am Altar des Xian Nong aus und belebte damit eine unter den Mongolen aufgegebene Tradition neu. Im selben Jahr (1369) wurde die Rolle der Prinzenmacht ins Auge gefasst, auch wenn die entsprechende Verordnung *Zuxunlu*, das «Hausgesetz» des Herrscherhauses, das Kernstück des «Modernismus» Zhu Yuanzhangs, erst 1373 verkündet wurde.

Im Mai 1370 übertrug er neun von seinen zehn Söhnen fürstliche Titel und Territorien, sicher aus der Überlegung heraus, sie würden gewissermaßen als Markgrafen das Reich verteidigen. Als sie das Alter erreicht hatten, wies sie der Vater tatsächlich an, gegen die Mongolen an den Grenzen vorzugehen. Prinzenerziehung blieb ein Thema, so auch als er 1373 Song Lian und den Ritenminister Tao Kai unabhängig voneinander beauftragte, Berichte über Prinzen früherer Zeiten zusammenzustellen. Das Ergebnis war eine Kompilation, das *Zongfan zhaojian lu* («Leuchtender Spiegel zu den Belehnungen an Mitglieder der kaiserlichen Familie»). In diesem Zusammenhang formulierte Song Lian: «Der Himmelssohn ist das Haupt, die Prinzen sind die Hände und Füße; sie können als ein Leib bezeichnet werden». Sechs Jahre soll Zhu an seinen «Hausgesetzen», den *Familieninstruktionen*, gearbeitet haben. Der Text beginnt mit einem Vorwort, dessen Eingangssätze lauten: «Ich habe festgestellt, dass seit ältester Zeit, immer wenn Staaten ihre Gesetze erließen, dies immer von dem Herrscher ausging, der als erster das Mandat erhielt.» Im Gegensatz zu früheren Zeiten verfügte er, dass alle Prinzen und Töchter aus dem Herrscherhaus von zivilen Karrieren ausgeschlossen sein sollen. Dies führte dazu, dass der Unterhalt des in der Mitte des 16. Jahrhunderts auf geschätzte 100000 Angehörige angewachsenen kaiserlichen Haushalts eine große Belastung für die Staatskasse wurde.

Taizu warb nicht nur um die Tüchtigsten, sondern förderte auch die akademische Ausbildung der Jüngeren und setzte auf die Palastexamina. Im Juni 1370 wurden die Palastprüfungen wieder eingeführt. Doch offenbar war Zhu Yuanzhang mit der Rekrutierung durch das Palastprüfungssystem unzufrieden, so dass er dieses im März 1373 wieder abschaffte und durch ein Empfehlungssystem ersetzte, das aber nach zehn Jahren wieder durch die Examina abgelöst wurde. Bezeichnend ist, dass erst mehr als zwei Jahre nach der Inthronisierung, am 12. Juli 1370, der endgültige Sieg über die Yuan am Himmelsaltar im Süden der Hauptstadt verkündet wurde. Im selben Jahr errichtet der Herrscher – eine weitere Neuerung – den Palast zur Verehrung der Ahnen *(Fengxian dian)*.

Offene Seepolitik und die folgende Abschottung
Im folgenden Jahr (1371) wird Sichuan im Westen wieder in das Reich integriert und ein Feldzug gegen das Xia-Reich gestartet. Teil der Konsolidierung war auch die Regelung der Außenbeziehungen etwa zu Japan, bei denen der Buddhismus eine Rolle spielte. So sandte 1372 der Herrscher den buddhistischen Mönch Zushan (wirkte um 1360–73) als Leiter einer Gesandtschaft nach Japan, nachdem zuvor eine große Zeremonie für alle Seelen *(pudu hui)* in Nanjing durchgeführt worden war, an der drei Tage lang neben tausend Mönchen der Herrscher selbst teilnahm.

Die Vereinigung des Reichsgebietes unter seiner Herrschaft dauerte also fast 20 Jahre und war erst im Jahre 1387 abgeschlossen. Die nach seiner Regierungsdevise bezeichnete Periode Hongwu (1368–1398) und die Zeit der Regierung des Yongle-Herrschers (1403–1424) waren noch von diplomatischer und zugleich militärischer Expansion sowie von seewärtigen Expeditionen begleitet. Dabei war die Außenpolitik der Ming-Dynastie von Anfang an von drei Aspekten gekennzeichnet: 1. Sicherung der Nordgrenze und Errichtung von Militärkolonien; 2. Eroberung und Assimilierung im Süden und Westen, bei der jedoch 1427 der Yongle-Kaiser bei einer Expedition gegen Annam eine große Niederlage erlitt; 3. die Beziehungen nach Osten und Südosten, bestimmt durch Handelsbeziehungen und Tributgesandtschaften. Aus diesem Zusammenhang stammt der unter dem Titel «Wunder der Meere» *(Yingya shenglan)* erschienene Bericht von den Reisen des großen Seefahrers Zheng He aus der Hand seines Begleiters Ma Huan. Diese expansive Politik wurde seit der Mitte des 15. Jahrhunderts durch eine Phase des Rückzugs und der Verteidigung, aber auch der inneren Konsolidierung bzw. der Integration des Südwestens abgelöst.

Ein wesentliches Element der Herrschaftssicherung war bereits in der Dynastiegründungsphase der Erlass von Verhaltensregeln für den gesamten «öffentlichen Dienst». Dabei ging es Taizu auch um die Abwehr fremder Einflüsse, etwa von Seiten

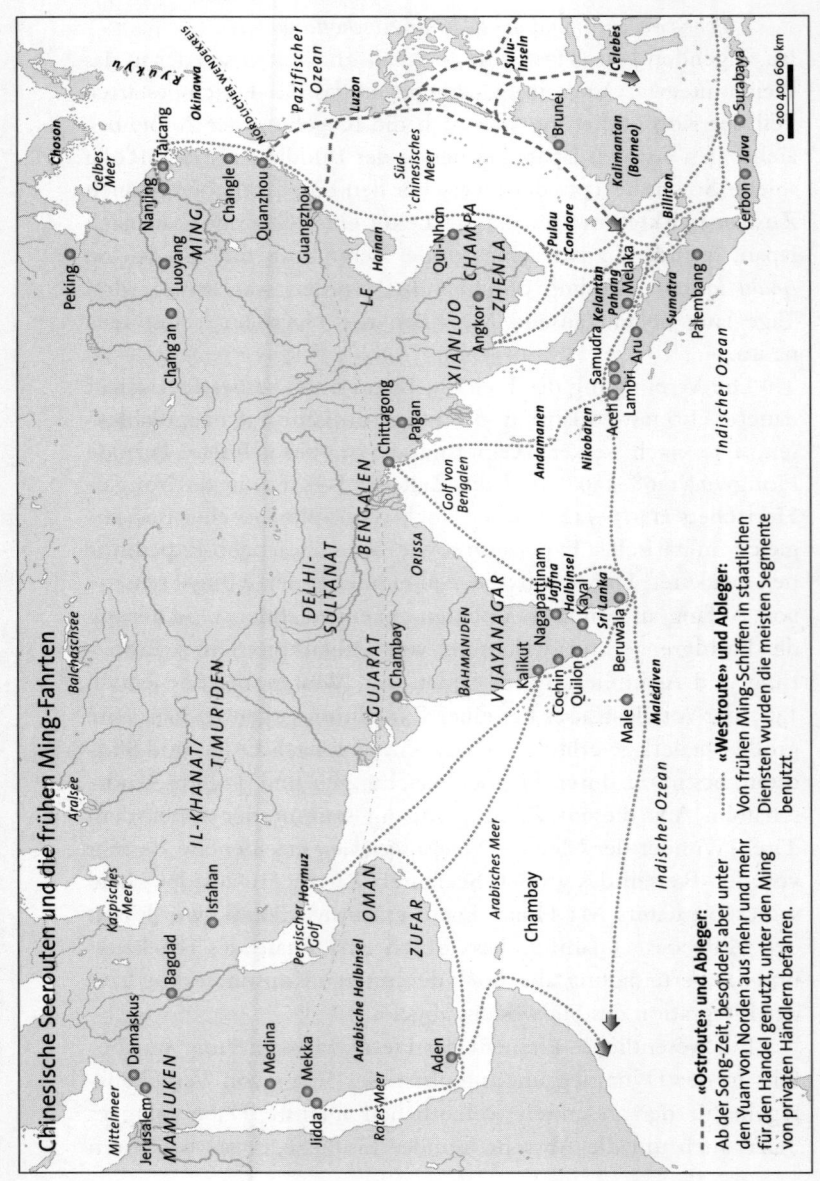

des Harems oder auch von Seiten des Klerus. So erließ er im Juli 1372 die «Regeln für die Sechs Ministerien» *(Liubu zhi zhang),* die dann in die Verwaltungsregeln inkorporiert wurden, welche auch den jährlichen Verdiensteinstufungen der Beamten zugrunde lagen. Zur Sicherung der Herrschaft diente auch der bereits 1368 erlassene Rechtskodex, der dann mehrfach überarbeitet wurde. Im September 1368 wurden die traditionellen Sechs Ministerien eingerichtet. Taizu war sich des Umstandes sehr wohl bewusst, dass er einer Bürokratie bedurfte. In einem Erlass vom November 1368 heißt es: «Das Reich ist ausgedehnt, und weil ich selbst es alleine nicht regieren kann, müssen alle Tüchtigen im Reich dazu beitragen, die Ordnung zu gewährleisten.» Sodann betont Zhu, dass viele Talentierte noch in Zurückgezogenheit lebten, und all diese fordert er auf, sich an der Verwirklichung des Großen Weges mit ihm zu beteiligen. Im Gegensatz zu den freundlichen Zügen in der Werbung um talentierte Beamte zeigte sich Zhu Yuanzhang äußerst grausam und brutal, wenn es um die Sicherung seiner Macht ging. Als 1380 vom Kanzler Hu Weiyong ein Anschlag gegen ihn geplant wurde, war dies auch eine Reaktion auf äußerst grausame Massenexekutionen, die Zhu Yuanzhang 1376 an Tausenden hatte vollstrecken lassen.

Zhu aber reagierte nicht nur mit größter Grausamkeit, sondern er zog auch Konsequenzen wie die Abschaffung des Kanzleramtes und restrukturierte ein über eineinhalb Jahrtausende gewachsenes bürokratisches System, indem er vieles persönlich an sich zog. Niemals vor ihm und wohl auch kaum nach ihm hat je ein Herrscher sich so intensiv um die Regierungsgeschäfte im Einzelnen bemüht, wobei ihm mehr und mehr die Palasteunuchen zur Hand gingen. Es war klar, dass dieses System von schwächeren Nachfolgern nicht aufrechterhalten werden konnte.

Die Bemühungen um eine militärische Sicherung der Außengrenzen beflügelte die Seeexpeditionen, die über den Indischen Ozean bis nach Afrika gelangten, dann aber wieder eingestellt wurden.

Religion und Ritual setzte er als Mittel zur Herrschaftssicherung ein. Gleich nach der Thronbesteigung errichtete Zhu Ämter für die Religionen, d. h. für Buddhismus und Daoismus; die Bezeichnung «*tianshi*», Himmlischer Meister, die er als «Lehrherr des Himmels» deutete, war ihm ein Dorn im Auge, daher gab er dem obersten Daoisten, dem *tianshi*, den neuen Titel *Da zhenren* («Großer Vollkommener»). Am Zhong-Berg außerhalb Nanjings vollzog der gelehrte Mönch Fanqi (1296–1370) Zeremonien zum Gedenken an die im Kriege Gefallenen. Dort übrigens ließ Taizu sein Grab errichten, an einer Stelle, an der tausend Jahre zuvor die Verehrungsstätte des Kriegergottes Jiang Ziwen und dann ein buddhistisches Kloster gelegen hatte. Solche regionalen Wurzeln blieben also bestimmend, und doch richtete sich seine Bemühung auf die geistliche Befriedung des ganzen Reiches, wenn er zu Beginn des Jahres 1369 alle Geister der Wälle und Gräben im gesamten Reich, die Stadtgötter, einsetzte und damit an sich band.

Zhu Yuanzhang war weniger der Despot, als der er oft und gerne hingestellt wird, sondern er war Gestalter und Experimentator der Macht, eine asketische Persönlichkeit – er wird auch als Luxusverächter geschildert. Mit seinem Tode endete eine Ära. Die Erneuerung und die kreative Anknüpfung an die Ideale des Altertums wurden nicht fortgesetzt. Vielmehr setzte sich mit dem Neffen, dem Yongle-Herrscher, eine «Tradition» durch, eine nördliche Tradition, welche die Spuren der Neuerungsbewegung tilgte und unter Berufung auf die Hausgesetze Taizus ein Herrschaftssystem sicherte, das die folgende wirtschaftliche Prosperität nicht verhinderte und nicht verhindern wollte, aber letztlich doch gestaltungsunfähig wurde.

Die Dauer der Ming-Dynastie, erste Konsolidierung und die Dissoziierung von Herrschaft und Staat
Warum konnte die Ming-Dynastie trotz dieser schwierigen Ausgangslage, im Gegensatz etwa zur Qin-Dynastie mehr als eineinhalb Jahrtausende zuvor, so lange dauern? Es war die konfuzia-

nische Bildungselite, die nach den Gründungswirren und der Etablierung der beiden Hauptstädte Nanjing und Peking durchaus auch aus eigenem Interesse an Sicherheit und Wohlstand die Geschicke der Dynastie mit beförderte. Den Zusammenhang gewährleisteten indes die Institutionen, vor allem der Kaiserhof und die bürokratischen Regelungen. Nach dem 14. Jahrhundert, das gekennzeichnet war von Bevölkerungsabnahme (von zwischen 80 bis 100 Millionen auf etwa 65 Millionen) und wirtschaftlichem Niedergang – auch hier spielte die Pest eine Rolle –, erlebte China im 15. und 16. Jahrhundert dann einen kontinuierlichen Aufschwung.

Allerdings war nach dem Tode des Dynastiegründers der Thronfolger, ein Enkel Zhu Yuanzhangs und als Jianwen-Kaiser kanonisiert, mit einer Verwaltung konfrontiert, die ganz auf den autokratischen Gründer zugeschnitten war. Es «fehlte» das «Kanzleramt» *(zhongshusheng),* das wieder einzurichten von Zhu Yuanzhang strengstens untersagt worden war. Ferner waren die militärischen Kräfte durch die Aufteilung auf die vielen Söhne Zhus dezentralisiert. Daraus erwuchs Gefahr und Chance zugleich, nämlich in der Person des Onkels Jianwens, Zhu Di, Prinz von Yan, mit seiner Militärmacht in der Gegend des heutigen Peking. Unter Berufung auf die «Hausgesetze» des Gründers machte dieser sich daran, seinen Neffen «vor schlechten Einflüssen zu erretten». Im Sommer 1399 kam es zu ersten kriegerischen Auseinandersetzungen, die erst im Juli 1402 mit der Einnahme Nanjings endeten. Jianwen verbrannte – angeblich nach Selbstmord – mit Frau und Kind im Palast. Zhu Di ließ sich sodann unter der Devise «Yongle» («Anhaltendes Glück») inthronisieren.

Dieser 1360 geborene vierte von 26 Söhnen Ming Taizus und der vierte von fünf (angeblichen) Söhnen der Hauptfrau war also um 1400 der älteste überlebende dieser fünf Söhne und zugleich seit 1377 Schwiegersohn Xu Das, des mächtigen Militärs im Norden. In den neunzehn Jahren, in denen er in den Palästen der Mongolen lebte, hatte er seine Erwartungen, in die Thronfolge einzutreten, durchaus kultivieren können. Freilich war Zhu

Di zunächst seiner Sache nicht ganz sicher. Daher bezog er sich vor allem auf seine «Pflicht, Unordnung vom Hofe zu vertreiben» und dies propagandistisch auszuschlachten. Kritikern an seinem Thronfolgeanspruch begegnete er mit dem Hinweis auf die Hausgesetze des Kaiserhauses und bezeichnete die Thronfolgeregelung als alleinige Angelegenheit des Kaiserhauses.

Diese Rede von der «Familienangelegenheit» gründete auch auf der Errichtung eines zweiten Ahnenschreins durch Taizu im Inneren Palast namens Fengxiandian («Opfertempel für die kaiserlichen Ahnen»), nachdem er bereits 1368 einen Ahnentempel außerhalb, den Tai Miao, errichtet hatte. Dieser Dissoziierung von Herrscherfamilie und Staat entsprach die «Konfuzianisierung» der Beamten im Laufe der Yuan-Zeit. Es war der alte Konflikt des Widerspruchs zwischen *Gong tianxia* («das Reich für alle») und *Jia tianxia* («das Reich als Sache der (einer) Familie»).

Erfolgreiche Usurpation

Die Thronübernahme dieses Yongle-Herrschers, der von 1403 bis 1424 regierte, haben manche als «zweite Dynastiegründung» bezeichnet. Er pflegte internationale Kontakte, führte Kriege und reorganisierte die Verwaltung. Im Inneren Palast etablierte er eine Art Beraterstab *(Neige)* für die alltäglichen Regierungsgeschäfte. Im Äußeren Hof hatte er sechs Minister mit den sechs traditionellen Geschäftsbereichen (Personal – Steuern – Riten – Krieg – Bestrafungen – Öffentliche Arbeiten) sowie zwei Zensoren, einen zur Linken, einen zur Rechten. Er war es auch, der Peking zur zweiten Hauptstadt machte, die bald wieder die eigentliche Hauptstadt werden sollte.

Was der Gründungsherrscher durch eine professionalisierte und verselbständigte Literatenbeamtenschicht an Innovativem hervorgebracht hatte, wurde infolge der Durchsetzung der Machtansprüche des Yongle-Herrschers, des «zweiten Gründers», teilweise wieder zerschlagen. Bei alledem aber war doch die Zeit der Herrschaft Zhu Yuanzhangs und waren die folgenden Jahrzehnte, insbesondere die Zeit des Yongle-Herrschers, eine Periode des wirtschaftlichen Wiederaufbaus, der Einrichtung neuer, ganz eigenständiger Institutionen und zugleich der diplomatischen und militärischen Expansion in die Mongolei, nach Südostasien, in den Indischen Ozean, aber auch nach Zentralasien. Einen folgenreichen Schritt unternahm Yongle, als er in den Jahren 1420–21 Peking zur eigentlichen Hauptstadt zu machen begann, obwohl er im Gegensatz zu den Mongolen und den späteren Mandschu jenseits der Mauer im Norden keine Freunde hatte. Auf diese Weise konnte die Hauptstadt dann im 17. Jahrhundert schnell zur Beute der einfallenden Mandschu-Truppen werden.

Trotz einer allmählichen Erosion der Zentralgewalt blieb die Dynamik des Aufbruchs der Gründungszeit doch lange wirksam, insbesondere dort, wo Interessen der Literatenfamilien sowie der Händler im Spiele waren. Dies war etwa in der Bildungspolitik der Fall. So wurde der Unterhalt der Grundschulen, die anfänglich vom Kaiser selbst angeregt und gefördert wurden, im 15. Jahrhundert von Beamten der Zentralregierung, danach von örtlichen Beamten und in den letzten Jahrzehnten von der örtlichen Bevölkerung getragen. Darin zeigt sich nicht nur eine Machtverlagerung vom Zentrum auf die untere lokale Ebene, vielmehr ist diese Entwicklung auch Ausdruck einer starken zivilgesellschaftlichen Strömung, die sich inhaltlich darin manifestierte, dass moralische Instruktionen zunehmend wichtig wurden.

Abgrenzung und innere Neuorientierung

In der Mitte des 15. Jahrhunderts erlebte die Dynastie eine entscheidende Niederlage in der Mongolei, aus der in der Zeit zwischen 1438 und 1449 immer wieder Angriffe abzuwehren waren. So wurden die zweite Hälfte des 15. Jahrhunderts und die erste Hälfte des 16. Jahrhunderts außenpolitisch zu einer Periode des Rückzugs und der Verteidigung. Weitere Gründe für den Niedergang der Dynastie sind in der Umkehrung des demographischen Trends zu suchen, dass nämlich nicht mehr, wie seit der Tang-Zeit, der Süden der bevölkerungsreichste Teil war, sondern auch der Norden wieder an Bevölkerung zunahm. Hinzu kam die wachsende Isolation Chinas, die offiziell angeordnete Unterbindung des Seehandels, die auch eine Reaktion auf das überhandnehmende Piratentum entlang der Küste war. Die Abschließungspolitik hatte eine gewisse Blickverengung im Bewusstsein der Literatenbeamten zur Folge, die sich dann auch gegen die von jesuitischen Missionaren mitgebrachten neuen Kenntnisse vehement wehrten. Im Zuge der aus der inneren Dynamik entstehenden inneren Spannungen und Widersprüche erlebte China gerade in der zweiten Hälfte des 16. Jahrhunderts einen rapiden sozialen Wandel. Großkaufleute und Bankiers traten auf den Plan, und es entstand eine neue städtische Mittelschicht, deren Milieu auch in der zeitgenössischen Literatur und Kunst ihren Niederschlag gefunden hat. Das Manufakturwesen war sehr ausgeprägt, so dass manche bereits für diese Zeit von «Sprossen des Kapitalismus» gesprochen haben. Nicht zuletzt war China bereits durch vielerlei Produkte auf dem Weltmarkt präsent, von denen das bekannteste das Porzellan ist.

Als Folge des zunehmenden Welthandels spielten auch neue Feldfrüchte und Pflanzen eine Rolle für die Versorgung der Bevölkerung mit Nahrungsmitteln. Die Einführung der Erdnuss 1530–40 und der Süßkartoffel in Yunnan (erste Erwähnung im Jahre 1563) und etwas später des Maises in Nordchina führte zu einer Substitution einheimischer Anbausorten und verbesserte die Ernährungssituation erheblich, zumal wegen der Genügsamkeit der Erdnuss bislang ungenutztes Land zum Anbau herangezogen werden konnte. Die Welthandelsbeziehungen wirkten sich auch nachhaltig auf die chinesische Binnenwirtschaft aus. Eine besondere Rolle kam den großen Mengen aus den amerikanischen Kolonien kommenden Silbers für die Silberwährung zu. Silber blieb, in gegossener oder geprägter Form, d. h. als Silberbarren oder als Münze, bis zum Ende des Kaiserreiches neben den Kupfermünzen für geringwertige Waren und Dienstleistungen das wichtigste Zahlungsmittel. Der Zusammenbruch der Ming-Dynastie wurde vor allem aber durch eine Krise der Staatsfinanzen sowie durch agrarsoziale Spannungen und, wie so oft in der Geschichte Chinas, durch die Unfähigkeit der Politik, diese zu mildern, begünstigt. Soziale Unruhen landlos gewordener Bauern waren die Folge. Die Zunahme an Handel und überhaupt an Mobilität sowie die Verfügung über Feuerwaffen begünstigten solche Aufstandsbewegungen.

6. Frühe Moderne

Sprossen des Kapitalismus
Der Umstand, dass China noch im 18. Jahrhundert als allen anderen Reichen der Erde überlegen gelten konnte, hat auch etwas damit zu tun, dass bereits unter der Dynastie Ming der Durchbruch zu einer frühen Moderne gelegt worden war, auf dem die Dynastie der Mandschu aufbauen konnte. Daher spricht man auch von einem Modernisierungsschub in China seit der späten Ming-Zeit.

Bereits die Mitte der Ming-Zeit, das 16. Jahrhundert, gilt als eine Epochenschwelle, wirtschaftlich wie kulturell. Neue Formen der Öffentlichkeit bilden sich heraus, und in der wirtschaftsgeschichtlichen Literatur ist von «kapitalistischen Sprossen» die Rede. Diese neue Wendung, die einen Niederschlag auch auf dem Gebiet der Geschichtsschreibung gefunden hat, verlief parallel zu den Veränderungen, die den Dynastiewechsel von Ming zu Qing im 17. Jahrhundert vorbereiteten. Die Wanli-Periode (1573–1619) war eine Zeit der Dekadenz und der Unordnung. Es gab zahlreiche Bauernrebellionen sowie Massendemonstrationen, zum Beispiel in Suzhou, wo Literaten und Tausende aus der Bevölkerung gegen den grausamen Eunuchen Wei Zhongxian (1568–1627), den Vertrauten der für den Kaiser Xizong (regierte 1620–1627) herrschenden Regentin, protestierten. Überhaupt war die Stimmung der Zeit einem gesteigerten Selbstgefühl und einem gewissen Hang zur Exzentrik förderlich, was nicht nur in der Dichtung, sondern in den Künsten überhaupt zum Ausdruck kam, beispielsweise in der Malerei bei dem mit dem individualistischen Dichter Yuan Hongdao (1568–1610) befreundeten Maler Dong Qichang (1555–1636).

Neuentdeckung des eigenen Selbst

Die Neuentdeckung des eigenen Selbst im 16. Jahrhundert fand ihren Ausdruck auch im religiösen Bereich, in der Praktizierung etwa von Sündenbekenntnissen und einer täglichen Beobachtung der eigenen Taten. Am bekanntesten sind entsprechende Anweisungen zur Selbstkontrolle, zu einer täglichen Bestandsaufnahme der eigenen guten Werke und der Verfehlungen durch den Buddhisten Zhuhong (1535–1615), der die Chan-Lehre der Selbsterkenntnis durch Meditation einerseits und andererseits die Lehre vom Reinen Land, die eine Wiedergeburt im Paradies des Westens predigte, miteinander vereinigte. Im 16. Jahrhundert war das Bewusstsein eines großen Teils der Literatenschicht offenbar geprägt von dem Gedanken, in einer Zeit eigenen Rechts zu leben. Solche Vorstellungen hatte es in der Geschichte immer wieder gegeben, doch bezog sich dieses Bewusstsein nun nicht mehr nur auf das Selbstverständnis einzelner Herrscher und ihrer Berater, die aus diesem Gedanken heraus ihre eigene Politik zu legitimieren trachteten, sondern der Gedanke, in einer Zeit eigenen Rechts zu leben, wurde nun auch von den Angehörigen jener Schicht betont, die bis dahin ihre Privilegien gerade durch die Berufung auf die Traditionen zu sichern gesucht hatte.

Akademien und neue Formen der Öffentlichkeit

Im 16. Jahrhundert ließen einzelne Regierungsämter über sich Handbücher erstellen, in die authentische Fälle und Dokumente aufgenommen wurden. Diese Handbucherstellung steht in Zusammenhang mit der «Staatskunstlehre» *(jingshi)*-Bewegung, wie sie vor allem auch von der Donglin-Partei vertreten wurde, jener nach der Donglin-Akademie bezeichneten Strömung, die eine besondere Ausprägung des Ethos der Staatsverantwortung der Literaten war. In der späten Ming-Zeit hatte die Zahl der Akademien derart zugenommen, dass sie nicht nur zu Stätten der Ausbildung und des intellektuellen Diskurses, sondern auch der politischen Fraktions- und Parteibildung geworden waren. Die bedeutendsten Gruppierungen jener Zeit, die insbesondere politische Ziele verfolgten, waren die Donglin-Akademie und die «Erneuerungs-Gesellschaft» (Fushe, wörtl. übersetzt eigentl. «Rückkehr zum Altertum-Gesellschaft») gewesen. Die zunehmende Wertschätzung dokumentarischen Materials spiegelt sich dann auch in den seit dem 17. Jahrhundert kompilierten Sammlungen von staatspolitischen Schriften (*jingshiwen* oder *jingjiwen*), die zumeist von hochrangigen Beamten verfasste Throneingaben, Vorschläge, Berichte an den Herrscher oder Mitteilungen an andere Regierungsstellen enthielten.

Ausdruck neuer Formen der Öffentlichkeit war die Hauptstadtzeitung, *Dibao* oder *Tangbao,* die bereits vor der Ming-Zeit existierte und in den Regierungsämtern der Hauptstadt zirkulierte, die jedoch erst in der späteren Ming-Zeit zu einer festen Institution wurde. Zunächst wurde sie in Abschriften verbreitet, und erst seit 1628 wurde eine Druckausgabe hergestellt, bei der bemerkenswerterweise bewegliche Lettern verwendet wurden. Diese Einrichtung wurde von der Mandschu-Regierung übernommen und später als *Jingbao* (Peking-Gazette) bekannt. Das Bewusstsein des zunehmenden Eigenwertes der einzelnen territorialen Gliederungen kommt auch in der seit dem 16. Jahrhundert zunehmenden Zahl von Lokalchroniken *(difangzhi),* Provinz-, Präfektur-, Kreis- und Stadtbeschreibungen zum Ausdruck. Hinzu treten vermehrt Reiseberichte – der bekannteste ist der des Xu Hongzu (1586–1641) *(Xu Xiake youji)* –, die neben literarischen Zeugnissen zunehmend Eigenbeobachtungen in den Vordergrund stellen.

Unter der Dynastie Ming schien manchen allerdings das konfuzianische Ideal der Kultivierung der eigenen Person und der Vervollkommnung der Welt unerreichbar geworden zu sein. Entsprechend wurde der Sturz der Ming-Dynastie in der Mitte des 17. Jahrhunderts von vielen als Scheitern sowohl des öffentlichen als auch des privaten Konfuzianismus betrachtet. Bei dem

Versuch einer Neuorientierung der Literaten und Intellektuellen in den ersten Jahrzehnten der Mandschu-Herrschaft glaubte man sich daher nicht mehr auf Selbstkultivierungsideale des 16. Jahrhunderts berufen zu können, sondern suchte einen neuen, unmittelbaren Zugang zu den Quellen der konfuzianischen Lehre, vor allem zu den Klassikern. Die konsequente und schonungslose Anwendung philologischer Kenntnisse und anderer Wissenschaften, wie der Astronomie zur genauen Datierung, hatte eine Offenheit für das Unverhoffte und Unvorhergesehene zur Folge, wie es sie in China zuvor nicht gegeben hatte. Den Gelehrten dieser Epoche, die vor allem in den reichen Gegenden am unteren Yangzi-Lauf lebten oder in der Hauptstadt Peking residierten, verdanken wir übrigens zu nicht geringem Teil unsere Kenntnisse des chinesischen Altertums und der Klassiker.

Bereits im 17. Jahrhundert haben sich Historiker über die Gründe für den Untergang der Ming und die Durchsetzung der Herrschaft eines Dschurdschen-Stammes, der sich dann «Mandschu» nennen sollte, Gedanken gemacht, und es sind von einem Autor 40 Gründe hierfür aufgezählt worden. Unter diesen Gründen findet sich die staatliche Finanzkrise im frühen 17. Jahrhundert ebenso wie die Volkserhebungen und der Konflikt zwischen der Verwaltung und der Macht der Eunuchen.

IV. CHINA SPRENGT SEINE GRENZEN (1644–1850)

1. Dynastiewechsel und Fremdherrschaft

Die «Acht Banner» und der Bürgerkrieg
Das im Nordosten Chinas jenseits der Großen Mauer lebende, sesshaft gewordene ursprünglich halbnomadische Volk der Mandschu hatte unter seinem Führer Nurhaci (regierte 1559–1626) einen Staat gegründet, den dieser in acht sogenannten «Bannern» organisierte. Dabei handelte es sich ursprünglich um Truppenverbände von jeweils 300 Mann Stärke. Als sich die Mandschu von chinesischen Generälen im Kampf gegen Aufständische, welche im Jahre 1644 die Hauptstadt der Ming eingenommen hatten – der Ming-Herrscher hatte sich selbst getötet –, hineinziehen ließen, da waren es diese Banner, die sich inzwischen nicht nur aus Mandschu, sondern auch aus Mongolen und chinesischer Grenzbevölkerung zusammensetzten und die nicht nur bei der Wiederherstellung der Ordnung mitwirkten, sondern das chinesische Reich weitgehend unter sich aufteilten. Bei den Mandschu handelte es sich eigentlich um eine eher bunte Mischung verschiedener Dschurdschen-Stämme, die sich erst seit 1635 als *manju* oder *manzhou* bezeichneten.

Herrschernamen der mandschurischen Qing-Dynastie

Shunzhi	1644–1661	Daoguang	1821–1850
Kangxi	1661–1722	Xianfeng	1851–1861
Yongzheng	1723–1735	Tongzhi	1862–1874
Qianlong	1736–1795	Guangxu	1875–1908
Jiajing	1796–1820	Xuantong (Puyi)	1908–1912

Bereits im Jahre 1636 hatten die mandschurischen Eroberer die «Große Qing»-Dynastie, die «Große Leuchtende», proklamiert. Doch die Eroberung ganz Chinas durch die Mandschu-Truppen dauerte mehrere Jahrzehnte, und erst 1681 wurde der Südwesten, 1683 Taiwan erobert. Die einmal begonnene expansionistische Tendenz des Mandschu-Staates setzte sich dann auch darüber hinaus fort, so dass China unter der Mandschu-Herrschaft seine größte Ausdehnung erreichte (im Jahre 1759), auf die sich das heutige China zur Legitimierung seiner Gebietsansprüche auch gerne beruft. Erst 1751 gelang es der Qing-Regierung, sich endgültig in Tibet festzusetzen.

So wurde das 17. Jahrhundert für das Kaiserreich eine Zeit der Katastrophen und zugleich der Erneuerungen, in der China eine neue Dynamik entfalten und im 18. Jahrhundert dann eine bis dahin nicht gekannte Ausdehnung erreichen sollte. Es war jenes Jahrhundert, in dem eine bereits sehr selbstbewusste Bürokratie und ein ausgeprägtes Handels- und Wirtschaftsleben sich relativ leicht einer durch eine fremdländische Herrschaftselite geführten Dynastie anzupassen vermochten. Die dramatischen und weite Teile der Bevölkerung traumatisierenden Vorgänge, die mit dem Einfall fremder Truppen und den bis zum Bürgerkrieg gesteigerten sozialen Unruhen verbunden waren, sind in der späteren Geschichtsschreibung eher vernachlässigt worden. Diese Sicht auf die Geschichte, die die Brutalitäten und Zerstörungen weitgehend verschweigt, hängt auch mit der von Seiten der kommunistischen Bewegung eingenommenen positiven Haltung gegenüber Rebellionsbewegungen zusammen, zumal sich die KPCh lange selbst in deren Tradition stellte. Ein weiterer Grund für das wenig dramatische Bild ist die geringe Zahl von Berichten aus den besonders von Verwüstungen betroffenen Gebieten, während die Fülle der schriftlichen Überlieferung insbesondere aus den Gegenden am Unteren Yangzi-Lauf zwar auch von Zerstörungen berichtet, die aber aufgrund der wirtschaftlichen Potenz der Region rasch hatten überwunden werden können.

Die Veränderungen in der Mitte des 17. Jahrhunderts waren keineswegs nur an den Machtwechsel und das Jahr 1644 geknüpft, sondern reichten weit über die Unruhen der Jahre 1640–1652 hinaus, die das ganze Reich erfassten, und zumindest die 60 Jahre von 1624 bis 1683 waren eine Periode kontinuierlicher Veränderung. Die Veränderungen lassen sich erst aus einem Vergleich mit der sog. «Späten Ming-Zeit», etwa der Wanli-Periode (um 1590), einerseits und der Blütezeit der Qing, etwa der Yongzheng-Periode (um 1730), andererseits recht erfassen.

Und doch war das Jahr 1644 signifikant. Innerhalb von sechs Wochen in der ersten Hälfte dieses Jahres fiel Peking zweimal in die Hände von erobernden Truppen. Am 25. April besetzten die von Li Zicheng geführten Aufständischen die Stadt. Der Selbstmord des Chongzhen-Kaisers auf dem Kohlehügel und der sechs Wochen dauernde Terror Li Zichengs in dieser Besetzung der Hauptstadt, die im ganzen Reich mit höchster Aufmerksamkeit verfolgt wurde, machten es den Mandschu leichter, das Macht- und Regierungszentrum Chinas in die Hand zu bekommen, dessen bauliche Substanz, insbesondere der Palast, fortbestand, während sich sonst so vieles änderte, nicht zuletzt durch die nachhaltige Implementierung einer bis in die Amtssprache sich durchsetzenden Fremdherrschaft, die zur Mehrsprachigkeit in allen wichtigen Bereichen führte.

Integration des Reiches

Von vielen wurden die Mandschu-Eroberer sogar begrüßt, weil sie die Wiederherstellung geordneter Verhältnisse und insofern Kontinuität verhießen, obwohl noch gänzlich unklar war, wie die Verwaltung und insbesondere der Staatshaushalt saniert werden könnten. Ganz ähnlich übrigens war es dreihundert Jahre später, als China durch die Rote Armee der Kommunistischen Partei geeint wurde. Natürlich spielte Propaganda eine große Rolle, darunter gezielte Desinformation, wie sie mit besonderem Geschick Li Zicheng betrieb, der den Egoismus und das Luxusleben der Elite anprangerte und gerechte Verteilung und Entlastung für alle versprach. Umso größer war dann die Enttäuschung, als seine Truppen eher zur Verschlechterung der Verhältnisse beitrugen. Besonders dramatisch wurde von manchen der Selbstmord des Chongzhen-Kaisers dargestellt, der ein Testament hinterlassen habe, in dem er, der von seinen Ministern getäuscht worden sei, alle Schuld auf sich nimmt und den Rebellen anheimstellt, seinen Leichnam zu schänden und seine Beamten zu schlachten; nur die kaiserlichen Gräber und jeder einzelne seiner Untertanen solle geschont werden. Mit solcher Propaganda versuchte die Rebellenarmee die Loyalität des Volkes an sich zu binden und sich zum Vollstrecker des Willens des letzten Herrschers zu machen. Doch weil die Mandschutruppen rechtzeitig eine Politik der Schonung beschlossen, entsprachen sie genau nicht den durch Li Zicheng geweckten Befürchtungen und wurden von manchen sogar als Erlösung empfunden. Entsprechend erklärte Dorgon (1612–1650), einer der Söhne Nurhacis, der am 6. Juni 1644 an der Spitze der Mandschutruppen in Peking einmarschierte, die Ming-Dynastie sei durch Banditen zerschlagen worden. Da jedoch das Reich keine Privatangelegenheit sei, sondern den Tugendhaften gehöre, und da Armee und Bevölkerung kein Privatbesitz seien, sondern von den Tugendhaften angeführt würden, sei er nun angetreten, Vergeltung an den Feinden des ehemaligen Herrschers zu üben. Dorgon, der für den sechsjährigen Shunzhi-Herrscher die Regierungsgeschäfte führte, gestaltete auf geschickte Weise die ersten Jahre der neuen Dynastie.

Auch wenn für manche Intellektuelle die neue Fremdherrschaft zunächst geradezu ein Schock gewesen sein dürfte, so war doch in diesem Zusammenhang noch wichtiger, dass diejenigen Beamten, die im Übergang von Ming zu Qing die Seite wechselten und somit zwei Dynastien dienten, in ihrer eigenen Zeit durchaus akzeptiert und geachtet wurden, während sie in der Historiographie des 18. Jahrhunderts dann, insbesondere zur Zeit des Qianlong-Kaisers, als Verräter gebrandmarkt wurden. Der Prototyp dieses «Dieners zweier Herren» *(erchen)* war Hong Chengchou (1593–1665). Dies zeigt, wie die Entstehungssituation der Mandschu-Dynastie später tabuisiert bzw. umgedeutet wurde, sicher mit der Intention, abermaligen Dynastiewechsel zu verhindern – und dann eben doch gerade solches befördernd.

Eine tragende Säule der neuen Dynastie war die florierende Wirtschaft einzelner städtischer Zentren, unter denen die Gegend am unteren Yangzi-Lauf um die Stadt Suzhou herausragte. Zwar hatte der Kangxi-Kaiser auf seiner ersten Inspektionstour in den Süden im Jahr 1684 diese Gegend als eher unsolide kritisiert, doch bereits zehn Jahre später hatte sein Vertrauter Cao Yin (1658–1712) Suzhou als «Himmel» bezeichnet. Tatsächlich hatte sich jene Gegend im Fortgang der Ming-Dynastie zu einer prosperierenden Region entwickelt, und dank eines weiteren Bevölkerungszuwachses wurde Suzhou in den nächsten Jahrzehnten zu einem Zentrum früher Manufakturen, denen die Qing-Dynastie einen erheblichen Teil ihres Wohlstandes verdankte.

China und Europa

Die Zeit der späten Ming- und der frühen Qing-Dynastie sah auch den Beginn eines verstärkten Kontaktes zwischen Europa und dem Fernen Osten. Zwar sind seit der Han-Zeit Beziehungen zwischen China und dem Mittelmeerraum nachweisbar, und katholische Missionare bzw. päpstliche Gesandte waren zur Zeit des Mongolenreiches an den Hof des Großkhans gezogen – in jener Zeit, aus der auch der Reisebericht Marco Polos stammt. Mit der Landung einer portugiesischen Delegation in China im frühen 16. Jahrhundert hatte dann eine neue Ära des europäisch-chinesischen Handels und ein intensiverer Austausch von Waren und schließlich auch von Ideen eingesetzt.

Mit der von dem italienischen Jesuiten Matteo Ricci (1552–1610) geschickt konzipierten China-Mission wurden neue Formen der Beziehung zwischen China und Europa begründet. Missionare wie der Kölner Pater Adam Schall von Bell traten sogar in den chinesischen Staatsdienst und wurden auch nach dem Dynastiewechsel von der Ming- zur Qing-Dynastie wieder eingestellt. Ein reger Wissenstransfer setzte ein, und die neuen Naturwissenschaften, die Astronomie vor allem, beeindruckten die Chinesen, während die Jesuiten dem europäischen Publikum von dem weisen Regiment der chinesischen Kaiser und ihrer Bürokratie berichteten. Doch es regten sich in China auch Widerstände, und selbst reformwillige und innovationsfreudige Herrscher hatten es schwer, sich durchzusetzen. In Europa wird China zu einem Faszinosum, und die Kenntnisse über chinesische Gartenbaukunst, die Pagodenarchitektur sowie chinesisches Porzellan und Malerei prägen die europäischen Salons und den Ausbau von Parkanlagen. Tee und Seide werden zu begehrten Artikeln. Die Widerstände in China, zunächst insbesondere innerhalb der Literatenschicht, steigern sich dann im Laufe des 19. Jahrhunderts und münden in Massenbewegungen, die durch antichristliche und antiwestliche Propaganda geschürt wurden.

Dabei war das Bild, das man sich von Europa machte, keineswegs einheitlich. Beachtenswert ist, dass Einzelne oft ihrer Zeit weit voraus waren, und es entbehrt nicht einer gewissen Ironie, dass es selbst dem Kaiser von China, dem theoretisch mächtigsten Mann Ostasiens, nicht umstandslos möglich war, seine Überzeugungen von der Gültigkeit wissenschaftlicher Erkenntnisse durchzusetzen. So wissen wir etwa von dem Kangxi-Herrscher (1662–1722), dass er ein nachhaltiges Interesse an der euklidischen Geometrie hatte und sich etwa im Jahr 1703 ausführlicher darüber unterrichten ließ und diese aufgrund des Widerstandes der Bildungsbürokratie dennoch keinen Einfluss auf die akademische Bildung erlangte.

Das Europabild im China des 17. Jahrhunderts wurde von der Begegnung mit Jesuiten sowie von deren Mitteilungen über Europa geprägt. Ein Beispiel für die Vermittlung des jesuitischen Europabildes in China ist das 1637 in chinesischer Sprache erschienene Werk des Paters Giulio Aleni, der zunächst (1613) in Peking und in Zhejiang war und dann, ab 1625, in Fujian wirkte, wo er 1649 auch starb. Dieses Werk mit dem Titel «Antworten auf Fragen über den Westen» *(Xifang dawen),* das in mehreren Ausgaben überliefert ist, schildert nicht nur Europa, sondern geht auch auf die chinesischen Verhältnisse ein, denen gegenüber ein hohes Maß an Respekt an den Tag gelegt wird. Es handelt sich bei diesem Werk Alenis um die Selbstauskunft eines europäischen Jesuiten, das daher eben auch nicht die Frage beantwortet, wie im 17. Jahrhundert China Europa gesehen hat.

Die Betrachtung Europas im China der Frühen Neuzeit war zweifellos eine Reaktion auf den Auftritt europäischer Mächte in China, aber sie ist auch als Reaktion auf die Erfahrungen mit der Fremdherrschaft der Mandschu zu verstehen. Chinas Selbstbewusstsein war nicht erst durch die europäischen Mächte herausgefordert worden, sondern hatte sich seit der Reichseinigung immer wieder neu zu bewähren – ja, neu zu konstituieren in der Auseinandersetzung mit nichtchinesischen Völkern am Rande, dann aber vor allem in Zeiten der Besetzung durch fremde Völker. Fremdherrschaft in China war in dem gerade zu Ende gegangenen Jahrtausend die Grunderfahrung: Es war die Beherrschung Nordchinas durch die Dschurdschen im 12. und 13. Jahrhundert und dann die vollständige Eroberung durch die Mongolen für etwa 100 Jahre. Nach der chinesischen Ming-Herrschaft (bis 1644) und fortgesetzter Bedrohung durch mongolische Völker an der Nordgrenze setzte nun wieder eine Fremdherrschaft ein, durch die Mandschu, die bis 1911 dauerte. Und nur vor diesem Erfahrungshintergrund ist die Heftigkeit zu verstehen, mit der sich China gegen neue Unterdrückung und Benachteiligung durch fremde Mächte im 20. Jahrhundert wehrte. So unterschiedlich die Erfahrungen mit diesen Fremdherrschaften auch waren, so haben sie am Ende doch immer China bereichert. Die Eroberer wurden oft sogar sinisiert, weil die chinesische Kultur eben nicht nur einfach überlegen war, sondern in höchstem Maße integrativ ist. Und noch am Ende des 19. Jahrhunderts gab es einige, die sich die Einsetzung eines «Gastkaisers» *(kedi)* vorstellen konnten, eines europäischen Herrscherhauses in China.

Es war das 17. und das frühe 18. Jahrhundert jene Zeit, in der sich China erstmals intensiv mit den europäischen Einflüssen auseinandersetzte und an deren Ende es noch einmal die ganze Vielfalt der eigenen Traditionen einzufangen und zu konservieren suchte. Es war jenes lange Jahrhundert, in dem China sich in Europa höchster Wertschätzung erfreute, wonach dann jedoch die Herabwürdigung Chinas gemeinsam mit ganz Asien begann. Das so entstehende europäische Chinabild prägte die Selbstwahrnehmung am Ende des Kaiserreichs, was dann im frühen 20. Jahrhundert eine Identitätskrise Chinas begünstigte, die sich gelegentlich bis zum Selbsthass steigerte.

Klassikergelehrsamkeit
Trotz der militärischen Wirren im 17. Jahrhundert war das Selbstverständnis großer Teile der Elite von Kontinuität geprägt. Die Wendung der Literaten im 17. Jahrhundert hin zu philologischen sowie sonstigen praktischen Interessen hatte ihre Ursachen in einer rigiden Zensur und einer daraus folgenden Entpolitisierung der Intellektuellen. Allen standen die Verfolgungen der Donglin-Partei durch den Eunuchen Wei Zhongxian (1568–1627) am Ende der Ming-Dynastie als abschreckendes Beispiel vor Augen, so dass ihnen die Klassikergelehrsamkeit eine willkommene Zuflucht bot, zumal sich die Zensur in erster Linie und fast ausschließlich auf regierungsfeindliche Äußerungen bezog und die sonstigen Bereiche literarischer Aktivitäten weitgehend unbehelligt ließ. Die Mandschu-Regierung lockerte dann auch allmählich ihre restriktive Politik gegenüber den Literaten und dem Veröffentlichungswesen. Sie verstand es, zahlreiche Angehörige der Literatenschicht an sich zu binden, indem sie insbesondere in der Kangxi-Zeit (1662–1722) eine große Zahl literarischer gelehrter Unternehmungen förderte.

Gelehrsamkeit und literarische Bildung wurden schon in der Frühzeit der Mandschu-Dynastie auf mannigfache Weise unterstützt, sei es durch kaiserliche Publikationsunternehmungen, sei es durch großzügige Förderung und Finanzierung einzelner Projekte durch hohe Beamte. So versammelte Song Lao (1634–1713) in seiner Zeit als Gouverneur der Provinz Jiangsu seit 1692 vierzehn Jahre lang bedeutende Gelehrte um sich. Er ließ die Sommerresidenz eines Song-Literaten in Suzhou wiederherstellen und veranstaltete dort Literaturtage zur Förderung vor allem junger Literaten. Außerdem errichtete er eine umfangreiche Bibliothek mit einem Buchbestand von über 100000 Rollen. Von Cao Yin, dem Textilkommissar von Nanking und Berater des Kangxi-Herrschers, wissen wir, dass er sich für seltene Bücher interessierte und selbst aufwendige und zum Teil illustrierte Holzplattendruckeditionen finanzierte. Solche Patronage von Seiten hochgestellter Beamter und begüterter Händler war wegen des Verbotes von Akademien und Literatengesellschaften zu Beginn der Mandschu-Herrschaft für viele Literaten die Grundlage ihrer Karriere im Staatsdienst. Die bedeutendsten unter diesen Förderern des 17. Jahrhunderts waren die Xu-Brüder aus Jiangsu, Xu Qianxue (1631–1694) und Xu Yuanwen (1634–1691), die Neffen des Ming-Loyalisten Gu Yanwu. Im Gegensatz zu ihrem Onkel hatten sie Aufträge der Mandschu-Regierung entgegengenommen, und so waren Xu Yuanwen (seit 1679) und sein Bruder (seit 1684) mit der Kompilation der offiziellen Geschichte der vorhergehenden Dynastie *Mingshi* («Ming-Geschichte») betraut worden, ein Projekt in der Hauptstadt Peking, in dem zahlreiche bei einer besonderen Prüfung im Jahre 1679 ausgewählte Literaten aus der Provinz Jiangsu ein Unterkommen fanden. Zu den von Xu Qianxue im Zusammenhang mit dem Projekt der *Da Qing yitongzhi* («Umfassenden Reichsgeographie der Großen Qing») geförderten Literaten gehören beispielsweise der Klassikergelehrte, Mathematiker und Geograph Yan Ruoju (1636–1704), der wohl beste historische Geograph seiner Zeit Hu Wei (1633–1714), Gu Zuyu (1631–1692) und Liu Xianting (1648–1695), der durch seine Mitarbeit an diesem Projekt zu einem der angesehensten Fachleute auf dem Gebiet der Linguistik und der Geographie in der Hauptstadt wurde.

Andererseits bildete sich allmählich auf Veränderungsbereitschaft gerichtetes Denken aus und fand einen ersten profilierten Ausdruck in den Texten Yun Jings (1757–1817) – einem Vorläufer und Wegbereiter der Reformer Gong Zizhen (1792–1841), Wei

Yuan (1794–1856) und Kang Youwei (1858–1927) –, der in einer Reihe von Aufsätzen über die Reformen während der Drei Dynastien des Altertums Xia, Shang und Zhou die Reformbedürftigkeit des Mandschu-Reiches unterstrich. Neue Sichtweisen auf die Gegenwart entstanden vor allem aber aus der zunehmenden Spezialisierung der Gelehrsamkeit und aus der stärkeren Trennung von politischer und literarischer Praxis, die durch die abnehmende Chance, auf dem Wege der Staatsprüfungen in ein staatliches Amt zu gelangen, begünstigt wurde.

2. Die neuen Regionen und Neudefinition des Kaisertums

Regionale Unterschiede und Hochschätzung von Luxus
Trotz der Umwälzungen im 17. Jahrhundert, die ganz China erfassten, hat es, wie angedeutet, selbstverständlich große regionale Unterschiede gegeben. Dies hing mit unterschiedlichen lokalen und regionalen Traditionen zusammen; aber auch andere Aspekte wie das Vorhandensein paramilitärischer Verbände auf lokaler Ebene und das regional unterschiedliche Echo auf Konflikte in der Hauptstadt erforderten die Herausbildung eines differenzierten Regierungshandelns. Daher war es in der langen Zeit des Machtübergangs dem Qing-Hof weitgehend gelungen, sich mit den Mächtigen auf lokaler Ebene zu verbinden, auch wenn dies in den Städten, die sozial und politisch mobiler geworden waren und in denen sich ein nicht unerhebliches Unruhepotential in kürzester Zeit formieren konnte, nur sehr bedingt erfolgreich war.

Jenseits aller lokalen und regionalen Differenzierung leitete das 17. Jahrhundert eine Erweiterung des Chinesischen Reiches ein, eine Epoche der Expansion nach außen und der inneren Kolonisation, deren Konsequenzen noch heute die Lage Chinas bestimmen. Auf der Ebene des Hofes und des höfischen Rituals wurden Elemente der seit der Han-Zeit überlieferten Vorstellungswelt mit religiös-kultischen Traditionen der Steppe verbunden. An die Tradition des herrscherlichen Nach-Süden-Blickens, in die sich bereits die Mongolenherrscher gestellt hatten, hatte bereits Nurhaci angeknüpft, als er sich 1626 zum Herrscher erklären ließ.

Das Jahrhundert war auch eine Fortsetzung der Pflege von Luxus und aufwendiger Lebenskultivierung, die im 16. Jahrhundert, am Ende der Dynastie Ming, besonders in Erscheinung getreten war, als Luxusgegenstände in besonderer Weise im Zentrum des Interesses der Eliten standen und als das Genre des Sammlungskatalogs sowie des Connaisseurtextes erneut zum Gegenstand der Auseinandersetzung unter Kennern, Liebhabern und Sammlern wurde. Es ging dabei weniger um den Luxus als solchen, sondern um die Kennerschaft und das Wissen um die Kunstfertigkeit hinter dem Gegenstand. Darum hatte man sich seit über tausend Jahren bemüht, auf dem Gebiet des Literarischen ebenso wie auf dem Gebiet des Handwerklich-Künstlerischen.

3. Das 18. Jahrhundert

Manufakturen und steigende Produktivität
Die großen Mandschu-Herrscher, die gelegentlich als «aufgeklärte Despoten» bezeichnet werden, waren – nach ihrer Devise benannt – die Kaiser Kangxi (1662–1722), Yongzheng (1723–1735) und Qianlong (1736–1796). Diese förderten die Wissenschaften und Künste und vollendeten eigentlich erst die «Konfuzianisierung» Chinas, nicht zuletzt durch das Mittel einer strengen Zensur und einer systematischen Indoktrinierung der Bevölkerung. Es war eine Epoche der Blüte und des Wohlstands und zugleich der Expansion des mandschurisch-chinesischen Imperiums, deren Bild allerdings erst vollständig wird, wenn auch die ersten Jahrzehnte des 19. Jahrhunderts, d. h. die Jiaqing-Ära (1796–1820), einbezogen werden. In diesem «langen Jahrhundert» wurden die

Spannungen und Konflikte sichtbar, die im 19. Jahrhundert dann zum Niedergang der Mandschu-Herrschaft und zum Zusammenbruch des Kaiserreiches führen sollten. Und gerade in diesem «langen» 18. Jahrhundert treten die Unterschiede zwischen China und Europa in besonders krasser Weise zutage. Der wenig ertragreichen Landwirtschaft eines dünnbesiedelten Europa standen in China ein hochentwickelter Ackerbau und eine hohe Produktivität von Handwerk und Manufakturen gegenüber. Insbesondere kam der Textilindustrie eine Schlüsselrolle zu. Allein in Nanking standen mehr als 30000 Webstühle. Aber auch der Bergbau – es sind Bergwerke mit mehr als 10000 Bergleuten bekannt – und die Teeverarbeitung oder die Porzellanmanufaktur (z. B. in Jingdezhen mit über 100000 Arbeitern) sind hier zu nennen. Der zunehmende Wohlstand hatte eine Blüte des Handwerks und des Handels zur Folge, und durch die Begünstigung der Kleinbauern erlebte auch die Landwirtschaft einen Aufschwung. Waren aller Art wurden auf den Weltmärkten, in Japan und Südostasien ebenso wie in Europa, abgesetzt und stimulierten die einheimische Wirtschaft.

Das mit der Prosperität verbundene Bevölkerungswachstum (in der zweiten Hälfte des 18. Jahrhunderts von 143 auf 360 Millionen, im Gegensatz zu Europa, wo sich die Bevölkerung im gleichen Zeitraum nur von 144 auf 193 Millionen erhöhte) und die zunehmende Differenzierung der Gesellschaft überforderten dann aber den Qing-Staat und führten zu Spannungen innerhalb der Bevölkerung, die sich in immer häufigeren Volkserhebungen und Aufständen, insbesondere in den Randzonen des Reiches, entluden. Die Erhebungen kolonisierter Völker und der Versuch der chinesischen Regierungsvertreter, die innere Ordnung aufrechtzuerhalten, führten seit dem späten 18. Jahrhundert zu einer solchen Verschlechterung des politischen und sozialen Klimas, dass der Zusammenbruch des riesigen Reiches mit den verfügbaren Mitteln nicht mehr aufzuhalten war.

Expansionspolitik der Mandschu-Regierung
Die Expansion des Reiches hatte sich in alle Richtungen erstreckt. Nach der endgültigen Besetzung Taiwans im Jahre 1683 begannen ausgedehnte Feldzüge nach Norden, in die Äußere Mongolei, die 1697 besetzt wurde, und nach Tibet, dessen Eroberung erst 1751 abgeschlossen wurde. Der Yongzheng-Kaiser war bestrebt, nach Sicherung seines Herrschaftsanspruches im Inneren und der Niederschlagung von Rebellionen im Nordwesten, die Bedrohung durch die Mongolen im Norden ein für alle Mal zu bannen. Die Durchsetzung der Mandschu-Herrschaft über China, die Mongolei und schließlich auch Tibet entsprach der Dynamik der Reichsbildung. In dem Maße, in dem die Qing-Truppen immer weitere Teile des ostasiatischen Festlandes dem Herrschaftsanspruch der Mandschu-Regierung unterwarfen, verschärfte sich in der Bevölkerung ebenso wie in der Verwaltung das Bewusstsein von der rassischen Vielfalt des Reiches. Bereits 1689 hatten sich die Mandschu mit Russland im Vertrag von Nertschinsk über ihre gemeinsamen Grenzen geeinigt; 1727 wurde dieser durch den Vertrag von Kiachta erneuert. Im Jahre 1759, als Kaiser Qianlong die Dsungaren endgültig besiegte, hatte China seine größte Ausdehnung. Die Erfolge an den innerasiatischen Grenzen konnten aber nicht darüber hinwegtäuschen, dass das Reich im Zerfall begriffen war. Ausgedehnte, zum Teil durch religiöse Endzeiterwartungen stimulierte Aufstände in den letzten Jahrzehnten des 18. Jahrhunderts (Aufstände in Taiwan, Aufstände der Weiße-Lotos-Sekte in Nordchina, Muslim-Aufstände im Nordwesten, Unruhen unter den Eingeborenen in Yunnan) führten zu einer Schwächung der Zentralregierung.

Wie nahe Größe und erste Anzeichen des Niedergangs beieinanderlagen, wird an der Gestalt des Qianlong-Kaisers augenfällig. Die Dauer seiner Herrschaft von 1736 bis 1796 reichte an die seines Großvaters Kangxi heran, und er übertraf diesen in Zahl und Aufwand bei seinen Inspektionsreisen in den Süden. Unter seiner Herrschaft wurde China erst eigentlich vollends zum Vielvölkerreich, mit Tibet und der Mongolei und vielen anderen Völkern, die durch die Ausdehnung der Qing-Herrschaft Teil des Territoriums dieser Dynastie geworden waren. Verbunden damit war die Anerkennung und Förderung unterschiedlicher Religionen. In seiner Weltoffenheit war das Reich für eine frühe Globalisierung zwar gut vorbereitet, doch war es der Dynamik und dem Geschick der europäischen Mächte nicht gewachsen. Diesen war es im 18. Jahrhundert gelungen, sich dauerhaft in China festzusetzen. 1715 bereits hatte die East India Company, die 1773 den Opiumhandel monopolisierte, eine Handelsniederlassung in Kanton gegründet. Mit dem Auftreten der europäischen Handelsflotten hängt auch zusammen, dass sich China am Ende des 18. Jahrhunderts stärker von Zentralasien ab- und der seewärtigen Grenze zuwenden musste. Auch die Einleitung einer stärkeren Abgrenzungspolitik, etwa das Verbot der Opiumeinfuhr im Jahre 1800, zeitigte nicht die gewünschte Wirkung und verhinderte nicht den Abfluss großer Silbermengen in den Opiumhandel.

4. Literatur und Bildung

Die Konkurrenz um die Staatsämter
Der Mangel an Chancen, in die Bürokratie eintreten zu können, hatte seit Jahrhunderten zu einer Verselbständigung kultureller Aktivitäten außerhalb der Sphäre des Literatenbeamten-Milieus geführt, wozu in nicht unerheblichem Maße die Förderung durch reiche und oftmals ja auch selbst gebildete Kaufleute beitrug. Wie begehrt ein öffentliches Amt dennoch blieb, zeigt die große Zahl der Prüfungskandidaten. Augenfälligen Ausdruck fanden die sich daraus ergebenden Spannungen etwa in einem Fall, als im Jahre 1711 bei der Prüfung zum *juren*-Grad in Yangzhou etliche Söhne von Salzhändlerfamilien erfolgreich waren. Daraufhin erhob sich scharfer Protest von Seiten der erfolglosen Kandidaten, die den Generalgouverneur und den Vorsitzenden des Prüfungsausschusses der Bestechlichkeit bezichtigten. Über

1000 Kandidaten demonstrierten in der Stadt und besetzten schließlich die Präfekturschule, deren Leiter sie eine Zeitlang festhielten. Nach einer neunmonatigen Untersuchung, die auch durch mandschu-chinesische Spannungen gekennzeichnet war, wurden der Prüfungsausschussvorsitzende und seine Beisitzer sowie einige der erfolgreichen Kandidaten schuldig gesprochen und zum Tode verurteilt. Solche Vorkommnisse waren jedoch die Ausnahme, und die Rivalitäten um die Beamtenposten wurden zumeist eher im Verborgenen ausgetragen.

Urbanisierung
Mit dem Aufblühen der Städte seit dem 16. Jahrhundert hatten auch kulturelle Veranstaltungen, insbesondere die Literatur, einen neuen Aufschwung genommen. Nanking, das kulturelle Zentrum der späten Ming-Zeit, wurde allmählich durch die Städte Yangzhou, Suzhou und Peking in den Schatten gestellt, die ihrerseits zu Vorbildern wurden und in das Land ausstrahlten. Der wirtschaftliche Aufschwung seit dem 16. Jahrhundert hatte auch eine Ausweitung des Druckwesens mit sich gebracht, und im Zuge der aufblühenden Stadtkultur wurde nicht nur die Stadtbevölkerung, die nur einen Anteil von etwa 5 Prozent an der Gesamtbevölkerung ausmachte, sondern darüber hinaus weite Kreise der Bevölkerung überall im Reich mit den literarischen Erzeugnissen konfrontiert. Aufgrund der Prosperität vor allem in den Gegenden des Mittleren und des Unteren Yangzi-Laufes wurden dort im 18. Jahrhundert zahlreiche private Druckunternehmungen ins Werk gesetzt. Beliebte Texte wurden in einfacher Form hergestellt und waren für jedermann erschwinglich.

Die Städte im China des 18. Jahrhunderts, damals die größten der Welt, beherbergten in der Regel nicht nur Schulen, sondern auch Theater und Vergnügungsstätten, die vor allem zur Zeit bestimmter Feste oder bei besonderen Anlässen zahllose Besucher anzogen. Die Blüte der Stadtkultur führte auch dazu, dass einige Händler sich für kulturelle Gegenstände interessierten. Auf diese Weise kam es zu großen Sammlungen etwa in den Häusern einiger kunst- und literaturbeflissener Händler. Die Förderung der Kultur ganz allgemein, also nicht nur der Literatur im engeren Sinne, sondern ebenso auch des Theaters durch vermögende Liebhaber begünstigte die Herausbildung regionaler Musiktheater-Stile. Vor allem waren es Feste verschiedenster Art, solche aus privatem Anlass wie Begräbnisse, Hochzeiten, Abschiede oder solche öffentlicher Art, wie Tempelfeste oder Dorffeste, bei denen Theaterstücke aufgeführt, Geschichten vorgetragen und Gedichte verfasst wurden.

Kritik der Gegenwart und der Umgang mit der Geschichte
Eine Neubewertung der Traditionen und die Zunahme an Kritikbereitschaft und Skeptizismus deuteten im 18. Jahrhundert grundlegende Veränderungen an. Der Niedergang des Mandschu-Reiches und die rasche industrielle Revolution in Europa und Nordamerika mit dem Interesse an der Beherrschung des Welthandels waren wohl eher ungünstig für eine gesellschaftliche und staatliche Neuordnung Chinas. Bezeichnend für die Situation Chinas am Ende des 18. und im frühen 19. Jahrhundert war auch, dass von einigen die Probleme zwar erkannt wurden, das rasche Bevölkerungswachstum, Verschwendung und Luxus in den Städten, Korruption in der Verwaltung usf., doch waren öffentlicher Kritik nicht nur enge Grenzen gesetzt, sondern die Kritik beruhte zum Teil auf Ordnungs- und Moralvorstellungen, die in den neueren Entwicklungen in den Städten weniger die Chance zum Aufbruch als vielmehr die Abweichung von den tradierten Werten sahen. Manche suchten die Notwendigkeit eines radikalen Wandels zu begründen, doch kamen alle Versuche, zu einer Reform von innen zu gelangen, zu spät.

Die Zentralregierung vermochte es nicht, die Unruhen im Inneren, die seit dem späten 18. Jahrhundert immer häufiger werdenden Volksaufstände, einzudämmen und zu befrieden, auch weil ihr der Zugriff auf die lokale Verwaltung fehlte. Zugleich wurde der Einfluss durch die fremden europäischen Handelsnationen immer stärker als Bedrohung empfunden. Zwar gab es manche Literatenbeamte, wie den Generalgouverneur von Kanton in den Jahren 1817–1826, Ruan Yuan, die der Herausforderung aus dem Westen mit der Einrichtung neuer Schulen und Akademien begegneten, doch wurde bald die gesamte außenpolitische Diskussion durch das Thema des Opiumhandels usurpiert.

5. Chinas Demütigungen

*Der Kampf gegen den Opiumimport
und der erste Opiumkrieg (1839–1842)*
Die Auffassung, die Geschichte des neuzeitlichen China beginne mit dem Opiumkrieg und die Zeitgeschichte beginne mit der 4.-Mai-Bewegung 1919, ist eine verständliche und doch zugleich höchst problematische Setzung. Doch auch wenn dem Opiumkrieg längst nicht die traumatisierende Wirkung zukommt wie der Niederlage gegen Japan im Chinesisch-japanischen Krieg (1894/95), auch wenn andererseits die Schilderung des Aufbruchs in die Moderne bereits im 16. Jahrhundert einsetzen könnte wie in der Darstellung von Jonathan Spence in seinem Werk «Chinas Weg in die Moderne», so ist es doch aus pragmatischen Gründen vertretbar, die Geschichte des modernen China in der Mitte des 19. Jahrhunderts einsetzen zu lassen. Seit jener Zeit sucht China sich neu zu formieren und organisiert sich im Dialog und im Austausch mit den Standards anderer Kulturen.

Nachdem das Britische Parlament im Jahre 1834 der Ostindischen Kompanie das Monopol des Asienhandels entzogen hatte, kam es zu einem raschen Anstieg des Handelsvolumens mit China. Dabei wurde in erster Linie Opium eingeführt, während Silber aus China abfloss. Nach einer längeren Debatte, in der sich viele Stimmen für eine Legalisierung des Opiumrauchens einsetzten, verfügte im Jahre 1838 die Qing-Regierung ein Verbot des Opiumhandels und beauftragte den 54-jährigen Beamten Lin Zexu (1785–1850), dieses Verbot in Kanton durchzusetzen. Die

Folge war eine Repressionskampagne großen Stils, die in ihren Auswirkungen vor allem die einheimischen Verbraucher und die Kleinhändler traf. Doch Lin Zexu unternahm auch Maßnahmen gegen den Außenhandel, welche den Opiumkrieg auslösten. Der Opiumkrieg war eine Folge der Notwendigkeit für England, den Dreieckshandel zwischen London, Kanton und Indien im Gleichgewicht zu halten. Namentlich die Befriedigung des englischen Teedurstes musste damit erkauft werden, dass an China im Gegenzug Waren verkauft wurden. Außer Silber und indischer Rohbaumwolle gab es nur eine Ware, die immer gefragter wurde, nämlich Opium. Der in den ersten Jahrzehnten des 19. Jahrhunderts anwachsende Opiumimport führte zu einem Silberabfluss und hatte dann die Anti-Opium-Kampagne des Lin Zexu zur Folge. Dieser, einer der erfahrensten Verwaltungsbeamten des Reiches, der sich auf verschiedenen Posten große Verdienste erworben hatte, insbesondere bei Deichbauprojekten und im Finanzwesen, hatte sich 1838 als Generalgouverneur der Zentralprovinzen Hunan und Hubei an die Spitze einer Anti-Opium-Kampagne gesetzt und war in seinen Provinzen mit drastischen Mitteln gegen den Opiumhandel vorgegangen.

Nachdem Lin Zexu Gelegenheit erhalten hatte, seine Positionen dem Kaiser in 19 Besprechungen vorzutragen, wurde er zum Beauftragten für das Opiumwesen ernannt, mit der Untersuchung der Lage in Kanton beauftragt und mit Vollmachten für Zwangsmaßnahmen ausgestattet. Die im März 1839 begonnenen Maßnahmen, mit denen er freilich auch einen großen Teil der Kantoner Kaufleute verprellte, erreichten im Juni ihren Höhepunkt, als Lin Zexu die englischen Händler in Kanton zur Herausgabe ihrer Opiumvorräte zwang. Er ließ 20 000 Kisten Opium verbrennen, drangsalierte die in Kanton ansässigen Engländer, die sich zum Teil nach Macau und später dann auf die Insel Hongkong zurückzogen, und gab damit den Anlass zur britischen Intervention.

Die von England eingesetzten Truppen fanden die Mandschu-Regierung unvorbereitet; diese war vor allem nicht in der

Lage, den Charakter der Politik und das Maß der Verflechtungen der Wirtschaft in Guangdong und Guangxi mit dem Außenhandel richtig einzuschätzen. Daher auch sind die folgenden nach Maßstäben des Völkerrechts durchaus bedenklichen Verträge zwischen China und den Kolonialmächten als «Ungleiche Verträge» bezeichnet worden. Der Vertrag von Nanking vom 29. August 1842 bestimmte die Abtretung der Insel Hongkong an England sowie die Öffnung von fünf Häfen für den Außenhandel. In einem Zusatzvertrag von 1843 wurden England Meistbegünstigungsrechte sowie Exterritorialrechte eingeräumt. Die militärgeschichtliche Bedeutung dieses Opiumkrieges geht über die unmittelbaren Folgen weit hinaus. Denn die militärische Überlegenheit der Engländer, begründet nicht zuletzt durch den Einsatz von Schaufelraddampfern mit geringem Tiefgang, die bis weit in die Flussmündungen hinein manövrierfähig waren, verunsicherte und alarmierte die Qing-Bürokratie und spornte zugleich zu Gegenmaßnahmen an. Eine ausgiebige Beschäftigung mit westlicher Rüstungstechnik und eine Militarisierung waren die Folge, doch ließen die ersten Anstrengungen bald wieder nach.

Der Taiping-Aufstand, das «Reich des Himmlischen Friedens» und die Militarisierung

Unruhen und Bauernaufstände hatten seit dem ausgehenden 18. Jahrhundert erheblich zugenommen und waren vor allem eine Folge des wachsenden Missverhältnisses von Bevölkerungszahl und Ackerland. Sie sind aber nicht zu erklären ohne die Unfähigkeit der Politik, auf die internen Spannungen und die Herausforderungen durch den Außenhandel angemessen zu reagieren, und nicht ohne die religiösen Elemente der Massenmobilisierung. Der Qianlong-Herrscher (reg. 1736–1795) bereits hatte neben seinen «Zehn großen Feldzügen» zur Niederschlagung von Aufständen an den Reichsgrenzen, insbesondere im Nordwesten, gegen den neun Jahre dauernden Aufstand der «Weißen Lotos» (1795–1804) vorzugehen begonnen, den zu beenden erst seinem Nachfolger, dem Jiaqing-Herrscher (reg. 1796–1820), gelang.

Unter den Hunderten Rebellionen jener Zeit aber nimmt der Taiping-Aufstand (1851–1864) in mehrerlei Hinsicht eine Sonderstellung ein, zumal er als einer der größten Bürgerkriege im 19. Jahrhundert überhaupt gelten muss. In ehemals dichtbesiedelten Gebieten habe man, zeitgenössischen Berichten zufolge, nach den Aufständen tagelang durch verlassene Ortschaften und ein Meer von Leichen gehen können, ohne eine Menschenseele anzutreffen. Fünfzehn Jahre Mordbrennerei und Hungersnot kosteten schätzungsweise 20 Millionen Chinesen das Leben, und es gibt Hinweise darauf, dass auch diese Zahlen noch erheblich zu niedrig sind. Dieser Krieg veränderte China und schuf gänzlich neue Machtverhältnisse. Dazu gehört eine erweiterte Militarisierung Zentralchinas, wo der General Zeng Guofan (1811–1872), der seit 1853 eine Armee gegen die Taiping-Bewegung organisiert hatte, seine Machtstellung befestigte. Seit 1860 hatte er unbeschränkte Vollmachten erhalten, die es ihm ermöglichten, im Jahre 1861 drei Militärzonen einzurichten, von denen er die eine (Jiangsu) Li Hongzhang (1823–1901), die andere (Zhejiang) Zuo Zongtang (1812–1885) und jene von Anhui sich selbst unterstellte. Vor allem war der Taiping-Aufstand Ausdruck eines religiös-ideologischen und sozialen Prozesses, der auch wegen der Anknüpfung an alte Utopien zunächst so erfolgreich verlief. Ihr Anführer Hong Xiuquan (1813–1864), ein Angehöriger des chinesischen Hakka-Volkes, war eine höchst charismatische Gestalt, die sich als jüngerer Bruder Christi ausgab und eine von christlichen Missionsparolen nicht unwesentlich bestimmte Programmatik verfolgte.

Zur Überwindung der Taiping-Rebellen hatte General Zeng Guofan Freiwilligenverbände zusammengestellt, und seinem Beispiel war in den östlichen Provinzen Li Hongzhang gefolgt. Unter dem Oberbefehl Zeng Guofans gelang 1864 die Eroberung der Taiping-Hauptstadt Nanking und die anschließende restlose Vernichtung der Aufständischen; vier Jahre später, 1868, erreichte Li zusammen mit dem von ihm geförderten General Zuo Zongtang und mit der von ihm befehligten Huai-Armee die Niederschlagung der Nian-Rebellion (1851–1868), jenes Aufstandes überwiegend verarmter Bauern im Gebiet des Huai-Flusses (Teil Shandongs, Henans, Jiangsus und Anhuis). Alle diese Generäle standen zwar offiziell im Dienste der Mandschu-Dynastie, doch es war die persönliche Loyalität der Truppen zu ihnen, die ihnen eigentlich erst ihre Macht und Schlagkraft verlieh. Mit ihnen begann daher eine Zeit der Machtzersplitterung, bei der einzelne Generäle bzw. Gouverneure Teile des Reiches militärisch kontrollierten, so dass man seit jener Zeit schon von Kriegsherren sprechen kann. Begünstigt durch diese Machtverschiebungen und zudem angeregt durch Ideen aus Europa, bildeten sich in der Peripherie des Reiches proto-nationalistische Bewegungen, die dann Anfang des 20. Jahrhunderts zu Autonomiebestrebungen bei den Mongolen und Tibetern – und in begrenztem Umfang auch bei den Mandschuren – führen sollten.

Die Verluste im Zuge der seit 1862 sich ausweitenden großen Moslem-Rebellion in Nordwestchina und deren Niederschlagung im Jahre 1868 standen denen der Taiping-Rebellion nicht viel nach. Manche Berichte sprechen von über 10 Millionen Toten. Und Zuo Zongtang berichtet in einem seiner Berichte an den Thron, nicht mehr als 60000 der ursprünglichen 700000 bis 800000 Muslime in Shaanxi hätten überlebt. Hintergrund war, dass die Vernichtung der Dsungaren im Jahre 1759 zu einer Einwanderungswelle von Muslimen nach Chinesisch-Turkestan geführt hatte. Aber auch andere Gruppen, insbesondere Mongolen, waren auf Betreiben des Qing-Hofes in Nordwestchina angesiedelt worden.

Während die frühen Mandschu-Herrscher sich sehr wohl des Umstandes bewusst gewesen waren, dass sie Herrscher über einen Vielvölkerstaat waren, verblasste dieses Bewusstsein im Laufe der Zeit, und weniger der geschickte Umgang mit den einzelnen Völkern stand im Vordergrund als die Forderung nach Anpassung an chinesische Standards. Zwar gab es Stimmen, wie die des erwähnten und später als Diplomaten tätigen Li Hongzhang, die einen Rückzug aus diesem eigentlich nichtchinesischen Gebiet befürworteten, doch setzten sich schließlich strategische Überlegungen durch, denen zufolge die Westgrenze Xinjiangs leichter und kostengünstiger zu verteidigen sei, als dies bei einem Rückzug bis in den Gansu-Korridor der Fall wäre. Wortführer dieser Bewegung war der erwähnte Zuo Zongtang, der große Militärführer, der dann 1884 Xinjiang verwaltungsmäßig in eine Provinz überführte und es damit zu einem integralen Teil des Reiches machte.

Die englisch-französische Aggression im sogenannten zweiten Opium- bzw. Arrow-Krieg (1856–1860), der chinesisch-französische Krieg um Vietnam in den 80er Jahren, der bereits erwähnte japanische Sieg von 1895 und die internationale Intervention gegen den Boxeraufstand von 1900 waren Erfahrungen fremder Aggressionen, die sich später dann mit der Missachtung chinesischer Interessen im Vertrag von Versailles (1919), der japanischen Besetzung der Mandschurei (1931) und deren späteren Massakern an der Zivilbevölkerung sowie mit der Intervention vor allem der USA zugunsten der Republikaner unter Chiang Kaishek gegen die kommunistische Bewegung verknüpften. Vor diesem Hintergrund müssen bis in die Gegenwart die Bemühungen um nationalstaatliche Integrität und sicherheitspolitische Positionen Chinas gesehen werden.

«Selbststärkung» und äußere Bedrängnis
Trotz der Verwüstungen, die durch die Taiping-Bewegung und ihre Niederschlagung entstanden, blieb eine gewisse Faszination der Taiping-Ideologie erhalten, so dass sich spätere Revolutionäre, wie etwa Sun Yatsen, selbst durchaus in diese Tradition stellten. Daneben wurden die Errungenschaften des Westens, Eisenbahnen, Zeitungen und Zeitschriften und sonstige industrielle Techniken, durchaus als willkommene Mittel angesehen, um die eigene Lage zu bessern. Es prägte also neben religiösen und sozialutopischen Strömungen sowie neben gelegentlichen Armutsrevolten ein «unideologischer Pragmatismus» (R.G. Wagner) die zweite Hälfte des 19. Jahrhunderts in China. So wurden die Zerfallsprozesse, die insbesondere durch die Taiping-Rebellion und

durch Muslim-Aufstände zwischen 1850 und 1878 bestimmt wurden, durch eine auf staatliche «Selbststärkung» *(ziqiang)* ausgerichtete Restaurationspolitik während der Tongzhi-Ära (1862–1875) etwas gemildert. Doch die inneren Konflikte zwischen den ultrakonservativen Patrioten des Nordens und den eher pragmatisch gesinnten Politikern des Südens ließen sich ebenso wenig ausgleichen, wie die Armut auf dem Lande ohne eine Landreform zu überwinden war.

In den letzten drei Jahrzehnten des 19. Jahrhunderts schien sich die Mandschu-Dynastie zu erholen. Westliche Ideen gelangten nach China, und eine Vielzahl westlicher Werke, deren Einfluss auf die akademische Jugend kaum zu überschätzen ist, erschien in chinesischer Übersetzung. Unter der Ägide des für sein kluges politisches Handeln auch von den imperialistischen Mächten hochgeschätzten Prinzen Gong wurde erstmals 1861 ein Außenministerium eingerichtet, das Zongli Yamen, mit einer angegliederten Dolmetscherschule. Besondere Dynamik entfalteten verständlicherweise die Armeen, die an westlicher Waffentechnik interessiert waren und vor allem in den Küstenprovinzen den Anschluss suchten. In Shanghai wurde der militärisch-industrielle Komplex des sog. Jiangnan-Arsenals zu einem Zentrum der Schwerindustrie, und in Fuzhou gründete General Zuo Zongtang eine moderne Schiffswerft. Solche unter dem Schlagwort «Selbststärkung» auftretenden Unternehmungen wurden auch durch das Vorbild der nach der Meiji-Ära (1868–1912) benannten Meiji-Reform in Japan angeregt. 1880 wurde der Bau der ersten chinesischen Eisenbahnlinie begonnen. Die Voraussetzungen für weitere Prosperität waren also nicht ungünstig. Zugleich stand China jedoch unter einem enormen äußeren Druck, der auch dazu führte, dass Tausende Chinesen ihr Heil in der Auswanderung suchten, vor allem nach Südostasien und nach Amerika, auch wenn viele dort nur die Chance erhielten, als billige Arbeitskräfte, als Kulis, ihr Leben zu fristen.

Trotz mancher einvernehmlicher Regelungen von Grenzfragen, wie etwa im Vertrag von St. Petersburg 1882, bei dem China das 1871 von Russland besetzte Yili-Gebiet zurückerhielt, wenn auch gegen eine Entschädigung von 9 Millionen Tael, geriet China gegenüber den äußeren Mächten immer stärker in die Defensive. Bedrängt wurde China zunehmend auch von Japan. Bereits 1881 sah sich China gezwungen, die Besetzung der Ryukyu-Inseln, darunter Okinawa, durch Japan anzuerkennen. Im Chinesisch-französischen Krieg 1884/85 fiel schließlich Annam, das spätere Vietnam, an Frankreich; 1887 wurde Macau an Portugal abgetreten. Die innere Militarisierung, wie etwa die Aufstellung der modernen Beiyang-Armee seit 1888, verschlang wichtige Ressourcen, verhinderte aber doch nicht weitere Niederlagen, unter denen die im Chinesisch-japanischen Krieg 1894/95 als besonders demütigend empfunden wurde. Im Vertrag von Shimonoseki, der zu einem Aufschrei unter den jungen Intellektuellen Chinas führte, wurde die Qing-Dynastie verpflichtet, neben anderen Zugeständnissen 200 Millionen Silbertael zu bezahlen, ein erdrückender Betrag, wenn man bedenkt, dass sich die gesamten Staatseinnahmen nur auf jährlich 90 Millionen Tael beliefen.

China wurde zunehmend von ausländischen Krediten abhängig. Namentlich der Eisenbahnbau und die Industrialisierung der Hafen- und Küstenstädte wurde von fremden Mächten betrieben. Entsprechende Privilegien hatte sich auch Deutschland in dem Vertrag zur Absicherung seiner Interessen nach der Besetzung der Jiaozhou-Bucht durch deutsche Truppen im Jahre 1897 einräumen lassen. Zu diesen Privilegien zählte das Ausbeutungsmonopol für Rohstoffe entlang der Bahnlinie, wobei Eisen und Kohle im Vordergrund des Interesses standen. Russland pachtete Dalian (Dairen) und Port Arthur (Lüshun) und begann den Bau der Transsibirischen Eisenbahn. England erwirkte 1898 Konzessionen zum Bau der Peking-Hankou-Eisenbahn; Frankreich versicherte sich Südostchinas und erhielt die Konzession zum Bau der Indochina-Bahn.

Der Druck von außen war freilich auch förderlich; so wirkte westlicher Einfluss besonders stark im Erziehungswesen, in jenem traditionellen Kernbereich der Reproduktion der chinesischen

Kultur, den nun auch die Buddhisten ebenso wie die christlichen Missionen zu besetzen trachteten. Nach dem Ende des Taiping-Aufstandes, während der Tongzhi-Periode (1862–1874), waren Kadettenschulen und Militärakademien westlichen Typs in den Küstenstädten sowie Sprach- und Übersetzerschulen in Peking und Nanking eingerichtet worden. Die begabteren jungen Studenten strebten seit der 1862 propagierten «Selbststärkung» zu einem Studium ins Ausland, nach England, Amerika oder Frankreich und Deutschland, später dann auch nach Japan. Viele suchten weniger ihr eigenes Glück, sondern wollten sich in nationalistischem Überschwang vor allem die zur Erneuerung Chinas nötigen Kenntnisse aneignen.

Anfänge einer Industrialisierung
Ein Problem bei den Gründungen von Fabriken und bei den Infrastrukturmaßnahmen war die Beschaffung des nötigen Kapitals, wobei erhebliche Schwierigkeiten dadurch verursacht wurden, dass für alle solche Unternehmungen die rechtlichen Grundlagen fehlten. So gab es weder ein praktikables Handelsrecht noch ein Aktienrecht, noch sonstige Regelungen zur Berechenbarkeit von Risiko und zur Risikobegrenzung. Wenn zu einzelnen großen Projekten nicht die Zentralregierung die Mittel bereitstellte, blieb nur noch die Zuflucht zu internationalen Kapitalmärkten. Unter dem Schlagwort «staatliche Aufsicht – kaufmännische Unternehmensführung» *(guandu shangban)* kam es zwar zu einigen staatswirtschaftlichen Unternehmungen, beispielsweise zu der 1872 gegründeten und von dem tüchtigen Unternehmer Sheng Xuanhuai (1844–1916) geleiteten «China Merchants' Steam Navigation Company», der Kohlenmine Kaiping bei Tianjin (gegr. 1876), der Shanghaier Baumwollmühle (gegr. 1878). Doch wichtiger wurden die ausländischen Investitionen, die zugleich Einfluss und Kontrolle ausländischer Mächte sicherten. Dies war, wie erwähnt, insbesondere beim Eisenbahnbau der Fall. Aber nicht nur Bodenschätze, vor allem Eisenerz, Kohle und Rohöl, Verkehrswege und Schifffahrtslinien wurden zur Beute ausländischer Unter-

nehmen, sondern diese bemächtigten sich auch der Leichtindustrie und des Dienstleistungssektors, wie die international agierende, lange Zeit im Opiumhandel engagierte englische Firma Jardine & Matheson, die neben der Vermarktung von Tee, Seide und Baumwolle auch Bier braute, Lagergeschäfte betrieb und in das Versicherungs- und Kreditwesen einstieg. Sogar die kaiserliche Zollverwaltung wurde seit 1858 von Ausländern übernommen. Die Seezollverwaltung, deren langjähriger Leiter Robert Hart einer der einflussreichsten Europäer in China wurde, erwirtschaftete erhebliche Einnahmen für den Staat und förderte die Selbststärkungsbewegung, doch versäumte sie es auf längere Sicht, die junge einheimische Industrie vor Importwaren zu schützen, so dass ausländische Produkte die noch nicht konkurrenzfähigen inländischen Produzenten verdrängten.

V. CHINA UND DIE WELTGESELLSCHAFT (1850–1960)

1. Bedrohung von außen und die Suche nach einem neuen China

Schwäche Chinas und wiederholte Traumatisierung
Seit der Krise am Ende des 18. Jahrhunderts war die Mandschu-Dynastie nicht mehr zur Ruhe gekommen. Innere Konflikte sowie äußere Bedrohungen sollten noch weit über das Ende dieser Dynastie hinaus Chinas Schicksal prägen. Außer fünf Bürgerkriegen war das «Reich der Mitte» fünf Angriffskriegen ausgesetzt, beginnend mit dem anglo-chinesischen Opiumkrieg (1839–1842) und endend mit der Besetzung von Teilen Chinas durch die Japaner von 1937 bis 1945. Abgesehen von dem Angriff und der Besetzung durch die Japaner, waren es die fünf inneren Bürgerkriege, welche die meisten Opfer forderten und erheblich zur Veränderung Chinas beitrugen. Allein zwischen 1900 und 1949 sind nach Schätzungen 19 Millionen chinesischer Zivilisten durch politische Verfolgung, 9 Millionen durch Krieg und Revolution und 15 Millionen an den Folgen von Hungersnöten und Naturkatastrophen zugrunde gegangen. Zwischen 1947 und 1987 soll es über 35 Millionen Opfer der kommunistischen Verfolgung und zudem 27 Millionen Hungertote allein während der von Mao Zedong mit der Politik des «Großen Sprungs nach vorn» verursachten Hungerkatastrophen der Jahre 1959 bis 1961 gegeben haben. All diese Ereignisse haben Spuren hinterlassen, und es muss offenbleiben, in welcher Weise die erlittenen Traumatisierungen weiterwirken.

Das 19. Jahrhundert war eine Zeit zunehmender Fremdbestimmung. Die innerlich durch wirtschaftliche Schwierigkeiten und Aufstände und durch die infolge der Reichsausdehnung zersplitterten Kräfte geschwächte Dynastie litt seit etwa 1820 an einem insbesondere durch den Opiumhandel verursachten stark defizitären Außenhandel. Als demütigend wurden später vor allem die «Ungleichen Verträge» mit den imperialistischen Mächten hingestellt, auch wenn manche Gruppen in China solch enge Verflechtungen mit den westlichen Nationen begrüßt hatten. Dem nach dem Opiumkrieg (1839–1842) aufgezwungenen Vertrag von Nanking (1842) waren der Vertrag von Tianjin (1858), sodann die Konventionen von Peking (1860), Zhifu (1876) und Chongqing (1890) gefolgt. Alle diese Verträge waren begleitet von zunehmender Aggressivität der Westmächte und den zumeist scheiternden Bemühungen der Mandschu-Regierung, den Invasoren Einhalt zu gebieten. Dies gelang gelegentlich, wie an den Dagu-Festungsanlagen vor Tianjin, die von den Alliierten im Jahre 1858 problemlos genommen wurden, im folgenden Jahr 1859 dann aber lange umkämpft waren. Brandschatzend waren schließlich die Truppen der Alliierten nach Peking marschiert und hatten dort 1860 die kaiserliche Sommerresidenz in Brand gesetzt. Nach einer Konferenz über die Gebiete Sikkim und Tibet (1893) musste China 1898 der Abtretung der sogenannten New Territories gegenüber der Insel Hongkong an England zustimmen, die erst 1997 wieder von England an China zurückfielen.

Die Bedrängnis, die China in der Vergangenheit für seine Nachbarn bedeutet hatte, blieb im Selbstverständnis hingegen häufig unberücksichtigt, wie die Feldzüge nach Ostturkestan 1826–29, die Wiedereroberung Xinjiangs durch den General Zuo Zongtang, die Besetzung Tibets 1951 und die Invasion Vietnams 1979. Eine besondere Rolle spielten die Unruhen in Innerasien, in der Mandschurei, der Mongolei, Xinjiang und Tibet.

Trotz Auslieferung von Küstenregionen und einigen Randgebieten an die imperialistischen Mächte wurde China niemals vollständig zur Kolonie, und doch wurde der Abwehrkampf insbesondere gegen Japan zur Grundlage eines neuen politischen Selbstbewusstseins.

BEDROHUNG VON AUSSEN UND DIE SUCHE NACH EINEM NEUEN CHINA 139

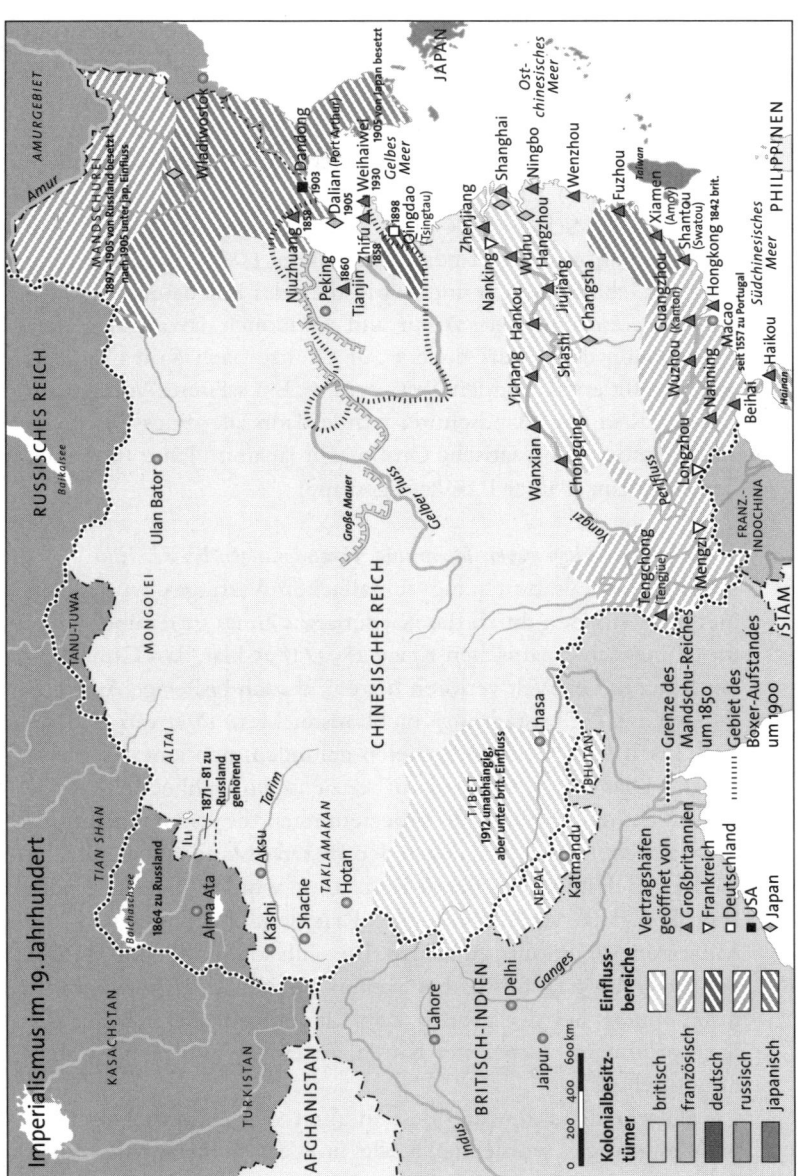

Aber auch die Nordgrenze zu Russland hin war keineswegs sicher. Während China im 17. Jahrhundert dem Expansionsdrang Russlands Einhalt geboten und das Amurgebiet im Vertrag von Nertschinsk (1689) gesichert und im 18. Jahrhundert dann weite Teile Innerasiens dem Mandschureich einverleibt hatte, nutzte Russland im 19. Jahrhundert im Verein mit den europäischen Mächten die Schwäche Chinas und erzwang im Vertrag von Aigun (1858) und im Frieden von Peking (1860) die Abtretung riesiger Gebiete südlich und nordöstlich des Balchaschsees sowie der Gebiete nördlich des Amur und des südlich davon gelegenen, sich entlang des Ussuri bis hin zur Grenze nach Korea und bis zum Pazifik erstreckenden Territoriums. Ein weiteres Vordringen Russlands in der Mandschurei wurde dann allerdings durch die aufsteigende neue asiatische Großmacht Japan im Jahre 1905 nach dem Sieg Japans über Russland gestoppt.

Die Niederlage gegen Japan und Veränderungen bei der Elite
Stärker noch als durch die «Ungleichen Verträge» wurde den meisten Chinesen durch die Niederlage Chinas gegenüber Japan im Chinesisch-japanischen Krieg 1894/1895 klar, dass China seinen Platz in der Welt verloren hatte und auch bisherige Anstrengungen zur «Selbststärkung» nicht ausreichten. 1897 war es dann auch noch dem Deutschen Reich gelungen, sich eines Gebietes auf der Shandong-Halbinsel zu bemächtigen. Schließlich wurde für die chinesisch-westlichen Beziehungen die «Strafexpedition» der westlichen Alliierten gegen den Boxeraufstand zu einer nachhaltigen Belastung. An deren Ende 1901 wurde China in einem Protokoll dazu verpflichtet, eine Kriegsentschädigung von 450 Millionen Silberdollar zu zahlen. Das sich so einstellende Gefühl der Erniedrigung führte bei weiten Kreisen der Bevölkerung, insbesondere bei der großen Zahl derjenigen, die sich auf die Staatsprüfungen vorbereitet hatten, zu einem radikalen Einstellungswechsel.

Entscheidend für die Besonderheit des chinesischen Entwicklungsweges wurde die Rolle und das Schicksal der Elite.

Aufgrund eines rapiden Bevölkerungswachstums und tendenziell sinkender Chancen der Literatenschicht, in eine staatliche Beamtenposition zu gelangen, war es in Kreisen der sogenannten Gentry zu einer politischen Neuorientierung und zu Bemühungen um konstitutionelle Formen politischer Partizipation gekommen. Mit der Abschaffung des Prüfungssystems im Jahre 1905 wurden die bisherigen Bildungs- und Gelehrsamkeitstraditionen auf die sich neu bildenden akademischen Strukturen verwiesen. Die mit dieser frühen Modernisierung auf dem Bildungs- und Erziehungssektor einhergehende Verunsicherung bestimmte das Lebensgefühl der Generationen in der ersten Hälfte des 20. Jahrhunderts und weit darüber hinaus. Es war dies die Mentalität, sich trotz tiefster Demütigung noch als Sieger zu empfinden, die einige Jahrzehnte später Lu Xun (1881–1936), der einflussreichste Schriftsteller seiner Zeit, in seiner Erzählung «Die wahre Geschichte des A Q» *(A Q zhengzhuan)* karikiert hat, in deren Folge von «A-Q-Ismus» gesprochen wurde. Freilich gab es in China auch Innovationsdynamik, allerdings nicht so sehr als nationale Veranstaltung, sondern vielmehr als regionale Bestrebung. Seitdem die Mandschu-Dynastie in einem seit ihrer Gründung nachhaltig betriebenen Prozess des Ausbaus und der Verfeinerung der Staatsmaschinerie einer zentralistischen Monarchie erlahmt und durch ausländische Mächte herausgefordert worden war, war unter den Angehörigen der chinesischen Literaten und bei der chinesischen Elite überhaupt der Unmut gegenüber der «Fremdherrschaft» der Mandschus, die ja lange gar nicht wirklich als solche empfunden worden war, neu entfacht worden, und der Wunsch nach neuen Formen der Partizipation an der Macht trat verstärkt auf den Plan.

Politische Neuansätze und Visionen von einem neuen China
Dabei konnte man sich auf eine lange Tradition des Protestes und der Entwicklung neuer politischer Ansätze berufen. Seit der ausgehenden Ming-Zeit, im späten 16. und im 17. Jahrhundert, hatte sich bereits eine Tradition von Dissensbildung und Gewinnung

autonomer Positionen gegenüber der Dynastie herausgebildet. Die Debatte über Vor- und Nachteile des feudalen Systems *(fengjian)* gegenüber dem bürokratisch-zentralistischen System *(junxian)* des Einheitsstaates, die so alt ist wie der chinesische Einheitsstaat, war im 17. Jahrhundert neu entfacht worden. Herausragende Denker wie Gu Yanwu (1613–1682) hatten für den Versuch plädiert, die positiven Elemente des *fengjian*-Systems in das zentralistische bürokratische Modell zu integrieren. Die Beschwörung der vorbildlichen Herrscher des Altertums Yao, Shun und Yu, jener Epoche, in der es noch keinen zentralistischen Staat gab und die als *fengjian*-Periode gilt, gehört in diesen Zusammenhang. Andere favorisierten eine Mischung aus beiden Systemen, wie zum Beispiel Liang Qichao (1873–1929), der angesichts der Bedrohung durch die europäischen Mächte eine Verbindung lokaler Autonomie mit westlichen Rechtstraditionen suchte und «basisdemokratische» Strukturen proklamierte, in der Annahme, auf diese Weise auch Perioden staatlicher Schwäche und eventuell sogar der Zersplitterung überstehen und eine Modernisierung einleiten zu können.

Auch wenn sich manche Vertreter eines Konstitutionalismus, wie etwa Liang Qichao, persönlich bald wieder von solchen Vorstellungen lösten – manche taten dies auch unter dem ernüchternden Eindruck der Verhältnisse in den USA –, blieben die Vorstellungen der Reformer durch ihre Schriften doch lebendig. Es war das Interesse solcher Leute wie Feng Guifen (1809–1874), Kang Youwei (1858–1927) und Huang Zunxian (1848–1905), den *fengjian*-Diskurs der frühen Mandschu-Zeit im Sinne der Bewahrung autonomer Elemente auf lokaler Ebene und im Interesse der Beförderung einer Modernisierung des Landes aufzugreifen. Manche meinten, in dieser Tradition bereits «Sprossen des Parlamentarismus» erkennen zu können. Immer deutlicher aber wurde die Tendenz erkennbar, den nationalen Gedanken in den Vordergrund zu stellen, wie auch im Falle Liang Qichaos, der sich von einer evolutionistischen, eine vereinigte Menschheit vorausahnenden Geschichtskonzeption ab- und der Favorisierung eines Nationalstaatsgedankens mit darwinistischen Zügen zuwandte.

Die Hundert-Tage-Reform von 1898 und Programme der Selbstverwaltung

Versuche zu einer Rettung des politischen Systems durch Selbststärkung oder durch einen reformistischen Konfuzianismus, wie ihn Kang Youwei repräsentierte, scheiterten schließlich. Eine Denkschrift von 1897, die Kang Youwei mit etwa sechshundert Unterschriften am Kaiserhof einreichte und die im ganzen Land verbreitet wurde, fand zwar Aufmerksamkeit bei Hofe. Auch wurde der Guangxu-Kaiser, der, 1887 mündig geworden, seit 1889 regierte, seit 1898 aber wieder ausgeschaltet war und 1908 starb, auf Kang Youwei und seine Freunde aufmerksam, die er zu seinen Ratgebern machte und die zu Initiatoren einer Reformbewegung wurden. Nachdem er am 11. Juni 1898 seine neue Politik verkündet hatte und verschiedene Reformmaßnahmen eingeleitet worden waren, zeigte sich jedoch bald schon Widerstand, so dass im September 1898 der General Yuan Shikai (1859–1916), der in Tianjin ein Armeekorps nach westlichem Vorbild aufbaute und den Eindruck erweckte, mit dem Reformlager zu sympathisieren, hinzugezogen wurde. Dieser ließ aber die Pläne der Reformer durchsickern, so dass die konservativen Kräfte am Hof, angeführt von hochrangigen Mandschu-Prinzen, zum Schlag ausholten. In der Nacht vom 21. September kehrte die Kaiserinwitwe Cixi nach Peking zurück und ließ den Guangxu-Kaiser festnehmen. Während Kang Youwei fliehen konnte, wurden einige seiner Mitstreiter festgenommen und hingerichtet, darunter der durch seine philosophische Schrift «Die Lehre von der Menschlichkeit» *(Renxue)* bekannte Tan Sitong (1865–1898), der zum Märtyrer der Reform wurde. Obwohl die Reformbewegung von 1898 nur «hundert Tage» währte und schließlich scheiterte, wirkten ihre Ideen doch weiter. Als eine der mittelbaren Folgen jener Reformbewegung ist die Abschaffung des traditionellen Prüfungswesens im Jahre 1905 anzusehen. Doch die eigentlichen Veränderungen traten erst am Ende des ersten Jahrzehnts des 20. Jahrhunderts ans Tageslicht, als mit der Revolution von 1911 und der Abdankung des letzten chinesischen Kaisers eine neue Periode einsetzte. Elemente der Programmatik der Hundert-Tage-Reform von 1898 blieben lebendig, nicht zuletzt der Begriff der «Selbstverwaltung» *(zizhi)*. Programmatische Artikel hierzu erschienen in den führenden politischen Zeitschriften wie in der von Liang Qichao in Yokohama herausgegebenen *Xinmin congbao* («Journal des Neuen Bürgers»). Die Dynastie selbst versuchte seit der Jahrhundertwende das Prinzip lokaler Selbstverwaltung zu verankern, und die Bereitschaft dazu war übergroß. Nach dem Zusammenbruch der Qing-Dynastie waren die Städte zumeist in den Händen der Handelskammern und der Gilden, die seit dem Taiping-Aufstand eine wichtige Stellung innegehabt hatten. Die städtische Händlerschicht war die neue urbane Elite. Auch wenn es nicht durchgängig gelungen war, die verschiedenen lokalen, regionalen und professionellen Organisationen in den politischen Prozess zu integrieren, so hatten sich doch bereits im Oktober 1911 etwa 5000 Parlamente in ganz China konstituiert, die dann erst von dem Präsidenten der Republik, Yuan Shikai, im Frühjahr 1914 aufgelöst bzw. für ungültig erklärt wurden. Damit war der erste große Versuch lokaler Selbstverwaltung nach demokratischen Prinzipien gescheitert.

2. Soziale Veränderungen und neue Öffentlichkeiten

Neue soziale Schichten und die Rolle des Militärs
Die vier Jahrzehnte zwischen den Aufständen in der Mitte des 19. Jahrhunderts und dem Zusammenbruch der Qing-Dynastie waren eine Periode der Transformation innerhalb der chinesischen Gesellschaft. Insbesondere die Zeit zwischen 1895 und 1908 wurde auch von vielen Zeitgenossen in China als eine Zeit beschleunigten Umbruchs betrachtet. Neue Typen von Menschen traten auf den Plan und behinderten bzw. durchkreuzten

das Planen und Handeln der alten Elite. Während viele Revolutionäre aus dem Süden durchaus nach Neuem strebten, waren die Absichten der Boxer im Norden nicht nur auf den Abzug westlicher Missionare gerichtet, sondern sie bewirkten eine generelle Isolation der am Westen orientierten Reformkräfte. Die mächtigen Händler mit ausländischen Beziehungen, die sogenannten «Kompradoren», waren an ihren Handelsinteressen, aber nicht an einer allgemeinen Erneuerung des Landes interessiert. Diese aufs engste mit der raschen Zunahme der Zahl der Zulassungen zu den untersten Examina verknüpften Strukturveränderungen zeigten sich bei der Elite viel deutlicher als bei der Masse der Bevölkerung. Nicht mehr nur Gelehrte in ihrem blauen Gewand, sondern Geschäftsleute im englischen Anzug zeigten sich auf den Straßen der Küstenmetropolen.

Hinzu kam der Aufstieg einer neuen Militärkaste. Eine neue Gruppe von Militärs hatte sich im Zuge der Unterdrückung der Aufstände zwischen 1850 und 1874 gebildet, und man kann von einer «Militarisierung» der Gesellschaft sprechen. Generäle wie Li Hongzhang (1823–1901) suchten sich die Offiziere zunehmend nach Tüchtigkeit aus, so dass eine immer größere Zahl militärischer Führungskräfte keinen Prüfungsrang mehr besaß. So hatten nur noch 12 Prozent der Offiziere der Huai-Armee und nur höchstens 30 Prozent der zentralen Armeeführung dieser Armee einen bei einer Staatsprüfung erlangten Rang. Damit wurde für soziale Anerkennung, Macht und schließlich auch Reichtum eine hohe militärische Stellung wichtiger als ein Prüfungsrang. Bemerkenswert ist aber auch, dass für die meisten die Militärkarriere nur eine Zwischenstation zu einer Stellung in der Bürokratie war, deren höchste zumeist der Gouverneursposten war. Darin spiegelt sich, dass auch am Ende des 19. Jahrhunderts eine zivile Position immer noch angesehener war als eine militärische.

Die Militärs waren es auch, die der westlichen Technologie am aufgeschlossensten gegenüberstanden. Die Generäle Zeng Guofan, Li Hongzhang, Liu Mingchuan (1836–1896), Zuo Zongtang und Liu Changyou gehörten zu den ersten, die große moderne Unternehmungen förderten und mit anderen Unternehmerpersönlichkeiten wie Guo Songdao (1818–1891) und Shen Baozhen (1820–1879) engen Umgang pflegten. Militärs wie Militärveteranen spielten also eine wesentliche Rolle bei der Einführung von innovativem Wirtschaftshandeln. Dabei waren sie freilich auch privat interessiert. Denn private Aneignungsinteressen ließen sich auf Dauer nicht von den zunächst öffentlich veranstalteten Unternehmungen insbesondere in der Rüstungs-, Bergbau-, Transport- und Textilindustrie fernhalten.

Nicht zu unterschätzen ist die neue systematische Ausbildung der Militärs, zum Teil nach westlichem Vorbild und mit Hilfe französischer und englischer Militärberater. Ein Beispiel hierfür ist die Angliederung einer Kadettenanstalt an das Fuzhou-Arsenal im Jahre 1867. Der Marineausbildung kam dabei eine Vorreiterrolle zu; so absolvierten zahlreiche junge Kadetten in den 70er und frühen 80er Jahren des 19. Jahrhunderts eine Zusatzausbildung in Frankreich und England.

In dem Sieg der konstitutionellen Monarchie Japans gegen das zaristische Russland in den Jahren 1904/05 hatten zwar die Konstitutionalisten in China eine Bestätigung ihrer Vorstellung gesehen, doch überwogen bald die antimonarchistischen und republikanischen Kräfte, auch wenn das mandschurische Kaiserhaus, namentlich in den Jahrzehnten unter der Kaiserinwitwe Cixi, von sich aus einige Reformen, darunter eine Verfassungsreform, auf den Weg gebracht hatte. Diese antimonarchistische Strömung wurde vor allem von denjenigen jungen Intellektuellen geteilt, die im westlichen Ausland Erfahrungen gesammelt hatten. An deren Spitze stellte sich bald Sun Yixian (1866–1925), besser bekannt als Sun Yatsen. Beflügelt von revolutionären Bewegungen in anderen asiatischen Ländern, verfolgten die chinesischen Revolutionäre zumeist vom Ausland aus ihre Pläne.

Nach 1895 machte die Militarisierung einen neuen Sprung, sowohl was die Zahl der Kadetten als auch was das Landheer angeht. Eine technisch gebildete Generation löste die älteren Militärkader ab. Zeng Guofan (1811–1872), der große Stratege und Feldherr des 19. Jahrhunderts, hatte zwar noch nach der Devise gehandelt: «Die Bauern durch konfuzianische Literaten führen» *(yong rusheng ling nong)*, doch nach dem Chinesisch-japanischen Krieg 1894/95 vermochten immer weniger darin ein Rezept für die Rettung Chinas zu sehen. Im Zuge zunehmender patriotischer Gesinnung fanden militärischer Geist und die Wertschätzung des Militärischen überhaupt Eingang in die Erziehungsverbände und -gesellschaften, die bislang weitgehend noch von Literaten bestimmt waren. Nationale militärische Erziehung *(junguomin jiaoyu)* wurde im Jahre 1911 auf dem nationalen «Kongress für Schule und Erziehung» zur ersten Devise erklärt.

Kultur oder Technik: Westorientierung der Intellektuellen
Insbesondere die literarisierte, das heißt die des Lesens und Schreibens kundige Bevölkerung suchte nach Anregungen aus dem Westen, und westliche Werke wurden in großer Zahl ins Chinesische übersetzt. Bei der Vermittlung neuer Ideen spielten neben den Missionaren bald auch Kaufleute eine Rolle, wie Ernest Major, jener Londoner Kaufmann, der 1860 nach China gekommen war und im Jahre 1872 in Shanghai eine chinesische Zeitung gründete, die «Shen Bao», die zum wichtigsten chinesischen Blatt in den folgenden Jahrzehnten wurde, das sich zudem selbst finanzierte und sogar mit Gewinn verlegt wurde.

Es stand die Zukunftsfähigkeit der chinesischen Kultur zur Debatte, und in diesem Zusammenhang wurden neue Modelle von Herrschaft diskutiert. Dabei konnten sich die zumeist jungen Intellektuellen, die ihre Kenntnisse aus dem Ausland bezogen und von dort auch neue Begriffe mitbrachten bzw. alte Begriffe mit neuem Sinn unterlegten, nur schwer den lokalen und regionalen Gentryangehörigen verständlich machen. Gemeinsam aber war allen eine gewisse Unsicherheit in der Frage, unter welchen politischen Leitvorstellungen eine Reform stattfinden müsse. Das Schwierige dabei war, die bereits vorhandenen und seit längerem erörterten Reformansätze mit den von vielen als überlegen empfundenen westlichen Vorstellungen zu verknüpfen. Allen chinesischen Modernisierungsbestrebungen seit der sogenannten «Selbststärkungsbewegung» im späten 19. Jahrhundert bis heute aber ist gemeinsam, dass sie die Modernisierung Chinas als eine Frage der Kultur behandeln. Zwar wurde von vielen die Auffassung vertreten, aus dem Westen sollte man nur Technik und Wissenschaft übernehmen *(yong)*, in der Substanz *(ti)* aber chinesisch bleiben, doch sahen auch die Vertreter dieser These in der traditionellen Bildung und Sozialverfassung, kurz: im Konfuzianismus ein Hindernis für die Modernisierung.

Neue Intelligenz, «Gentry-Kaufleute», Politikberater und Verwaltungsexperten

Mit den Westkontakten bildeten sich auch neue soziale Kategorien innerhalb der Oberschicht, die sich nicht nur auf das Militär beschränkten. Dolmetscher und Sprachkundige erhielten eine neue Bedeutung, da sie als Unterhändler gebraucht wurden. Solche Experten fanden sich überall dort, wo mit westlichen Mächten zu verhandeln war. Die größte dieser Gruppen war – in den Jahren 1870–1895 – bei dem für die Handelsregulierung in den nördlichen Häfen beauftragten Li Hongzhang angesiedelt. Andere Experten zog das Zongli-Yamen, das 1861 neu gegründete Außenministerium, an sich, und in Kanton hatte sich um Zhang Zhidong eine Expertengruppe gebildet, die er 1889 mit nach Wuchang nahm. Zwischen diesen Gruppen gab es gelegentlichen personellen Austausch. Der Gruppe dieser Experten sind solch klingende Namen zuzurechnen wie der von Gu Hongming (1857–1928). Diese Männer waren auch für die Einrichtung von Unternehmungen nach westlichem Vorbild sowie zum Teil für die Planung und erste Durchführung des Eisenbahnbaus verantwortlich.

Exemplarisch für die westlich orientierte Intelligenz ist Wang Tao (1828–1897), der als Journalist ganz von seiner Schriftstellerei lebte, oder der Übersetzer Yan Fu (1854–1921). Zu dieser Gruppe gehörte auch der in der chinesischen Gesellschaft bis dahin unbekannte Typus des Berufspolitikers wie auch der des Berufsrevolutionärs, verkörpert durch Gestalten wie Sun Yatsen. Diese neue Intelligenz trat an, das Alte abzulegen und das Neue zu suchen.

Die mit den westlichen Mächten Handel treibenden sogenannten Kompradoren hingegen hatten nach der Abschaffung der Cohong-Gilde, die lange Zeit den seewärtigen Außenhandel monopolisierte, insbesondere in der Gegend von Kanton eine wesentliche Funktion im Außenhandel übernommen. 1854 gab es etwa 250, 1870 etwa 700, 1900 etwa 20000 Kompradoren. Diese Kompradoren waren entscheidend bei der Einrichtung neuer Unternehmungen, vor allem aber bei der Beschaffung des Kapitals. Ende des 19. Jahrhunderts wandten sich die Kompradoren zunehmend eigenen, von den westlichen Unternehmungen unabhängigen Geschäften zu.

Um 1900 hatte sich bereits eine größere Zahl von Angehörigen der alten Gentry zu Unternehmern, sogenannten «Gentry-Kaufleuten» *(shenshang)* gewandelt. In den letzten Jahren des Kaiserreiches zeigten sich Anfänge einer kapitalistischen Bourgeoisie, deren Einfluss jedoch sehr begrenzt war, auch wenn sich die politischen Funktionäre, vor allem hohe Provinzbeamte, private Beratergruppen hielten, zu denen auch Wirtschaftsvertreter Zugang hatten. Nach diesen Gruppen *(mufu)* ist auch das System benannt, das dann von Zeng Guofan, Zhang Zhidong und anderen dahingehend weiterentwickelt wurde, dass man «Beauftragte» *(weiyuan)* ernannte. Aber die mangelhafte «Versachlichung» des Politischen bildete einerseits eine Grundlage für die Ermöglichung späterer Siege einzelner politischer Gruppierungen, insbesondere der kommunistisch-revolutionären Bewegung, und begünstigte andererseits ein dauerhaftes Ressentiment gegenüber Bürokratien, die mit Korruption und Misswirtschaft gleichgesetzt wurden. Dabei geriet zunehmend aus dem Blick, dass eine Bürokratie eigentlich erst die Voraussetzung für moderne rationale Entscheidungsprozesse und für Modernisierung überhaupt ist, eine Hypothek, mit der die Modernisierung Chinas bis heute zu kämpfen hat.

Der Fortbestand der neuen Schichten wurde gesichert durch moderne Schulen: 1907 gab es 35 787 moderne Schulen westlichen Typs mit einer Million Schülern; 1912 waren es 87 272 Schulen mit 2,9 Millionen Schülern. Fast wichtiger aber noch als die Schulen wurden private Studiengesellschaften *(xuehui)*. Aus solchen Vereinigungen ging ein großer Teil der politischen Aktionen hervor. Die 1909 gewählten Provinzversammlungen sind bereits ein Spiegel dieser unter westlichem Einfluss stehenden Entwicklungen.

*Interessen der Kolonialmächte, die Utopie von der
«Großen Gemeinschaft» und der Boxeraufstand*
Das Interesse der westlichen Kolonialmächte einschließlich Russlands sowie dann auch Japans an China war seit der Mitte des 19. Jahrhunderts gewachsen. Die Aufteilung Chinas in Interessensphären wurde als unvermeidlich betrachtet. Gegen eine Zersplitterung Chinas wandten sich allen voran die Vereinigten Staaten von Amerika, die vor allem an einem offenen Markt interessiert waren. Entsprechend wandte sich der amerikanische Außenminister John Hay mit seiner «Open Door Note» vom September 1899 an England, Deutschland und Russland mit der Aufforderung, keinerlei Handelshindernisse in ihren jeweiligen Einflussgebieten zu errichten.

Trotz der Bedrängnis und der Demütigung Chinas durch fremde Mächte waren die frühen Bemühungen um die Organisation eines chinesischen Nationalstaates beseelt von der Vorstellung von einer großen Weltgemeinschaft, ganz in der Tradition der Denker der Teilstaatenzeit, denen die Differenzierung der Menschen in Rassen ein Zeichen des Niedergangs nach dem Goldenen Zeitalter war. Die Vorstellung von einer weltumspannenden Ökumene, innerhalb derer nationalstaatliche Grenzen aufgehoben sind, prägte noch die Vorschläge und Utopien des Reformers Kang Youwei, wie er sie in seinem im Jahre 1902 niedergeschriebenen, aber erst postum, nämlich 1935, veröffentlichten Werk «Buch von der Großen Gemeinschaft» *(Datongshu)* niedergelegt hatte, und auch die kommunistische Bewegung verschrieb sich zeitweise einem solchen «internationalistischen» Programm. Dabei konnten sich die Erfahrungen mit dem expansionistischen Imperialismus des ausgehenden 19. Jahrhunderts und die eigenen chinesischen Erfahrungen der Ausbildung eines Einheitsstaates und dessen kontinuierlicher Ausdehnung miteinander verbinden.

Nach dem Scheitern der Reform von 1898 waren die Veränderungsprozesse weitergegangen. 1905 wurde sogar eine Verfassungsreform angestrebt, so dass es nicht ausgeschlossen erscheint, dass sich die Dynastie von innen heraus hätte ändern können. Dies bestätigten einige derjenigen Reformvorschläge, wie die zur Abschaffung des traditionellen Prüfungswesens, die mit dem Anspruch vorgetragen wurden, die Dynastie retten zu wollen. Doch gerade die Aufgabe des Prüfungswesens zeigte, dass die Frage nach der Rekrutierung der zukünftigen Elite unbeantwortet blieb. Auch wenn zunächst offen war, ob es zu einem Scheitern der Mandschu-Herrscher oder zu einer Erneuerung von innen kommen könnte, haben die in den letzten Jahren der Dynastie von der Kaiserin Cixi entgegen ihrer jahrelangen Reformfeindlichkeit selbst noch beförderten Reformen den Zusammenbruch dann doch nicht mehr abwenden können. Dazu trug am Rande bei, dass auswärtige Mächte bereits um ihren Einfluss auf Teile Chinas stritten und sich teilweise schon verständigt hatten. Nach dem Tod der Kaiserinwitwe Cixi und des seit 1898 ausgeschalteten Guangxu-Kaisers im Jahre 1908 vermochte der Kaiserhof gegen die Partikularinteressen der verschiedenen Gruppen, vor allem der Militärs, keine durchgreifenden Maßnahmen mehr einzuleiten.

Wie zerrüttet das Reich war, zeigen die Ereignisse um den Boxeraufstand, bei dem die Folgen von Naturkatastrophen und Hungersnöten im letzten Jahrzehnt des 19. Jahrhunderts sowie die Rücksichtslosigkeit der europäischen Mächte und insbesondere ihrer Kolonialtruppen zusammenwirkten. Milizen und irreguläre Truppen hatten immer stärkeren Zulauf aus Kreisen der bäuerlichen Bevölkerung erhalten, vor allem in der besonders schwer von Armut und Kolonialinteressen betroffenen Provinz Shandong. Die Stimmung der Truppen, die unter dem Namen «Fäuste für Gerechtigkeit und sozialen Frieden» *(Yihequan)* auftraten, war zunächst vor allem gegen die Mandschu-Regierung gerichtet. Doch bald setzte sich eine allgemeine Ausländerfeindlichkeit durch, die in der Parole «Unterstütze die Qing und zerstöre die Ausländer» gipfelte. Mit dieser Mobilisierung zumeist nur lose organisierter kampfbereiter Massen verband sich bei manchen die Hoffnung, auf diese Weise die Ausländer, darunter auch die Missionare, vollständig aus dem Lande jagen zu können.

Als dann die Boxer im Juni des Jahres 1900 Peking weitgehend kontrollierten, das Botschaftsviertel belagerten und am 19. Juni die Qing-Regierung alle Ausländer zum Verlassen Pekings aufforderte und am 20. Juni der deutsche Baron Clemens von Ketteler erschossen wurde, sahen sich die ausländischen Mächte, die am 17. Juni die Dagu-Festungsanlagen vor Tianjin genommen hatten, zum Handeln gezwungen. Entsatztruppen der Alliierten England, Deutschland, Frankreich, Österreich-Ungarn, Italien, Russland und der Vereinigten Staaten von Amerika sowie ein starkes Kontingent aus Japan beendeten am 15. August die Belagerung in Peking. Im Lande verloren viele Missionare (etwa 200) und Tausende zum Christentum konvertierter Chinesen – Schätzungen nennen 20 000 – ihr Leben durch den marodierenden Mob. Dieser hatte nach der Kriegserklärung der Qing-Regierung am 21. Juni 1900 teilweise Kombattantenstatus, eine Legitimierung der Boxer, die zu einer erheblichen Ausweitung der Aufstandsbewegung führte.

Eine der Folgen des Boxeraufstandes war, dass seither die ausländischen Mächte nicht mehr glauben konnten, dass China durch eine fremde Macht beherrschbar sei. Andererseits hatten sich einige Militärs, und zwar gerade die mächtigsten der Kriegsherren, nicht an dem Gegenschlag der Mandschu-Regierung gegen die Alliierten beteiligt. China war gespalten. Zwar wurden auf diese Weise große Teile Chinas aus den Bürgerkriegswirren herausgehalten, doch handelte es sich bei diesem eigenmächtigen Verhalten aus chinesischer Perspektive um nichts weniger als um Hochverrat. Als geschickter Diplomat erwies sich Li Hongzhang, der das Eingreifen der Alliierten in eine Unterstützung der Mandschu-Regierung gegen Rebellen umdeutete und so die Dynastie und die nominelle Einheit des Reiches noch einmal glaubte retten zu können. Das Boxer-Protokoll erlegte China dann jedoch erdrückende Lasten auf, darunter etwa die Wiedergutmachungssumme von 450 Millionen Tael. In der Folge entwickelten sich die Verhältnisse regional sehr unterschiedlich. Nachdem wenige Jahre später im Friedensvertrag zwischen Russland und Japan (5. September 1905) an Letzteres alle russischen Interessen an Korea, der größte Teil der Südmandschurischen Eisenbahn sowie Dairen, Port Arthur und die Südhälfte der Insel Sachalin abgetreten worden waren, erlebte der Nordosten Chinas dank der Einbindung in die Einflusssphäre Japans in wirtschaftlicher Hinsicht eine regelrechte Blütezeit.

3. China, das «unbeschriebene Blatt», und die Revolution von 1911

Sun Yatsen – der «Vater der Nation»
Alle Ansätze zur Ausbildung einer Beteiligung breiterer Bevölkerungskreise am politischen Prozess wurden in den folgenden Jahren immer wieder durch die Vorherrschaft des Nationalstaatsgedankens behindert, vor allem dann aber durch den Abwehrkampf gegen Japan. Die Durchsetzung der Herrschaft durch die Kommunistische Partei führte zur systematischen Verhinderung jeder gesellschaftlichen Selbstorganisation jenseits der Partei. Dabei spielte nicht nur der westliche Einfluss, sondern auch das japanische Modell der Meiji-Reform eine große Rolle. Nach dem Boxeraufstand und den demütigenden Bedingungen des Boxer-Protokolls schien den meisten Modernisierung und National-

staatsbildung gleichbedeutend zu sein. So wurde der Nationalstaatsgedanke zur prägenden Vorstellung im chinesischen Revolutionsprozess des 20. Jahrhunderts, auch wenn sich China als Vielvölkerstaat verstand.

Der Kristallisationskern der bereits seit längerem sich vorbereitenden und seit dem Boxeraufstand um die Jahrhundertwende sich beschleunigenden politischen Neuorientierung wurde die «Revolutionäre Allianz» («Tongmenghui», deren längere Bezeichnung «Zhongguo geming Tongmenghui» auch als «Vereinigte revolutionäre Liga Chinas» oder als «Revolutionsbund» übersetzt wird). Diese Allianz, die im Jahre 1905 in Tokio von Dr. Sun Yatsen (Sun Yixian, 1866–1925) gegründet worden war und sich in ihrer Organisationsform stark an die Geheimgesellschaften des spätkaiserzeitlichen China anlehnte, wurde zur Vorläuferorganisation der Nationalistischen Partei (Guomindang, abgekürzt: GMD).

Die neue Republik sollte nach dem Willen vieler Akteure, insbesondere der aus dem Ausland zurückgekehrten Intellektuellen und Studenten, eine parlamentarische Demokratie werden. Was vor allem aber fehlte, waren die Personen und die einschlägigen Erfahrungen, ohne die ein solcher Plan nicht ins Werk zu setzen war. Als der Geeignetste, die neue Republik zu führen, war Sun Yatsen erschienen, der seit 1896 im Exil lebte und aus dem Ausland mehrere Aufstände angeregt hatte. 1905 war er, aus Europa nach Japan zurückgekehrt, Führer der «Revolutionären Allianz» geworden. Diese Vereinigung war nicht nur ein Verband von Chinesen im Ausland, sondern sie hatte Kontakte zu zahlreichen Gruppen innerhalb Chinas, insbesondere zu antimandschurischen Vereinigungen, die sich in wachsender Zahl seit 1902 in den Städten gebildet hatten.

Sun Yatsen hatte ein Programm mitgebracht, die «Drei Volksprinzipien» *(Sanmin zhuyi)*, die er 1897 während eines Europaaufenthaltes konzipiert und in den folgenden Jahren in Reformvorschläge umgesetzt hatte. Gegen das Fehlen einer nationalen Identität setzte er das Prinzip des Nationalismus *(minzu);* die beiden anderen Prinzipien drehten sich um die «Bürgerrechte» *(minquan)* und die «Volkswohlfahrt» *(minsheng),* drei Prinzipien, die sich auch als antiimperialistischer Nationalismus, Demokratie und Sozialismus umschreiben lassen. Dabei ging es auch um Landreformen und in Sun Yatsens Augen, der unter dem Einfluss des amerikanischen Theoretikers Henry George stand, um eine zumindest teilweise Nationalisierung des Grundbesitzes, freilich gegen Entschädigung. So wurde Sun Yatsen zum «Vater der Nation» *(guofu),* ein Titel, den er bis in die Gegenwart behielt, in der immer noch sein monumentales Grabmal in der Nähe Nankings unweit der Grabanlage des Gründers der Ming-Dynastie, Zhu Yuanzhang (reg. 1368–1398), Anziehungspunkt eines nationalistischen Kultes ist.

Das Gründungsmanifest der «Revolutionären Allianz» nennt an erster Stelle die Errichtung der Republik als eines der vier Ziele der Revolutionäre. Die anderen drei Ziele waren: die Vertreibung der Barbaren, d. h. der Mandschu-Dynastie, die Errichtung des chinesischen Nationalstaates unter dem Slogan «China ist das China der Chinesen» und schließlich die Neuverteilung des Grundbesitzes. «Unsere Revolution», heißt es in dem Manifest, «gründet sich auf die Gleichheit, um eine republikanische Regierungsform zu errichten. Unser ganzes Volk ist gleich, und alle genießen die gleichen politischen Rechte. Der Präsident wird öffentlich vom Volk des Landes gewählt werden. Das Parlament wird aus Abgeordneten bestehen, die öffentlich vom Volk des Landes gewählt werden. (...) Es wird eine Verfassung der Republik erlassen werden, und jeder muss sich an sie halten. Wer immer es wagt, sich zum Monarchen zu machen, gegen den wird sich das ganze Land erheben.»

Der Wuchang-Aufstand
Das Ende der Dynastie kam bald, und nur wenige hatten es vorausgesehen. Ohne die Unterstützung von außen hätte die Revolution von 1911 nicht stattgefunden, die ihre entscheidenden Impulse aus Japan bezog. Im Sommer 1911 hatten sich die voran-

gegangenen Entwicklungen krisenhaft zugespitzt. Und doch war dann die Abdankung der Dynastie und die Errichtung der Republik eher das Ergebnis eines Zufalls als zielgerichteter Anstrengungen. Dazu trug auch bei, dass sich viele Chinesen von den Entwicklungen ausgeschlossen fühlten, weil etwa die Finanzierung der Eisenbahnen weitgehend unter Ausschluss chinesischer Investoren geschah, so dass sich viele Mitglieder der begüterten Schicht gegen die Dynastie wandten.

In den Augen vieler Chinesen ging es um einen Dynastiewechsel, und nur die wenigsten ahnten die grundlegenden Veränderungen, die bevorstanden. Am 9. Oktober 1911 explodierte unbeabsichtigt in Wuchang in einem Privathaus eine Bombe. Als die Polizei ein Waffenlager und die Mitgliederliste einer revolutionären Gruppe fand, entschied diese Gruppierung, bei der es sich um einige konspirativ arbeitende junge Offiziere handelte, den für später geplanten Aufstand sofort durchzuführen. Die Rebellen, darunter Offiziere der örtlichen Kaserne, besetzten am Abend des 10. Oktober 1911 das Waffenlager und die Militärkommandantur, besetzten Wuchang, riefen eine Militärregierung und die Republik für ganz China aus und besetzten sodann die Nachbarstädte Hankou und Hanyang. Dem Provinzparlament von Hubei blieb keine Wahl, als die neue Regierung offiziell anzuerkennen. Dann überschlugen sich die Ereignisse. Innerhalb weniger Wochen, bis Ende November 1911, erklärten alle Provinzen mit Ausnahme von Zhili (das heutige Hebei), Henan und Gansu ihre Unabhängigkeit von der Dynastie. Bei alledem war den meisten weitgehend unklar, wie es weitergehen sollte.

Sun Yatsen, der am 25. Dezember 1911 in China eintraf und China mit einem «unbeschriebenen Blatt» verglich, wurde fünf Tage später von den in Peking zusammengekommenen Delegierten von 16 Provinzversammlungen zum «Provisorischen Präsidenten» der Republik China ernannt. Am 1. Januar 1912 legte er in Nanking den Amtseid ab, in dem er schwor, die Mandschu-Dynastie zu stürzen, eine auf den Willen des Volkes gegründete Regierung zu errichten und sodann zurückzutreten, damit das Volk von China seinen Präsidenten wählen könne. Denn es war ihm bewusst, dass er kaum Kräfte zur Durchsetzung seiner Ziele zur Verfügung hatte und ohne die Militärs handlungsunfähig war. Daher versicherte er sich des mächtigsten Mannes im Norden, Yuan Shikai. Bei wichtigen Entscheidungen beriet sich Sun mit Huang Xing (1874–1916), der eine eigene Revolutionsgruppe aufgebaut und 1905 in die Gründung der «Revolutionären Allianz» mit eingebracht hatte. Dieser erfahrene Revolutionär hatte beispielsweise den – allerdings fehlgeschlagenen – Kantoner Aufstand vom 27. April 1911 organisiert. Er blieb der wichtigste Berater Sun Yatsens, bis sich beide im Jahre 1914 wegen unterschiedlicher Auffassungen in Fragen der Parteiorganisation überwarfen.

Sun Yatsen hatte sich mit Huang Xing und anderen Revolutionären bereits Ende Dezember 1911 darüber verständigt, dass Yuan Shikai die einzige Hoffnung darstelle, Bürgerkrieg, Chaos und Intervention fremder Mächte zu verhindern. Dieser hatte selbst auf mehreren Ebenen Verhandlungen mit den Revolutionären wie mit dem Kaiserhaus aufgenommen und schließlich erreicht, dass der Thronregent, Prinz Chun, für seinen fünfjährigen Sohn Puyi, den letzten Kaiser, am 12. Februar 1912, dem Neujahrstag nach dem traditionellen kombinierten Sonne-Mond-Kalender, abdankte. Nachdem Yuan Shikai sich bereit erklärt hatte, seine republikanischen Ideen bekanntzumachen, trat Sun Yatsen am 13. Februar von seinem Amt als Provisorischer Präsident zurück. Präsident wurde nun Yuan Shikai. Damit war formal die Republik geboren, und es schien, als hätte die Republik mit diesem am 10. März 1912 in Peking vereidigten starken Präsidenten im Alter von 52 Jahren eine Chance.

Neukonzeption des Staates und die Hauptstadtfrage
Die Bereitschaft zu einer radikalen Abkehr von der Vergangenheit wird an vielerlei Neuerungen deutlich, die mit der Gründung der Republik einhergingen. So wurde das Kalendersystem vom Mond- auf den gregorianischen Sonnenkalender umgestellt,

und die Jahreszählung begann mit dem Jahr 1912 als dem ersten Jahr der Republik. Zugleich wurde die 7-Tage-Woche mit einem Tag als Ruhetag eingeführt. In der Ausgabe zum 1. Januar 1912 der Shanghaier Zeitung *Shen Bao* heißt es: «Wir 400 Millionen Chinesen sind wie soeben aus dem Leib unserer Mutter Neugeborene. Von jetzt an sind wir neue Bürger. Es ist unsere Aufgabe ... eine neue Verantwortlichkeit zu praktizieren, uns neuem Wissen zu öffnen und neue Kleider zu tragen.» Und tatsächlich schnitten nun diejenigen, die dies nicht längst schon getan hatten, ihren Zopf ab, und in den Städten kleidete man sich allgemein in westlichen Anzügen.

Dieser radikale Umschwung war nur möglich, weil bereits lange Jahre hindurch Tabus gebrochen und neue Fragen gestellt worden waren. So hatte es bereits im Jahre 1872 eine Debatte darüber gegeben, ob sich China auf seine 18 Provinzen beschränken oder auch die Randzonen, namentlich Xinjiang, als Bestandteil des Reiches ansehen solle. Damals bezog die Mehrheit den Standpunkt, dass diese Randzonen zur Bewahrung des eigentlichen China, d. h. der «18 Provinzen», ein Teil Chinas sein sollten. So korrespondiert diese Vorstellung eines China ohne wirkliche Außengrenzen mit den Vorstellungen der Reformer von 1898, die von einer weltumspannenden Menschheitsvereinigung träumten. Bezeichnenderweise galt auch gegenüber Japan keine solche Grenze, sondern die Wahrnehmung Japans durch viele Intellektuelle jener Zeit geschah im Zeichen chinesischer Weltwahrnehmung, weswegen der Aufstieg Japans und die Niederlage im Chinesisch-japanischen Krieg von 1894/95 das chinesische Selbstvertrauen so heftig erschütterte.

Dass auch die Hauptstadtfrage gestellt und beantwortet wurde, ist angesichts des häufigen Hauptstadtwechsels in der Geschichte Chinas nicht überraschend. Peking war unter der Mongolenherrschaft Hauptstadt geworden und war dies, abgesehen von der Gründungsphase der Ming-Dynastie in der zweiten Hälfte des 14. Jahrhunderts, seither geblieben. Nun aber wurde gerade damit argumentiert, dass die Schwäche und Rückständigkeit eben dieser Hauptstadt zuzurechnen sei, und so wurde Nanking (Nanjing, wörtl: südliche Hauptstadt) zur Hauptstadt erklärt, und Peking (Beijing, «nördliche Hauptstadt») hieß in der Folge nur noch Peiping, um deutlich zu unterstreichen, dass es eben nicht mehr die Hauptstadt *(jing)* sei. Dies sollten erst die Kommunisten ein halbes Jahrhundert später ändern.

Die Jahre 1912 und 1913 waren gekennzeichnet durch vielfältiges Bemühen einzelner politischer Gruppen, die nicht alle in gleichem Maße auf der Seite Yuan Shikais standen, ein republikanisches System zu etablieren und zu festigen. Hier zeigten sich fundamentale Schwächen, da es keine demokratische Tradition und auch keine Parteien-Tradition gab. Bis zur Jahreswende 1913/14 blieb die Republik formal bestehen, als zu Beginn des Jahres 1914 Yuan Shikai das Parlament auflöste und sich zum Diktator aufschwang. Diese kurze Zeit der Diktatur Yuan Shikais leitete eine Zeit bis dahin in China nicht gesehener Bürgerkriege und blutiger Selbstfindungsprozesse ein. Aber auch wichtige Modernisierungsimpulse gehen auf diese Phase zurück. Die Zeit von 1911 bis 1949 kann daher als eine der bewegtesten Epochen in der Geschichte Chinas überhaupt gelten, war die Ablösung des Mandschu-Regimes doch nicht einfach ein Dynastiewechsel, wie es sie so häufig in der Geschichte Chinas gegeben hatte. Vor allem durch die Begegnung Chinas mit der Außenwelt und das Eindringen fremder Mächte und Ideen hatten die politischen Veränderungen besonders seit dem Beginn des 20. Jahrhunderts eine ganz neue Qualität gewonnen.

4. Politische Wirren und die Suche nach einem Neuanfang 1912–1927

Reaktionäre Kräfte

Trotz der großen Zustimmung und trotz erster Abstimmungserfolge und eines hohen Maßes an Selbstorganisation insbesondere der städtischen Bevölkerung war das Experiment einer Republik von kurzer Dauer. Es war nicht nur die enge Verbindung mit den Vertretern der alten Ordnung, die Yuan Shikai auf Dauer für die neue Ordnung untragbar werden ließ, sondern auch die Unfähigkeit der Regierung, den imperialistischen Mächten Einhalt zu gebieten. Die Folge war eine Entfremdung zwischen Regierung und Elite, und die Elite ihrerseits fühlte sich in ihrem Patriotismus nicht an den Staat, sondern vor allem an die eigenen Interessen gebunden. Die daraus resultierende Orientierungslosigkeit schlug sich in der ersten Phase der Republik nieder in dem Konflikt zwischen zentraler bürokratischer Modernisierung einerseits, betrieben von Yuan Shikai, und Aktivitäten der Elite andererseits, die in der demokratischen Bewegung ihren Ausdruck fanden. Daher war es auch konsequent, dass Yuan Shikai seit 1914 die aufblühenden lokalen Gremien und Versammlungen zu unterbinden trachtete. Es war also nicht erst die Folge kommunistischer Herrschaft, dass die Städte Chinas, wenn man einmal von den Vertragshäfen und insbesondere Shanghai absieht, geistig verödeten, sondern jeder Ansatz zu einer Bürgergesellschaft wurde bereits seit der Republikgründung unterdrückt.

Ohne Yuan Shikais Einsatz wiederum wäre das Reich wohl mit Sicherheit auseinandergebrochen, denn nur er verfügte über hinreichende militärische Kräfte. Der Preis hierfür war jedoch, dass sich eine wirkliche Reformpolitik trotz einiger Ansätze nicht entfalten und demokratische Strukturen nicht fortentwickeln konnten. Für Yuan Shikai bedeutete dies wenig, entstammte er doch nicht dem revolutionären Lager, sondern war ein loyaler Diener der Qing-Dynastie gewesen, der sich mit den neuen Institutionen nicht anfreunden konnte. So erkannte Yuan Shikai auch den Sieg der aus der «Revolutionären Allianz» hervorgegangenen GMD bei den Wahlen im Februar 1913 nicht an. Er stützte sich auf seine militärische Macht und veranlasste die Ermordung des Gründers und Führers der GMD, Song Jiaoren, am 20. März 1913 im Bahnhof von Shanghai. Sun Yatsen selber musste bald darauf fliehen, und Nanking, die erste Hauptstadt der Republik, wurde von den Truppen des reaktionären Generals Zhang Xun geplündert.

Yuan Shikai wurde seinerseits massiv vom Ausland, insbesondere von den europäischen Mächten, unterstützt, die vor allem durch Abgabenrechte wirtschaftlich von seiner Politik profitierten und China von einem starken Mann regiert sehen wollten. Demokratie als Staatsform sahen sie als für China nicht geeignet an. Yuan Shikai seinerseits verfügte über genügend Druckmittel, um das Parlament zu veranlassen, ihn im Amt zu bestätigen. Seine Missachtung demokratischer Institutionen ging so weit, dass er im November 1913 die GMD verbieten ließ und Anfang 1914 das Parlament auflöste, so dass die GMD bis 1922 nur noch im Untergrund weiterwirken konnte. Nach einer monatelangen Kampagne zu seiner Unterstützung verkündete Yuan am 1. Januar 1916 eine neue Dynastie, zu deren Kaiser er sich hatte erklären lassen.

Doch seit im Januar 1915 Yuan Shikai mit den «21 Forderungen» Japans konfrontiert worden war, war sein Ansehen beschädigt. Wenn die Forderungen Japans, das gleich zu Beginn des Ersten Weltkriegs gegen Deutschland und Österreich in den Krieg eingetreten war und sich der deutschen Besitzungen in Ostasien bemächtigt hatte, hätten durchgesetzt werden können, wäre China faktisch zu einer Kolonie Japans geworden. Die Alliierten aber erkannten die besonderen Beziehungen Japans zu China an, und Japan seinerseits tat alles, um die innerchinesischen Spannungen und Konflikte zu schüren und Yuans Position zu schwächen. Im März 1916 musste daher, und auch weil eine solche Stellung unter der jungen chinesischen Elite nicht mehr vermittelbar war, Yuan seinen Anspruch auf die Stellung eines Kaisers zurücknehmen, und als er am 6. Juni 1916 starb, war nicht nur der Präsident Yuan Shikai zur Karikatur seiner Ambitioniertheit geworden, sondern der Einfluss der Zentralregierung war weitgehend zerfallen. In den folgenden Monaten und Jahren zeigte sich die Schwäche der Regierung, die auch durch den Eintritt Chinas in den Weltkrieg auf Seiten der Alliierten im August 1917 keine Stärkung erfuhr. Die Hoffnung, sich so gegen die «21 Forderungen» Japans wehren zu können, war trügerisch, und so wurde das Ende des Weltkrieges zu einem Fiasko für China, dessen Elite damit weitere Gründe hatte, sich vom Westen abzuwenden und einen eigenen Weg anzustreben.

Die Zeit der Kriegsherren
Nach dem kurzen nationalistischen Übergang während der Herrschaft Yuan Shikais setzte eine Phase der politischen Zersplitterung ein, die Zeit der Kriegsherren und der Generäle, und zu einer stärkeren Integration sollte es erst wieder nach dem Nordfeldzug im Jahre 1928, in mancher Hinsicht sogar erst nach der Etablierung der kommunistischen Regierung im Jahre 1949 kommen. Bis zum Nordfeldzug Chiang Kaisheks in den Jahren 1926–1928 war die politische Situation durch die Vorherrschaft der Militärgouverneure der einzelnen Provinzen gekennzeichnet. Auch wenn einige der wichtigeren Kriegsherren diesen Zustand eines «unorganisierten Feudalismus von Militärbefehlshabern» zu überwinden trachteten, vermochte es keiner, das Land zu einigen. Die Eigeninteressen einzelner Regionen und Gruppen waren einfach zu mächtig, und die Unabhängigkeitserklärungen der Mongolei und Tibets (1911/12) regten die ohnehin vorhandenen Zerfallstendenzen noch weiter an. Erst den Nationalisten, d. h. der GMD, mit Chiang Kaishek an der Spitze, gelang schließlich eine Einigung Chinas mit Nanking als neuer Hauptstadt.

Sun Yatsen hatte das praktische Scheitern der ersten Versuche zur Einführung einer Demokratie darauf zurückgeführt, dass China wohl noch nicht reif für einen direkten Übergang zur Demokratie sei; daher hatte er für eine Phase der Erziehungsdiktatur plädiert, die nach der mit militärischen Mitteln erfolgten Revolution auf die Demokratie vorbereiten solle. Damit war die Einführung einer demokratischen Partizipation der Bürger und ein föderatives Miteinander der Regionen in weite Ferne gerückt. Noch nach der Beendigung des Nordfeldzuges und der formellen Herstellung des Einheitsreiches im Jahre 1928 blieb somit faktisch die Macht der Kriegsherren zumeist bestehen, und noch im Sommer des Jahres 1936 war die Regierung von Nanking genötigt, eine Rebellion von Kriegsherren niederzuschlagen.

Suche nach Einheit und geistige Vielfalt: Mr Science and Mr Democracy

Diese Zeit der Kriegsherren, die großes Elend, Unterdrückung und Ausbeutung der Bevölkerung mit sich brachte, war nicht nur eine Periode des Chaos, sondern auch eine in höchstem Maße schöpferische Periode, vor allem auf kulturellem Gebiet. Sie prägte auch das politische Denken vieler Intellektueller. Es gab kaum eine der im Westen gängigen Ideen jener Zeit, die nicht auch mehr oder minder intensiv in China diskutiert worden wäre, sei es die Idee des Sozialismus, des Sozialdarwinismus, des Utilitarismus, des Anarchismus – und manche dieser Ideen fanden zum Teil große Anhängerschaft. Die Propagierung solcher neuer Ideen verband sich mit Forderungen nach einer neuen Kultur, nach der Zerschlagung des alten Systems des Konfuzianismus, der im Wesentlichen dafür verantwortlich gemacht wurde, dass China im Vergleich zu den ausländischen Mächten so zurückgeblieben sei. Hu Shi (1891–1962), einer der führenden Professoren der Pekinger Universität, begründete eine literarische Erneuerung, indem er proklamierte, eine tote Sprache könne keine lebendige Literatur hervorbringen.

Wichtig für die politischen Reformen wurden die zahlreichen aus dem Ausland zurückkehrenden Studenten, und so ist es bezeichnend, dass von 18 Kabinettsmitgliedern der Provisorischen Regierung Sun Yatsens in Nanjing 15 ihr Studium im Ausland an Universitäten in Europa, in den USA oder in Japan absolviert hatten. Auch Yuan Shikai umgab sich mit solchen auslandserfahrenen jungen Akademikern.

Unter allen Ideen, die in China aufgegriffen wurden, galten Demokratie und Naturwissenschaft als die zentralen Erfordernisse, um China einen neuen Weg zu ebnen. Man sprach von «Mr Science» und «Mr. Democracy», und Chen Duxiu (1879–1942), einer der Mitbegründer der KPCh, schrieb bereits im Januar 1919, nur diese beiden «Herren», Mr Science und Mr Democracy, könnten die üblen Krankheiten in Politik, Moral, Erziehungswesen und Denken Chinas heilen.

Sprachpolitik und 4.-Mai-Bewegung
Trotz unterschiedlicher politischer Vorstellungen blieb auch nach der Gründung der Kommunistischen Partei im Jahre 1921 (KPCh) die Einheit Chinas das selbstverständliche Ziel der republikanischen wie der kommunistischen Bewegung, und dieses Ziel verband beide politischen Strömungen. Hierzu diente die Fiktion einer Han-Nationalität *(Han minzu),* wie sie etwa von Sun Yatsen proklamiert worden war, dem sie auch dazu diente, die Spannungen zwischen den einzelnen Kulturregionen zu vermindern.

Lange schien es, als sei die Einheit in greifbare Nähe gerückt. Die Zentralregierung beansprucht die Durchsetzung einer einheitlichen Nomenklatur etwa bei neuen technischen Begriffen. Dahinter steht die Vorstellung von einer einheitlichen Verständigungsbasis auf der Grundlage der chinesischen Schrift für die ganze chinesische Welt. Als im Jahre 1932 von einer Kommission zur Vereinheitlichung der Aussprache unter Leitung von Zhao Yuanren ein «Verzeichnis zur Nationalen Aussprache im Alltagsgebrauch» *(Guoyin changyong zihui)* herausgegeben wurde, das sich im Wesentlichen an den Pekinger Aussprachestandards orientierte und so die Tradition der Vorherrschaft des «Mandarin» fortführte, glaubte man, bei entsprechender Unterweisung der Schüler werde in hundert Jahren, also im Jahre 2030, in China eine einheitliche Sprache gesprochen. Dass dies nicht erreicht wird, kann als sicher gelten, auch wenn die Massenmedien, insbesondere das Fernsehen, und die langsam alle Bevölkerungsgruppen und alle Regionen erreichende formale Schulbildung erheblich zur Durchsetzung des Standardidioms beitragen.

Vertrauen in eine Vereinheitlichung der gesprochenen Sprache hegten nicht nur Vertreter des Südens, sondern auch Linksintellektuelle wie Qu Qiubai (1899–1935), einer der ersten und zeitweilig einer der einflussreichsten Führer der KPCh, der die Romanisierung des Chinesischen forderte. Qu verwies darauf, dass es bereits ein Allgemeinchinesisch *(putonghua)* gebe, das die Verständigung über Dialektgrenzen hinweg ermögliche. Auch nach der Ermordung Qu Qiubais durch Agenten der GMD im Jahre 1935 wurde seine Forderung nach Romanisierung von namhaften Schriftstellern vertreten, etwa von Mao Dun (1896–1981), Guo Moruo (1892–1978) und Lu Xun. Die Sprache wurde so zum Thema politischer Richtungskämpfe, bei denen sich die meisten Linken gegen die am Nordchinesischen Standard orientierte «Nationalsprache» *(Guoyu)* mit dem Argument wandten, eine solche Standardisierung benachteilige die große Zahl der Dialektsprecher. Nach der Machtübernahme durch die KPCh setzte sich dann aber die Orientierung am Norddialekt durch. In der Bekanntmachung «Anweisungen zur Verbreitung einer Gemeinsprache» *(putonghua)* vom Februar 1956 heißt es: «Die Grundlage für die Vereinheitlichung der Han-Sprache ist bereits vorhanden. Es ist die Gemeinsprache, deren Aussprache der Pekinger Aussprache folgt, die zum nördlichen Dialekt gehört.»

Trotz des Festhaltens an einer Einheitssprache wurde der Gebrauch von Minderheitensprachen zugelassen. Doch wenn etwa in Xinjiang in den verschiedenen Gebieten in sieben Sprachen Schulunterricht erteilt wird, so dient dies auch dem Ziel, den Zusammenhalt der einzelnen Ethnien zu stärken und diese gegeneinander auszuspielen, ganz nach der Devise «mit Hilfe von Barbaren die Barbaren kontrollieren» *(yi yi zhi yi)*. Andererseits wird durch staatliche Ausbildungshilfe, etwa die Zuweisung von chinesischen Lehrern und die Unterstützung und Kontrolle der

Lehrmaterialien in Minderheitensprachen, eine schleichende Sinisierungspolitik verfolgt.

Ganz neue Entwicklungen unter den Intellektuellen hatten sich während der Zeit des Ersten Weltkriegs angebahnt, in jener Zeit, die später unter der Bezeichnung «4.-Mai-Bewegung» zusammengefasst wurde. Damit sind die geistig-literarisch-politischen Strömungen der Zeit zwischen 1915 und 1925 angesprochen. Die Bezeichnung selbst geht auf die Ereignisse im Mai des Jahres 1919 zurück, die nur zu verstehen sind aus dem Zusammenhang der Bildungsinitiativen sowie der besonderen Lage in den stark von den westlichen Kolonialmächten geprägten Küstenstädten. Vor allem aber die staatliche Peking-Universität, die Beida, war zum Zentrum der geistigen und kulturellen Auseinandersetzung mit den neuen Bildungs- und Wissenschaftsidealen des Westens geworden. Für den 7. Mai 1919, den Tag, an dem sich die Überreichung der «21 Forderungen» zum vierten Male jährte, hatte die Studentenschaft Pekings eine große Protestdemonstration geplant. Am Abend des 3. Mai trafen sich Vertreter aller Hochschulen in der Universität Peking. Man plante für den nächsten Tag eine Großdemonstration vor dem «Tor des Himmlischen Friedens», dem Tian'anmen. Diese Studentenunruhen, die sich gegen die japanfreundliche Politik der Pekinger Regierung richteten, fachten landesweit Proteste an, und Kleinhändler ebenso wie Intellektuelle und einige Arbeiter schlossen sich der Protestbewegung an. Es wurde zum Boykott japanischer Waren aufgerufen. Die Unruhen zogen sich über mehrere Wochen hin und führten unter anderem zur Gründung der «Gesamtchinesischen Studentenunion» am 16. Juni 1919 in Shanghai. Überhaupt nahmen die wesentlichen modernen politischen und literarisch-geistigen Strömungen ihren Ausgang von der 4.-Mai-Bewegung, und auch die marxistischen Studierzirkel, die dann in die Gründung der KPCh im Jahre 1921 mündeten, gehören in den Kontext dieser Bewegung. Nach den Protesten im Frühsommer des Jahres 1919 benannt, wird unter der 4.-Mai-Bewegung inzwischen die ganze Epoche verstanden, die in der Mitte des zweiten

Jahrzehnts des 20. Jahrhunderts einsetzt und bis in die Mitte der 20er Jahre, für manche sogar bis Anfang der 30er Jahre dauert. Allen Strömungen jener Zeit aber war und blieb der nationale Gedanke als wichtigstes Element eigen. Es ging darum, das alte China zu überwinden und China einen seiner Bedeutung angemessenen Platz unter den Staaten der Welt zu sichern.

5. Die republikanische und die kommunistische Bewegung

Fremde und einheimische Unternehmer
Wie der Zusammenbruch der Zentralgewalt den Aufstieg der Kriegsherren ermöglicht hatte, so schuf erst das abnehmende Engagement der westlichen Mächte während und nach dem Ersten Weltkrieg die Chance für japanische und chinesische Unternehmer, diese Lücke zu füllen und eigene Unternehmungen zu betreiben. Dies geschah in besonderem Maße unbehelligt von den Kriegsherren in den unter ausländischem Schutz stehenden Vertragshäfen. Diese neuen Unternehmer übernahmen und kultivierten Verhaltensweisen und erwarben sich technische und administrative Kenntnisse, die zur Führung einer sich entfaltenden Wirtschaft unabdingbar waren. Unternehmergeist und Kapital, das vorwiegend aus den Händen von Auslandschinesen, aus Hongkong und den Vertragshäfen kam, bildete die Voraussetzung für eine stärkere Industrialisierung vor allem in den Küstenregionen und trug damit zur Entstehung eines chinesischen Proletariats bei. Während auf negative Erfahrungen mit den Kolonialmächten und ausländischen Handelsunternehmungen mit Aufrufen zur nationalen Selbstbehauptung reagiert werden konnte, führten die chinesischen Unternehmungen nun dazu, dass die Klassenfrage thematisiert wurde. Dies wurde dadurch begünstigt, dass sich insbesondere unter der seit der Jahrhundertwende rapide zunehmenden Zahl von im Ausland studierenden jungen Chinesen sozialistische und marxistische Vorstellungen herausgebildet hatten.

Viele junge Intellektuelle waren davon überzeugt, dass das Alte absterben müsse. So sprach etwa Chen Duxiu, einer der Gründer der KPCh, von einer «neuen Gesellschaft, einer neuen Nation und einem neuen Glauben» und forderte eine völlige Umorientierung. Er postulierte: «Wenn das Alte nicht zerschlagen wird, kann sich das Neue nicht entfalten.» Ähnlich äußerte sich Li Dazhao (1888–1927), der als junger Mann von den Nationalisten ermordete Hoffnungsträger der großstädtischen kommunistischen Intelligenz: «Unsere Nation hat eine äußerst lange Geschichte hinter sich, und der Staub der Vergangenheit lastet schwer auf uns. – Was wir der Welt beweisen müssen, ist nicht, dass das alte China nicht tot ist, sondern dass ein neues China im Entstehen ist.» Ganz im Sinne dieses Neubeginns und des Aufbruchs wurde von vielen auch die bolschewistische Revolution in Russland bewertet, an der nicht nur die Kommunisten, sondern auch die Nationalisten die anti-imperialistische Komponente und die Tatsache bewunderten, dass es sich um eine Massenbewegung gehandelt hatte. Der eigentliche Prozess der Übernahme marxistischen Gedankengutes ging jedoch sehr langsam vor sich.

Gerade wegen einer eher lebensphilosophisch und national geprägten Grundstimmung bereitete der Marxismus den Intellektuellen mit seiner These vom Klassenkampf zunächst größte Schwierigkeiten, und dies umso mehr, als sich China in jener Zeit von außen bedroht sah und die Intellektuellen die Notwendigkeit eines Kampfes zur Wahrung nationaler Interessen an erste Stelle setzten. Die Konfliktlinien zwischen Arbeit und Kapital wurden in den Küstenstädten leicht als Konflikte zwischen den Interessen der Kolonialmächte und chinesischen Interessen definiert. Andererseits hatten aber die Oktoberrevolution in Russland und die Faszination sozialistischer und kommunistischer Ideen unter der chinesischen Jugend eine solche Begeisterung entfacht, dass eine Parteigründung und dann auch die Organisation von Arbeitern und von Streikbewegungen nahelagen. Die geringe Industrialisierung Chinas bildete dann aber das Argument für die Kommunistische Internationale, die Einheitsfront von KPCh und GMD zu befürworten.

Die Gründung der KPCh
Einer der Aktivisten der ersten Stunde war Mao Zedong (1893–1976). Er berichtete gegenüber seinem Biographen Edgar Snow, er habe sich seit dem Sommer des Jahres 1920 als Marxist verstanden. Die von ihm in Changsha in der Provinz Hunan im Sommer jenes Jahres organisierte Gruppe stellte sich bereitwillig unter die Vormundschaft der von Moskau dominierten Dritten Kommunistischen Internationale (Komintern). Die Gründung der Kommunistischen Partei Chinas im Frühjahr 1921 in Shanghai (chin.: Gongchandang), bei der sich 12 Vertreter von Parteizellen aus verschiedenen Regionen trafen, darunter auch Mao Zedong, erforderte zunächst eine neue Abstimmung der politischen Linie. Der Parteigründung vorausgegangen waren Beratungen und Gespräche zwischen u. a. Chen Duxiu und zwei Gesandten der Dritten Internationale, Gregory Voitinski und Hendricus Sneevliet, unter dem Decknamen «Maring». Dabei hatte es sich als das größte Problem für die Kommunisten herausgestellt, die starken anarchistischen Kräfte innerhalb der eigenen Bewegung zurückzudrängen. So verwundert es nicht, dass es bereits in der Gründungsphase der KPCh zu Unstimmigkeiten zwischen den Vertretern der Komintern, welche die junge KPCh ebenso wie die GMD finanziell, militärisch und durch Ausbildungshilfe unterstützte, und Mitgliedern der jungen KPCh kam. Das Manifest des Zweiten Kongresses im Frühsommer 1922 in Guangzhou (Kanton) legte dann eindeutig fest, dass das Proletariat zusammen mit den armen Bauern zunächst die nationale, bürgerlich-demokratische Revolution unterstützen und nach deren Sieg in einem zweiten Kampf die einheimische Bourgeoisie stürzen und die Diktatur des mit den armen Bauern verbündeten Proletariats errichten müsse. Zugleich machte sich die KPCh Forderungen des Ersten nationalen Arbeiterkongresses nach einer Arbeitsgesetzgebung zu eigen und betonte die Forderung nach

Abschaffung der Kontraktarbeit und nach Einführung des Achtstundentages. Die Arbeiterbewegung erlitt nach einer langen Reihe zum Teil machtvoller Streiks in der Zeit zwischen Juli 1922 und Februar 1923 mit der Niederschlagung des 7.-Februar-Streiks dann aber eine große Niederlage. Dabei muss man den Umstand bedenken, dass zur Zeit der Gründung der KPCh gerade einmal 0,5 Prozent der Bevölkerung als Industriearbeiter oder lohnabhängige Arbeiter beschäftigt waren.

Die erste Einheitsfront

Die seit dem Verbot durch Yuan Shikai bis 1922 im Untergrund arbeitende GMD hatte unter der Leitung Sun Yatsens und Chiang Kaisheks 1923 unmittelbaren Kontakt mit der Sowjetunion aufgenommen und auf ihrem ersten Parteikongress 1924 eine enge Kooperation mit der Sowjetunion und ein Bündnis mit der KPCh beschlossen. Zweck des Bündnisses dieser beiden nach Vorstellungen Lenins organisierten Parteien war der Kampf gegen die Kriegsherren und die Eindämmung des expansiv vordringenden Japan.

Die Niederlage der kommunistisch geführten Arbeiterbewegung hatte jedoch innerhalb der KPCh neue Debatten ausgelöst. Die Gruppe um den Generalsekretär Chen Duxiu vertrat die Meinung, die Schwäche der Arbeiterbewegung sei allein in der Zersplitterung und Unreife der chinesischen Arbeiterklasse zu suchen. Ebendeshalb forderte sie auf dem Dritten Parteikongress im Juni 1923 in Kanton eine enge Kooperation zwischen der GMD und der KPCh auch auf dem Gebiet der Arbeiterbewegung mit dem Ziel, die Arbeiter für die GMD als die führende Kraft der nationalen Revolution zu gewinnen. Die dieser Auffassung entgegengesetzte Position verwies darauf, dass mehr Arbeiter in die Partei aufgenommen und die Organisation der Basisarbeit verbessert werden müsse, um die Kampfkraft der Partei zu stärken. Entscheidend aber wurde für die spätere Entwicklung die Bildung von Kadern innerhalb des Militärs bzw. der Aufbau eigener bewaffneter Kräfte. Die von sowjetischer Seite geförderte und nach Vorbildern der Roten Armee ausgerichtete Huangpu (Whampoa)-Militärakademie, die noch Sun Yatsen 1924 einweihen konnte, wurde zur Pflanzstätte eines modernen Offizierskorps, aus dem einige der wichtigsten militärischen Führer der GMD ebenso wie der KPCh hervorgingen. Der erste Leiter dieser Militärakademie war Chiang Kaishek und ihr erster Politkommissar der junge Zhou Enlai (1898–1976), der spätere Ministerpräsident und Weggefährte Mao Zedongs während der Kulturrevolution.

Zunächst aber fand sich die KPCh mehrheitlich zu einer Allianz mit der Guomindang (GMD) Sun Yatsens bereit, was wegen zum Teil ähnlicher sozialistischer Vorstellungen nicht allzu schwerfiel. Doch waren die Grundüberzeugungen auf beiden Seiten zu verschieden. In den Städten, insbesondere in Shanghai, der modernsten Stadt Chinas in jener Zeit, war es in der Mitte der 20er Jahre vermehrt zu Konflikten innerhalb der Händler und ihrer Vereinigungen gekommen, die vor allem seit der 4.-Mai-Zeit stark zunahmen. Eine bedeutende Wendemarke stellt die sogenannte 30.-Mai-Bewegung 1925 dar. Die Antwort auf den Konflikt zwischen den fremden Mächten und China, ausgelöst durch die Schießerei englischer Soldaten auf Arbeiter und Studenten am 30. Mai 1925, war eine Politisierung weiter Kreise der Händler im nationalen Sinne, die andererseits ihre Interessen gegen die Gewerkschaftsorganisationen wahren wollten und sich deshalb mit den Kriegsherren verbündeten. Dennoch hatte die Erhebung vom 30. Mai in Shanghai den inländischen Protest gegen die Imperialisten und damit die «Einheitsfront» gestärkt, auch wenn die Händlerelite keine Parteiherrschaft dulden wollte und sich deswegen mit Chiang Kaishek, der im Jahre 1925, nach dem Tod Sun Yatsens, die Führung der GMD übernommen hatte, gegen die kommunistische Partei verbündete.

Die Lage in Shanghai war ebenso untypisch wie symptomatisch für Chinas Lage. Um 1930 war Shanghai mit 3,5 Millionen Einwohnern die größte Stadt der Erde, mit Billiglöhnen für Frauen und Kinder, Epidemien und zahllosen Hungertoten.

25 000 Prostituierte (1:140) belebten die Stadt. Opium, Spielhöllen, Menschenraub und eine gutorganisierte Unterwelt prägten das Stadtbild. Nachdem die Japaner im Januar 1932 einen Stadtteil Shanghais bombardiert und erreicht hatten, dass sich die GMD-Truppen aus der Stadt zurückzogen, blieb die Stadt ein Zufluchtsort für Intellektuelle, wie etwa für Lu Xun, den «Vater der modernen chinesischen Literatur», der bis zu seinem Tode 1936 in Shanghai lebte. So wurde Shanghai die politischste Stadt Chinas, die Stadt der Zeitungen und der Journale, der Verlage wie der großen Manufakturen. Shanghai wurde zur Zuflucht vieler europäischer Juden. Und es ist nicht zufällig, dass später in den 60er Jahren die Kulturrevolution dort ihre Hochburg hatte und nach der Öffnung Chinas in den 80er Jahren Shanghai zum Zentrum des industriellen Aufschwungs wurde.

6. Revolutionsmodelle im Widerstreit (1927–1937) und antijapanische Einheitsfront (1937–1945)

Der Bruch zwischen Kommunisten und Republikanern:
Das Blutbad von Shanghai

Nach dem Tode Sun Yatsens, des unumstrittenen Führers der GMD und Verfechters der Volksfrontidee, im März 1925, verschärften sich die Spannungen zwischen den beiden Parteien, und es bahnte sich ein Bruch der Einheitsfront an. Die Streitigkeiten zwischen Kommunisten und GMD zeigten sich bereits 1926 deutlicher und hatten mit zur Verzögerung beim Nordfeldzug *(beifa),* bei dem Kriegsherren im Norden unterworfen werden sollten, beigetragen. Nach der Eroberung und Sicherung der Städte entlang des Yangzi, insbesondere von Wuhan und Shanghai, war er zunächst ins Stocken geraten. Denn die revolutionären Truppen begannen nach ersten überraschend schnellen Erfolgen untereinander Konflikte auszutragen. Dabei spielten die Verhältnisse in den Küstenstädten eine entscheidende Rolle. Die Politisierung der Geschäftswelt in diesen Städten spiegelt sich in dem

Schlagwort: «Mit Hilfe der Partei regieren, mit Hilfe der Kaufleute den Staat vor dem Ruin retten» *(yi dang zhi guo – yi shang jiu guo)*. In der Folge eines Generalstreiks der kommunistisch geführten Gewerkschaften in Shanghai am 21. März 1927 waren am folgenden Tag revolutionäre Kampfverbände in die Stadt einmarschiert. Nachdem dann auch Chiang Kaishek mit seinen Verbänden eingerückt war, war der Straßenkampf unausweichlich geworden.

Am frühen Morgen des 12. April 1927 ließ Chiang Kaishek durch Männer aus der Unterwelt und andere gedungene Personen in Shanghai Tausende von (angeblichen) Kommunisten und Gewerkschaftern umbringen. Gangster der «Grünen Bande» überfielen mit Unterstützung regulärer Truppen zu Hunderten die Gewerkschaftshäuser und richteten unter den organisierten Arbeitern ein Blutbad an, das André Malraux, der spätere Spanienkämpfer und Kulturminister Frankreichs, in seinem Roman «La condition humaine» beschrieben hat. Der am Tag darauf ausgerufene und von 100 000 Arbeitern befolgte Generalstreik wurde mit unvorstellbarem Terror in wenigen Tagen niedergeschlagen. Die Shanghaier Ereignisse wiederholten sich in Kanton und Umgebung.

Mit dem Angriff der Nationalisten auf Shanghaier Gewerkschafter und Kommunisten im April 1927 war die Einheitsfront vollends zerbrochen, auch wenn auf Druck Stalins noch kurze Zeit eine Fortsetzung der Kooperation zwischen KPCh und dem linken GMD-Flügel versucht wurde. Erst zehn Jahre später sahen sich GMD und KPCh erneut gezwungen, ein Bündnis im Abwehrkampf gegen Japan einzugehen. Die Zeit von 1927 bis 1937 wird daher auch die «Nanking-Dekade» genannt, in der die Kommunisten sich zurückzogen und nur durch den legendären «Langen Marsch» ihre restlichen Kräfte retten konnten.

Die Autorität der Zentralregierung unter Führung der GMD in Nanking, an die sich zunächst große Hoffnungen knüpften, blieb jedoch geschmälert, weil der Großteil des Landes weiterhin faktisch unter der Kontrolle einzelner Kriegsherren stand. Hinzu kam, dass es der Regierung in Nanking nicht gelang, eine drastische Demobilisierung der Truppen zu erreichen, was besonders folgenreich war, weil die Kosten für das Militär nur noch sehr geringen Spielraum für sonstige staatliche Ausgaben offenließen. Die Kommunisten ihrerseits suchten, nachdem die Auseinandersetzung zwischen Stalin und Trotzki über den Verlauf der Weltrevolution zugunsten Stalins beendet worden war, mit bewaffneten Aufständen und der Einrichtung von städtischen Sowjetgebieten die Revolution zu befördern. Dementsprechend organisierte die KPCh bewaffnete Aufstände in den Städten. Ein erster Aufstand am 1. August 1927 in Nanchang wurde in wenigen Tagen niedergeschlagen. Am 11. Dezember 1927 besetzten Arbeitermilizen unter Führung des deutschen Komintern-Agenten Heinz Neumann Kanton (Guangzhou), doch brach auch dieser Versuch der Errichtung einer «Kantoner Kommune» nach wenigen Tagen zusammen. Diese Politik und die Bekämpfung der GMD und der Regierung in Nanking wurde auf dem 6. Parteitag, der im Juli 1928 in Moskau stattfand, bekräftigt. Es war auch auf diesem Parteitag, auf dem Qu Qiubai (1899–1935) wegen «Linksabweichlertums» in der Parteiführung von Li Lisan (1900–1967) abgelöst wurde. Der Kampf ging trotz wiederholter Niederlagen weiter. So eroberte die neugebildete Rote Armee unter Führung von Peng Dehuai (1898–1974) 1930 die Hauptstadt der Provinz Hunan, Changsha, konnte diese aber nicht halten. So konstatierte man zu Beginn des Jahres 1931 das Scheitern der «Li-Lisan-Linie» und löste Li in der Parteiführung wieder ab.

Nordfeldzug, Jiangxi-Sowjet und Langer Marsch
Von Kanton aus, wo am 1. Juli 1925 eine «Nationalregierung der Republik China» als revolutionäres Staatsorgan der GMD gegründet worden war, hatte Chiang Kaishek seinen Nordfeldzug zur Wiedergewinnung der nationalen Einheit, der von 1926 bis 1928 dauerte, geplant und begonnen. Im Verlaufe dieses Nordfeldzuges hatte dann der rechte Flügel der GMD unter seiner Führung eine Gegenregierung in Nanking errichtet, wofür Chi-

ang Kaishek keineswegs die Zustimmung seiner beiden wichtigsten Rivalen innerhalb der GMD besaß. Dies waren Wang Jingwei (1883–1944), ein langjähriger Mitstreiter Sun Yatsens, der den linken Flügel der GMD vertrat, während Hu Hanmin (1879–1936) mit seiner Fraktion eher den rechten Parteiflügel repräsentierte. Was Chiang aber seinen Rivalen voraushatte, war der Zugriff auf die Armee, und nur so ist zu erklären, dass sich die GMD in den folgenden Jahren in erster Linie mit der Armee verband und ihr ursprünglich revolutionäres Selbstverständnis bald einbüßte.

Im Juni 1928 brachte die Einnahme der Hauptstadt Peking durch Chiangs Truppen den Sieg im Nordfeldzug und erstmals wieder eine Vereinigung des Reiches. Die folgende Ära der Nankinger Nationalregierung dauerte gut 20 Jahre bis zur Gründung der Volksrepublik China am 1. Oktober 1949. Nach einer sich über mehrere Jahre hinziehenden Stabilisierungsphase schlossen sich die gegensätzlichen Kräfte der GMD nach dem Einmarsch der Japaner in die Mandschurei im September 1931 erneut zusammen. Unter Rückgriff auf eine noch von Sun Yatsen formulierte 3-Stufen-Theorie sollte nach und nach eine demokratische Verfassung verwirklicht werden, doch kam man in China lange Zeit nicht über die erste Phase einer sogenannten «Vormundschaftsregierung» hinaus, bei der die Partei als Souverän die Regierung kontrollierte.

Unter allen Kräften, die Chiang Kaishek die unumschränkte Macht streitig machten, waren die Kommunisten die gefährlichste. Sie machten nicht nur mit der gesellschaftlichen Revolution und der Landreform Ernst, sondern sie zeigten auch Entschlossenheit im Kampf gegen den vordringenden Imperialismus Japans. Damit hatten sie zwei Faktoren der öffentlichen Meinung auf ihrer Seite: die Unzufriedenheit der bäuerlichen Bevölkerung und den nationalen Hass auf die Japaner. In Hunan hatte inzwischen Mao Zedong eine kommunistische Bauernbewegung und im September 1927 den «Herbsternte-Aufstand» organisiert. Er musste sich allerdings dann mit seinen Soldaten vor den Regierungstruppen in das schwer zugängliche Berggebiet an der Grenze von Hunan und Jiangxi zurückziehen. Während die Parteiführung Maos Vorgehen missbilligte und er aus dem Politbüro ausgeschlossen wurde, fand seine Strategie der ländlichen Revolution innerhalb der Partei immer mehr Anhänger, obwohl die Widerstände aus Moskau groß waren. Dort, wo insbesondere die Sun Yatsen-Universität als Ausbildungszentrum für chinesische Kommunisten diente, wurde die Durchsetzung des Komintern-Kurses der «Internationalisten» oder Bolschewisten betrieben, die 1931 auf dem 6. Plenum des ZK der KPCh sogar die Oberhand gewannen. In Moskau ausgebildete Kader hatten durch ihre Funktionen, vor allem in den kommunistischen Massenorganisationen wie der Jugendliga oder den Gewerkschaften, eine starke Stellung. Das unbeirrte Verfolgen einer eigenen auf die chinesischen Landverhältnisse abgestellten Strategie bildete langfristig jedoch die Grundlage für den Erfolg Mao Zedongs. Bei der Gründung des Jiangxi-Sowjets im Jahre 1929 unter seiner Führung ging es um die Sicherung einer territorialen Basis, das Prinzip der Selbstversorgung und den Aufbau einer militärischen Streitmacht für den Guerillakrieg. Dorthin, in die ostchinesische Provinz, hatte sich, mit Ruijin als Hauptstadt der Chinesischen Sowjetrepublik, das Zentrum der Kommunisten zurückgezogen. Auf diese in der bäuerlichen Rätebewegung gewonnenen Erfahrungen hat die kommunistische Bewegung später immer wieder zurückgreifen können. Im Oktober 1930 hatte die Nationalregierung den ersten von insgesamt fünf «Einkreisungs- und Vernichtungsfeldzügen» gegen das zentrale Sowjetgebiet unternommen. Dieser Feldzug endete ebenso ergebnislos wie die nächsten beiden Feldzüge im Jahre 1931, denn die Rote Armee vermochte ihre zahlenmäßige Unterlegenheit durch hohe Beweglichkeit und die Vertrautheit mit ihrem eigenen Terrain auszugleichen. Mit Hilfe deutscher Militärberater, die 1927 in Chiang Kaisheks Armee an die Stelle sowjetischer Berater getreten waren, begann, von langer Hand vorbereitet, der fünfte und letzte Feldzug im Oktober 1933, bei dem die Zentralregierung mehr als 700000 Mann mobilisierte. Ein Ring von Befestigungsanlagen wurde um das Sowjetgebiet gelegt und langsam zusammengezogen. Hermetisch von der Außenwelt abgeschlossen, wehrten sich die Kommunisten ein Jahr lang. Verstärkte Angriffe der GMD veranlassten im Oktober 1934 die Führer der Dritten Armee, Yang Shangkun (1907–1998) und Peng Dehuai, die Jiangxi-Basis aufzugeben. Die Hauptmacht der Roten Armee begann gemeinsam mit der Partei- und Regierungsorganisation den legendär gewordenen Langen Marsch.

Bei den Machtauseinandersetzungen innerhalb der KPCh und bei den Linienkämpfen gelang es Mao Zedong, der zunächst eine Außenseiterposition vertreten hatte, erst während des Langen Marsches, sich durchzusetzen. Seit seiner Wahl zum Vorsitzenden des Zentralkomitees der Partei im Januar des Jahres 1935 durch die auf dem Marsch anwesenden Mitglieder des Politbüros blieb Mao Zedong – trotz gelegentlicher Anfechtungen und innerparteilicher Auseinandersetzungen – der unbestrittene Führer bis zu seinem Tode im Jahre 1976.

Die Bedrohung durch Japan und der Marionettenstaat Mandschukuo

Die größte externe Bedrohung Chinas seit dem Beginn des 20. Jahrhunderts ging von Japan aus, das nach erfolgreicher erster interner Modernisierung während der Meiji-Zeit zunächst an den Rohstoffen in der Mandschurei, dann aber überhaupt an der Beherrschung Chinas interessiert war. Für viele Chinesen wiederum war Japan seit der Meiji-Reform zum Vorbild und Modell geworden, galt es doch als ein Beispiel dafür, dass auch ein asiatisches Land erfolgreich sein kann. Zugleich war Japan seit den letzten Jahren der Mandschu-Herrschaft zum Zufluchtsort für viele chinesische Intellektuelle geworden, die dort mit dem Umstand konfrontiert wurden, dass sich das China-Bild in Japan beträchtlich gewandelt hatte und traditionell gehegte Inferioritätsgefühle chauvinistischen Attitüden gewichen waren, was bei vielen den revolutionären Elan noch beflügelte. Nach dem Ende des Chinesisch-japanischen Krieges, aus dem Japan siegreich hervorgegangen war, hatte China Taiwan (Formosa), die Pescadoren und die Halbinsel Liaodong an Japan abtreten müssen. Die japanische Armee nutzte ihre Präsenz in Nordostchina, die ihr aufgrund des Boxer-Protokolls von 1901 zugestanden worden war, Unabhängigkeitsbewegungen eines «Paradieses in Nordchina» und einer «Mongolei der Mongolen» zu befördern, und war damit nicht ganz erfolglos geblieben. In den 30er Jahren des 20. Jahrhunderts, als die japanische Armee, nachdem sie sich der Mandschurei bereits bemächtigt hatte, auch Teile Nordchinas zu besetzen begann, kam es zum offenen Konflikt. Im Jahre 1931 war es Japan gelungen, dem Kriegsherrn Zhang Xueliang (Jahrgang 1898) die Mandschurei zu entreißen und einen eigenen Vasallenstaat zu errichten. Nach dem «Zwischenfall von Mukden» (das heutige Shenyang) am 18. September 1931, einem vorgetäuschten Bombenanschlag auf die Südmandschurische Eisenbahn, hatten die auf der Liaodong-Halbinsel stationierten japanischen Truppen innerhalb weniger Wochen Nordostchina, die einstige Mandschurei, besetzt. Damit hatten sie nicht nur etwa ein Zehntel des chinesischen Territoriums an sich gebracht, sondern gerade jenes Gebiet mit den nach damaliger Kenntnis weitaus größten Eisenerz- und Ölvorkommen sowie mit reichhaltigen Kohlelagern. Während den Japanern 1932 ein erster Versuch, Shanghai zu besetzen, infolge der Intervention einiger europäischer Mächte und der USA misslungen war, erreichten sie die Gründung eines Marionettenstaates, des Kaiserreiches Mandschukuo mit Puyi, dem letzten Kaiser Chinas, an der Spitze, der im Mai 1934 offiziell als Herrscher von Mandschukuo inthronisiert wurde. Dieser Staat hatte eine eigene Flagge, eine Nationalhymne, eigene Streitkräfte und war von den Achsenmächten und einigen anderen Staaten, einschließlich des Vatikans, anerkannt worden, aber eben nicht international, weswegen Japan seinen Austritt aus dem Völkerbund erklärte. Erst im August des Jahres 1945 hörte der Staat Mandschukuo auf zu existieren, dessen Geschichte heute Gegenstand gemeinsamer chinesisch-japanischer Historikerkonferenzen ist.

Bildung einer zweiten Einheitsfront
Inzwischen hatte sich der Protest gegen die Annexionsbestrebungen der Japaner so sehr gesteigert, dass der Druck auf Chiang Kaishek zur Aufnahme des Kampfes gegen Japan immer stärker wurde. Bis dahin hatte Chiang immer wieder gezögert, gegen die japanische Aggression energisch vorzugehen, und er hatte es immer noch vorgezogen, zuerst die sogenannte «kommunistische Gefahr» im eigenen Lande zu bannen, die er als die größere Bedrohung bezeichnete.

Durch die aggressive Politik Japans wurde der nationale Selbstbehauptungswille Chinas nachhaltig gestärkt, und Chiang Kaishek musste bald sein vorrangiges Ziel, die Kommunisten zu bekämpfen, aufgeben und denjenigen unter seinen Anhängern, insbesondere bei den Truppen, folgen, die ein Zurückdrängen der Japaner forderten. Die Wende brachte der sogenannte Xi'an-Zwischenfall, bei dem Chiang Kaishek am 12. Dezember 1936 von Teilen seiner eigenen Truppen gefangen genommen worden war, die ihn dazu zwangen, in die Bildung einer Einheitsfront mit den Kommunisten zum Widerstand gegen Japan einzuwilligen. Nahezu ein Jahr später, am 22. September 1937, kam es dann nach langen Verhandlungen und eigentlich erst nach dem offenen Ausbruch des Chinesisch-japanischen Krieges nach dem Zwischenfall an der Marco-Polo-Brücke unweit von Peking (7. Juli 1937) zur Bildung einer Einheitsfront. Den Weg hierzu hatte die Komintern in Moskau bereits im August 1935 geebnet, als sie Bündnisse zur Abwehr von Faschismus und Militarismus empfahl. Seit Anfang 1936 hatte daher auch die KPCh eine Allianz aller Parteien und Streitkräfte propagiert und sich damit in den Augen weiter Bevölkerungskreise als der eigentliche Sachwalter der nationalen Interessen profiliert.

Die Etablierung einer antijapanischen Einheitsfront und die Einleitung des Krieges gegen Japan im Juli 1937 war ein Zeichen der Schwäche der GMD-Regierung in Nanking, die sich bald von dort yangziaufwärts nach Sichuan zurückzog. Insgesamt aber diente der Krieg gegen Japan der Stärkung einer chinesischen nationalen Identität. Andererseits war die Einheitsfront im Rückblick betrachtet doch auch ein Schritt hin zur vollen Wiederherstellung der staatlichen Einheit.

Im Vergleich zu dem ersten Bündnis der beiden Parteien von 1924 bis 1927 war die KPCh jetzt in einer besseren Lage: Sie hatte eine eigene Armee, kontrollierte eigene Gebiete und verfügte bereits über eine breite Massenbasis. Doch trotz gewisser Zugeständnisse an die Einheitsfront erhielt die GMD den Anspruch auf eine Einparteienherrschaft aufrecht und nahm etwa die Bekämpfung der Kommunisten im Jahre 1939 wieder auf, um deren territoriale Expansion und politische Aktivität einzudämmen. Da die schlagkräftigeren Truppen der GMD gegen die Kommunisten eingesetzt wurden, musste der Erfolg im Kampf gegen die japanischen Invasoren begrenzt bleiben. Ein Höhepunkt der antikommunistischen Aktionen war Ende 1940 die Vernichtung großer Teile der kommunistischen Neuen Vierten Armee, die als Partisanenarmee beiderseits des Yangzi in der Provinz Anhui operiert hatte.

Der Kampf um die Einheit Chinas wurde auch auf akademischem Gebiet geführt, was sich etwa in der Arbeit des Historikers und Archäologen Li Chi «Manchuria in History» (1932) niederschlug, die mit dem Satz beginnt: «Die Mandschurei war immer ein Teil der Geschichte Chinas.» Otto Franke, der bedeutende Diplomat, Sinologe und Historiker schrieb im Vorwort zu dem unter dem Titel «Das Kämpfende China – Die störenden und fördernden Kräfte im Einigungsproblem Chinas» im Jahre 1936 gedruckten Vortrag des Diplomaten Jiang Tingfu (1895–1965), der zu jener Zeit Chinas Botschafter in Moskau war: «Mit dem konfuzianischen System fiel das haltende Band der Reichseinheit. Nachdem mit dem ‹Himmelssohn› das tragende Zentrum beseitigt war, begannen die völkischen Kräfte, geleitet von den Machtplänen einzelner Persönlichkeiten, auseinanderzustreben, eine Periode gefährlichster Zerreißungen trat ein. (...) An die Stelle des verbrauchten konfuzianischen Systems muss etwas Neues treten, und dieses Neue kann nur der nationale Gedanke sein, der alle Glieder des Reiches in freiem Willen aneinander bindet. Aus der Kulturgemeinschaft der chinesischen Völker muss eine Nation werden.» – Dieses Vorwort Otto Frankes ist ebenso wie der Vortrag selbst aus den Umständen der Zeit zu verstehen, als Chiang Kaishek von Nanking aus ein nationales Einheitsreich zu schaffen versuchte und sich innenpolitisch vielfältiger beratender Unterstützung durch das nationalsozialistische Deutschland bediente.

Der Widerstandskrieg: Chinas Ringen um Rückgewinnung der Souveränität

Seit dem Bruch der ersten Einheitsfront von GMD und KPCh 1927 war die Beziehung zwischen der Nankinger Regierung einerseits und der UdSSR und der durch sie kontrollierten Komintern gespalten. Einmal hatte es in der Mandschurei und der Mongolei mit Wissen der Nankinger Regierung Übergriffe der dortigen Kriegsherren gegen die Sowjetunion gegeben, zum anderen hatte die Republik China die sowjetischen Konsulate schließen lassen und im Juli 1929 die diplomatischen Beziehungen zu Moskau ganz abgebrochen. Doch nach den japanischen Angriffen war es rasch wieder zu einer Kontaktaufnahme gekommen, und 1937 wurde zwischen Moskau und Nanking ein Nichtangriffspakt geschlossen und die Lieferung von Waffen und Hilfsgütern vereinbart.

Gegenüber den Westmächten und den USA stand die Bemühung der Republik um Rückgewinnung der in den «Ungleichen Verträgen» verlorenen Souveränitätsrechte im Vordergrund. Da solche Rückgaben insbesondere von den Briten an die Forderung nach einer modernen Gesetzgebung gebunden wurden, kam es bald zur Einführung einer neuen europäisch geprägten Rechtskodifizierung, was u. a. zur Übersetzung und weitgehenden inhaltlichen Übernahme deutschen Rechts führte. In zähen Verhandlungen konnte Nanking nach und nach die Aufhebung einstmals gewährter Konzessionen erreichen. Dieser Prozess dauerte über eineinhalb Jahrzehnte und fand mit dem Wegfall der letzten Vorrechte der USA und Großbritanniens im Jahre 1943 einen Abschluss. Die Verständigung zwischen der Nankinger Regierung und den USA wie den Westmächten wurde dadurch begünstigt, dass ein großer Teil der Führungselite Chinas und die meisten Intellektuellen und Akademiker im Ausland studiert hatten oder doch ihre Ausbildung auf einem der von Amerikanern oder Europäern gegründeten christlichen Colleges oder einer der Missionsschulen erhalten hatten.

Der offene Krieg und das Massaker von Nanking
Bei dem mit dem Zwischenfall an der Marco-Polo-Brücke nahe Peking am 7. Juli 1937 verknüpften Beginn des offenen Krieges zwischen China und Japan, der bis zum August 1945 dauerte, befand sich die Nankinger Regierung bereits in einer Rückzugsposition in Chongqing, einer zentralen Stadt im westlichen Sichuan. Im Nordosten davon befanden sich die kommunistischen Verbände in den «Befreiten Gebieten» der Achten Feldarmee. Die großen Ebenen und die Küstengebiete im Nordosten, Osten und Südosten Chinas hingegen wurden zu Opfern der japanischen Invasions- und Besatzungstruppen, die jedoch nicht stark genug waren, die einmal besetzten Gebiete dauerhaft zu kontrollieren.

Weil die Moral der GMD-Truppen schlecht war und die Truppenorganisation ungenügend, blieb die Einheitsfront schwach. Diese Schwäche zeigte sich auch bei der Invasion japanischer Truppen Ende 1937 von Shanghai aus in die Gebiete des Unteren Yangzi-Laufs, die in der Einnahme Nankings ihren Höhepunkt erreichte. Sieben Wochen lang, beginnend mit dem 13. Dezember 1937, wurde von japanischen Truppen eine ganze Stadt vergewaltigt und geschändet. Die Truppen verbreiteten Terror unvorstellbaren Ausmaßes in Nanking, Mord, Plünderung und Quälerei bis zum Exzess, und es ist nur einer kleinen Gruppe ausländischer Ärzte und Missionare, darunter dem Deutschen John Rabe, zu verdanken, dass ein Teil der Bevölkerung überlebte. Diese Ereignisse, die erst mehr als ein halbes Jahrhundert später vor der Weltöffentlichkeit dargelegt wurden und die mit Ulrich Tukur in der Rolle des John Rabe an Originalschauplätzen in einem Film nachgestellt werden, belasten die Beziehungen zwischen China und Japan. Ihre Unfähigkeit, erobertes Land zu halten und zu sichern, ohne die einheimische Bevölkerung auszulöschen, suchte die japanische Armeeführung später durch Einsetzung chinesischer Statthalter zu kompensieren, wie im Falle der im Jahre 1940 von Japan in Nanking eingesetzten Regierung unter Führung des einstigen Weggefährten Sun Yatsens Wang Jingwei.

Der antijapanische Kampf hatte nicht nur zur Mobilisierung weiter Teile der chinesischen Bevölkerung und damit zur Steigerung eines Nationalbewusstseins beigetragen, sondern überhaupt erst die Grundlage für eine weitgehende Militarisierung Chinas geschaffen. Erst diese Mobilisierung und die dabei erlangten Kampf- und Überlebenstechniken ermöglichten es dann während der Zeit des Bürgerkrieges den Verbänden der Kommunisten, gegen die von den Amerikanern unterstützten GMD-Truppen die Macht über das ganze Festland zu erringen. Denn obwohl eigentlich aus dem Felde geschlagen, wurde die Nationalregierung weiterhin durch die Alliierten, insbesondere durch die USA, unterstützt.

7. Jahre des Übergangs und das Ende des sowjetischen Vorbilds 1945–1960

Bürgerkrieg, Staatsgründung und die Republik auf Taiwan: Gescheiterte Vermittlungsversuche

Am Ende des Zweiten Weltkrieges sah es überhaupt nicht danach aus, dass die kommunistische Bewegung in China Unterstützung von außen finden würde. Nicht nur die USA setzten auf Chinas Nationalregierung, sondern auch Stalin hatte im August 1945 mit Chiang Kaishek einen Bündnisvertrag geschlossen, der Russland zur Neutralität im chinesischen Bürgerkrieg zwischen Kommunisten und GMD verpflichtete. Insgeheim jedoch unterhielt die Sowjetunion hochrangige Kontakte mit der KP-Führung. Überhaupt waren die Konfrontationslinien nicht so scharf gezogen, wie es spätere Polemiken nahelegen wollten. So war etwa 14 Tage nach der Kapitulation der japanischen Armee am 14. August 1945 Mao Zedong zu einem persönlichen Treffen mit Chiang Kaishek nach Chongqing geflogen, wo sich Zhou Enlai als Leiter eines Verbindungsbüros der KPCh nahezu ständig aufhielt. Schon seit 1942 hatte es zwischen Vertretern der GMD und der KPCh Verhandlungen über eine Beilegung des Gegensatzes zwischen beiden Parteien gegeben. Die Verhandlungen von Chongqing blieben jedoch ergebnislos. Die GMD-Regierung kehrte wieder nach Nanking zurück und versuchte, das ganze Land ihrer Kontrolle zu unterstellen. Als nach einer Reihe von militärischen Zusammenstößen Ende 1946 die KPCh einer von der GMD einberufenen Verfassunggebenden Versammlung fernblieb, war die Möglichkeit einer politischen Einigung verspielt. Die GMD konnte sich trotz ihres Sieges bei den Parlamentswahlen, die nach Inkraftsetzung einer neuen Verfassung der Republik zum Jahresbeginn 1947 durchgeführt wurden, nicht behaupten. Es begann der Endkampf um die politische Macht.

Der Siegeszug der Roten Armee
In der letzten Phase des Bürgerkrieges zeigte sich der politische und moralische Vorteil der Kommunisten. Die GMD-Truppen, disziplinlos und von der Bevölkerung gefürchtet, waren ohne einen Kampfauftrag, der für den einfachen Soldaten einsichtig gewesen wäre. Die Volksbefreiungsarmee dagegen rekrutierte sich aus der Bauernschaft, für die gerade eine neue Zeit anbrach. Sie kämpfte für die Bodenreform und die soziale Revolution und fand die Unterstützung der Bevölkerung. Im Laufe des Jahres 1948 gelang den Kommunisten die Eroberung der Mandschurei, und sie erlangten die Kontrolle über Nordchina, wobei ihnen jedoch auch die Unterstützung der Sowjetunion zu Hilfe kam, die der Roten Armee die Waffenbestände der Japaner überließ und die Anlandung von GMD-Flottenverbänden in Dalian

verhinderte. Von der Bevölkerung zumeist als Befreier begrüßt, wuchsen das Selbstbewusstsein und die moralische Kraft der Roten Armee von Tag zu Tag, und nach einer Offensive der Kommunisten im September 1948 war es unübersehbar, dass die kommunistischen Kräfte die Macht im Lande erringen würden. Im April 1949 überschritt die Rote Armee den Yangzi auf breiter Front. Trotz hoher eigener Verluste konnte sie am 24. April Nanking und am 27. Mai Shanghai einnehmen. Während sich die Nankinger Nationalregierung auflöste, tagte in Peking im Juni 1949 der Vorbereitungsausschuss für die neue politische Konsultativkonferenz. Dieses Gremium aus 662 Delegierten verfasste im September ein gemeinsames Programm, das zur provisorischen Verfassung der Zentralen Volksregierung wurde. Am 27. September wurde Beiping wieder in Peking umbenannt, und am 1. Oktober 1949 rief Mao Zedong als Vorsitzender der neuen Regierung die Volksrepublik aus.

Auch Stalin hatte 1948 einsehen müssen, dass die KPCh wohl den Sieg davontragen werde. Nach einem Besuch von Anastas Mikojan Ende 1948 in China kam es zu einem Gegenbesuch des großen Arbeiterführers und späteren Staatspräsidenten Liu Shaoqi (1898–1969) Ende Juni 1949. Bei dem Besuch Mikojans in China war es auch um den Status der seit 1924 unabhängigen – bzw. faktisch unter russischem Protektorat stehenden – Äußeren Mongolei gegangen, eine Frage, die auch mit der GMD nicht hatte einvernehmlich geklärt werden können. Der Versuch der USA, zuletzt durch die Entsendung von General George Marshall, die Wiederherstellung eines nationalen Bündnisses zwischen der KPCh und der GMD zu erreichen, blieb erfolglos. Der kommunistischen Bewegung hingegen schien gerade die Propaganda zu nützen, wonach die GMD nichts als der «Lakai der USA» sei, die mit Hilfe der GMD China in eine amerikanische Kolonie verwandeln wolle, und tatsächlich diente die massive Unterstützung der GMD-Truppen durch die Amerikaner in den Augen vieler Chinesen als Bestätigung dieser Behauptung.

Das Ziel eines nationalen Einheitsstaates und die Staatsgründung 1949

Trotz der häufigen Verwendung des Föderalismus-Begriffs *lianbang* durch Mao Zedong in den 30er und 40er Jahren des 20. Jahrhunderts – noch im Jahre 1945 sprach Mao Zedong von der föderalen Struktur eines zukünftigen China – gab es doch niemals einen ernsthaften Zweifel daran, dass für China der Einheitsstaat das Ziel sein müsse. Nach der langen Dauer eines Einheitsstaates auf chinesischem Boden hatten am Ausgang der Qing-Zeit zentralistische bzw. integrationistische Vorstellungen überwogen. Hinzu trat im späten 19. Jahrhundert die Forderung eines Großteils der Elite, die Nation müsse gestärkt werden. Die Restrukturierung des Staates im Zuge der Niederwerfung sozialer Unruhen zusammen mit dem Auftreten der imperialistischen Mächte ließ es daher nicht zu einer Ausdifferenzierung lokaler und regionaler Interessen einerseits und einer Beschränkung der zentralen Staatsmacht andererseits kommen. Denn obwohl sich nach dem Ende des Kaiserreiches zunächst kein neues nationales Machtzentrum herausbildete und man daher von einer Zeit der Zersplitterung sprechen muss, begünstigte dies nicht die Bildung und das Anwachsen einer bürgerlichen Schicht, die zum Träger einer bürgerlichen Revolution hätte werden können. Die ideologischen Kämpfe und die wirtschaftliche und administrative Entwicklung förderte eher eine Fragmentierung innerhalb der Elite.

Am 1. Oktober 1949 rief Mao Zedong auf dem Platz vor dem «Tor zum Himmlischen Frieden» vor einer begeisterten Volksmenge von 300000 Menschen die Volksrepublik aus, die bereits einen Tag später von Russland anerkannt wurde. Mao Zedong selbst fungierte als Staats- und Parteichef, Zhou Enlai als Regierungschef und Zhu De als einer der sechs Vizepräsidenten und Befehlshaber der Streitkräfte. Gestützt auf die Verwaltungs- und Regierungserfahrungen in den «Befreiten Gebieten», begannen sie mit dem Wiederaufbau und der sozialistischen Umgestaltung des Landes. Damit ging das Jahrhundert der chinesischen Revolution zu Ende, das je nach Sichtweise mit dem Opiumkrieg (1839–1842) oder mit dem Taiping-Aufstand begonnen hatte. Der 1. Oktober blieb seither der wichtigste nationale Feiertag.

Mit der Ausrufung der Volksrepublik China war die Nankinger Nationalregierung mit ihrem Anspruch endgültig gescheitert, eine demokratische Revolution von oben durchzuführen. Bemerkenswert ist aber auch, dass es zunächst nicht das erklärte Ziel aller die Kommunisten unterstützenden Kreise war, eine kommunistische Herrschaft nach dem Muster der Sowjetunion zu etablieren. Nicht nur ließen die Gemeinsamkeiten mit bestimmten programmatischen Punkten der GMD wirkliche programmatische Gegensätzlichkeiten nicht erkennen, sondern die nationale Einheit und der Widerstand gegen die ausländischen Mächte waren das wichtigste politische Thema. Für diese Gemeinsamkeiten kann der «Demokratische Bund» stehen, eine von zahlreichen Intellektuellen gestützte Partei, die das Konzept des «Dritten Weges» zwischen GMD und KPCh vertrat und den Versuch unternahm, die chinesische Gesellschaft und den chinesischen Staat in Anlehnung an Leitbilder der westlichen Demokratie neu zu ordnen. Gerade jene Partei und ihre Entwicklung zeigt deutlich, dass die Gewinnung der Macht durch die Kommunisten kein von außen manipulierter Umsturz war, sondern eine von der breiten Masse der Bevölkerung getragene Umwälzung. Selbst kosmopolitische und westlich orientierte Schichten begleiteten die Revolution und zumindest anfänglich die Politik der «Neuen Demokratie» Mao Zedongs mit Sympathie und oft sogar mit ausdrücklicher Zustimmung. Die vor allem aus den ländlichen Regionen stammenden Parteikader der KPCh waren ihrerseits zunächst sehr bemüht, das Leben in den Städten, Industrie und Handwerk, Handel und Verwaltung in Gang zu bringen. Diese Bemühungen wurden propagandistisch unter die Parole «von den Fehlern Li Zichengs lernen» gestellt, der im Jahre 1644 mit Aufständischen Peking besetzt hatte, seinen Sieg dann aber infolge des undisziplinierten und gewalttätigen Verhaltens seiner Truppen an die einfallenden Mandschu-Truppen und die chinesischen Armeeverbände Wu Sanguis verlor. Und tatsächlich gelang es der KPCh durch konsequenten Einsatz ihrer Kader eine neue sozialistische städtische Kultur zu etablieren.

Die Besetzung Taiwans
Taiwan, das seit dem ersten Chinesisch-japanischen Krieg 1894/95 japanische Kolonie war, erlebte mit der Besetzung durch die GMD-Truppen im Jahre 1945 ein Trauma. Die sich neu etablierende Regierung, die sich die Wiedergewinnung des Festlandes auf die Fahnen schrieb, hatte keine Verwendung für die bisherigen Eliten Taiwans, die zum großen Teil in Japan erzogen waren und selbst nicht mehr in der chinesischen intellektuellen Tradition standen. Das mit dem 28. Februar 1947 verknüpfte Massaker durch Polizei und Truppen der GMD in Taipei beendete den Status der alten Eliten, denen im Zuge der Landreform in den 50er Jahren dann auch ihre wirtschaftlichen Grundlagen genommen wurden. Die unterschiedlichen Erfahrungen mit Japan auf Seiten der Taiwanesen einerseits und auf Seiten der Festlandchinesen andererseits sowie die Anlehnung an die Vereinigten Staaten von Amerika als neue Schutzmacht erschwerten eine innere Konsolidierung in Taiwan. Die Folgen zeigten sich bis in die 90er Jahre etwa in den Kontroversen um die Frage nach einer Vereinigung mit dem Festland.

Solche Kontroversen waren jedoch seit dem Rückzug der GMD-Regierung nach Taiwan im Dezember 1949 für die folgenden Jahrzehnte offiziell tabu. Den GMD-Truppen mit dem Generalissimus Chiang Kaishek an der Spitze, der erst am 1. März 1950 wieder das Präsidentenamt übernahm, wären etwa 2 Millionen Anhänger gefolgt. Die Republik China auf Taiwan verstand sich in den folgenden Jahrzehnten als die einzige gewählte Regierung Chinas und leitete daraus ihren Anspruch auf Alleinvertretung ab. Für die Bevölkerung auf Taiwan war dies eine Zeit der Diktatur, zugleich aber auch der Reformen. Das Programm, das die GMD für Gesamtchina nicht hatte realisieren können, verwirklichte sie – nicht zuletzt unter dem Druck der USA – in

Taiwan, so dass dort nach dem Ende der Erziehungsdiktatur in den 80er Jahren ein Mehrparteiensystem entstand.

«Neue Demokratie» und Proletarische Revolution:
Von der Stadt das Land anleiten
Die Perspektive der unmittelbar bevorstehenden Machtübernahme und die damit verbundenen schweren Aufgaben hatten die KPCh zu einer engen Aktionsgemeinschaft zusammengeschweißt. Es war Mao Zedong, nicht Liu Shaoqi oder Deng Xiaoping, der sich zum Anwalt einer ausgesprochen pragmatischen politischen Generallinie machte. Die KPCh sollte demnach alles daransetzen, die von Krieg, Bürgerkrieg und Inflation stark angeschlagene urbane Wirtschaft so schnell wie möglich wieder zu normalisieren. Dem Zeitgeist der «neuen demokratischen Periode» entsprechend, gründete man die junge Volksrepublik auf eine «Viererkoalition», die nicht nur aus Arbeiterschaft, Bauern und Kleinbürgertum, sondern auch aus den Angehörigen der nationalen Bourgeoisie bestand. Das war die «Neue Demokratie».

Doch bald schon merkten einige, nicht zuletzt Mao Zedong selbst, dass sich im Verlaufe des wirtschaftlichen Aufbaus und der politischen Konsolidierung ein riesiger Partei- und Kaderapparat herausbildete, der die überkommenen Yan'an-Ansätze der partizipatorischen, zugleich aber zentralistisch gelenkten Massendemokratie immer mehr in den Hintergrund drängte. Die Gruppe derer, welche die Revolution langfristig sichern und die Wiederaufrichtung einer Eliteherrschaft verhindern wollten, suchte nach Wegen zur Erreichung dieses Ziels. Es sollte die Bewegung die Menschen erreichen, und jeder Einzelne ebenso wie die Masse des Volkes sollte die große Aufgabe der chinesischen Zukunft zu seinem ureigensten Anliegen machen. Die Mitgliederzahlen der KPCh, die von 3 Millionen im Jahre 1948 auf 13 Millionen im Jahre 1960 und 35 Millionen im Jahre 1977 anwuchsen (1997: 58 Mio.; 2007: 73 Mio.), schienen eine Entwicklung in diese Richtung zu bestätigen, doch wurden politische Richtungskämpfe auch mit dem Mittel der «Parteisäuberung» ausgefochten, und vor allem blieb immer offen, inwiefern nicht vorwiegend persönliche Interessen zum Parteieintritt geführt hatten.

Kampf zweier Linien und nationale Neuordnung
Zur Zeit des 8. Parteitages im September 1956 brach der Kampf zweier Linien offen aus. Die eine Seite, vertreten durch Liu Shaoqi, sah die Hauptschwierigkeiten in der wirtschaftlichen Rückständigkeit begründet, während die andere von Mao Zedong vertretene Seite zwar auch der Wirtschaft eine wichtige Rolle zusprach, das Hauptproblem aber in der Beziehung zwischen Partei und Volk sah. Doch die Position Mao Zedongs, welcher Aktivismus, lebenslange Lernbereitschaft, uneigennützige Hingabe an die Gemeinschaft, Bereitschaft zum Konsumverzicht und Einheit mit den «Massen» als Leitorientierungen propagierte, fand zunächst in der Partei keine ausreichende Mehrheit, auch wenn es bereits Erfahrungen mit Massenmobilisierungen in der Anfangsphase der Zeit der Volksrepublik gegeben hatte, etwa bei der Bodenreform in den Jahren von 1949 bis 1952 sowie bei der Genossenschaftsbewegung in den Jahren 1951 bis 1956.

Im Zentrum der Aufmerksamkeit der Staats- und Parteiführung der neugegründeten Volksrepublik hatte zunächst die wirtschaftliche Entwicklung gestanden, und die Frage war nur, wie die damit einhergehenden Anforderungen und Belastungen der Bevölkerung und der vorläufige Verzicht auf das Erreichen lange angestrebter Ziele miteinander in Einklang zu bringen seien. Die Zeit zwischen 1953 und 1957 war gekennzeichnet durch die Nachahmung des sowjetischen Vorbildes. Die vorrangige Entwicklung der Schwerindustrie stand daher im Vordergrund.

Innenpolitisch hatte die Politik bezeichnenderweise zunächst an der Kernzelle der chinesischen Gesellschaft angesetzt und bereits im Jahre 1950 ein neues Ehegesetz verabschiedet, das der Frau innerhalb wie außerhalb der Familie einen gleichberechtigten Status zuschrieb. Zugleich aber diente diese Gesetzgebung dazu, die Rolle der Familien gegenüber dem Einfluss der Partei zu relativieren. Daneben wurde ein Agrarreformgesetz erlassen, dem zufolge fast die Hälfte der landwirtschaftlichen Nutzfläche in den Besitz von 120 Millionen Kleinbauern überging, begleitet von einer hasserfüllten Hetze gegen die Großgrundbesitzer. Auf diese Weise wurden die Großgrundbesitzer weitgehend enteignet. Mit der im Mai 1953 verkündeten «Generallinie des Übergangs zum Sozialismus» wurde die Rolle der KPCh als die zentrale Instanz für alle Bereiche der Wirtschaft und der Politik festgeschrieben, was dann in der Verfassung von 1954 bekräftigt wurde. Darin wird auch die Gliederung des Staatsraumes neu definiert. An die Stelle der 1949 gebildeten 6 Verwaltungsgroßregionen treten nun 21 Provinzen, 5 autonome Regionen und 3 regierungsunmittelbare Städte. Inzwischen sind es 23 Provinzen (einschließlich Taiwan), 5 autonome Regionen, 4 Großstadtgebiete mit Provinzstatus und 147 territoriale Einheiten mit regionaler Autonomie.

Die Erfolge während des Ersten Fünfjahresplans (1953–1957) waren beeindruckend. Die Industrieproduktion wuchs jährlich im Durchschnitt um 18 Prozent und die Landwirtschaft um 4,5 Prozent. Doch alle Nachteile zentralistischer Planwirtschaft, Bürokratisierung und Ineffizienz, blieben ebenfalls nicht aus, und diese Nachteile trugen zur Entfachung des innerparteilichen Machtkonflikts über die Grundlagen der ökonomischen Entwicklungsstrategie der VR China bei.

Großer Sprung und große Hungersnot: Hundert-Blumen-Bewegung und Kampagne gegen Rechtsabweichler

Es war auch ein Ausdruck der Abwendung von dem sowjetischen Entwicklungsmodell seit Mitte der 50er Jahre, dass die Parteiführung mit der Politik der «Drei Roten Banner» einen neuen revolutionären Anlauf versuchte. Kollektivierung und Massenmobilisierung wurden auf die Fahnen geschrieben. Nicht mehr materielle Anreize, sondern revolutionärer Elan, nicht mehr die Verhältnisse, sondern das «richtige» Bewusstsein sollten die Entwicklung in China vorantreiben. Die Abwendung von der sowjetischen Politik leitete Mao Zedong im April 1956 mit seiner Rede über die «Zehn Großen Beziehungen» ein. Die Mobilisierung der Intelligenz, insbesondere der Studenten und der Wissenschaftler, leitete die «Hundert-Blumen-Bewegung» ein, so genannt nach der Rede Mao Zedongs, die er im Mai 1957 unter der Überschrift «Lasst hundert Blumen blühen, lasst hundert Gedankenschulen miteinander wetteifern» gehalten hatte. Zuvor, im Februar 1957, hatte er eine Rede «Über die richtige Behandlung der Widersprüche im Volke» gehalten, die auch eine Reaktion auf den Ungarnaufstand war. Die folgende Kritik der Intellektuellen an Partei und Staat richtete sich gegen einzelne Führer der KPCh sowie gegen das sozialistische System, worauf die Partei mit einer «Kampagne gegen Rechtsabweichler» reagierte. Manche Beobachter gingen sogar so weit zu vermuten, dass Mao Zedong zur Kritik bereits in der Absicht aufgerufen habe, um die Kritiker zu ermitteln und mundtot zu machen.

Die endgültige Abwendung vom sowjetischen Wirtschaftsmodell wurde nach langen innerparteilichen Kämpfen im Jahre 1958 ins Werk gesetzt. In einem «Großen Sprung nach vorn» sollten die Produktivität der Landwirtschaft gesteigert und der Weg zur endgültigen kommunistischen Gesellschaft beschleunigt werden. Die sogenannten «Volkskommunen» *(renmin gongshe)* wurden errichtet, in denen 99 Prozent der ländlichen Bevölkerung zusammengefasst wurden. Zur Bildung dieser Volkskommunen wurden 740 000 Kooperativen in 26 000 Kommunen zusammengefasst. Dies waren nach militärischen Prinzipien organisierte Großkollektive, die das gesamte Leben ihrer Mitglieder regelten. Landwirtschaft und Schwerindustrie sollten gleichzeitig landesweit vorangetrieben werden, und jede Volkskommune baute einen eigenen Hochofen zur Eisenverhüttung. Diese «Produktionsschlacht» führte nicht nur zu einer Überlastung der Bevölkerung, sondern nach kurzer Zeit auch zu einem Produktionsrückgang in Landwirtschaft und Industrie. Naturkatastrophen und Planungsfehler führten bald zu einer drastischen Unterversorgung, so dass in den folgenden «drei bitteren Jahren» (1960–1962) etwa 30 Millionen Menschen an Hunger starben.

Da an die Stelle der verordneten «revolutionären Begeisterung» Eiferertum und Unduldsamkeit der Kader traten, sich in manchen Fällen auch einfach schiere Korruptionsbereitschaft zeigte, reagierte die Bevölkerung auf solche Massenkampagnen mit passivem Widerstand, zumal im Gefolge radikaler Fehlentwicklungen Versorgungsengpässe in weiten Teilen des Landes auftraten. Das Ansehen von Staat und Partei war daher im Verlaufe des sogenannten «Großen Sprungs nach vorn» auf einen seit 1949 nicht dagewesenen Tiefpunkt gesunken.

Konsolidierung
Im Zuge einer unter der Führung des damaligen Staatspräsidenten Liu Shaoqi stehenden «Konsolidierungsbewegung» wurde ein Notstandsprogramm angenommen, das im Zeichen der «Theorie der Produktivkräfte» stand. Das Land müsse alle Möglichkeiten und Kräfte nutzen, um seine wirtschaftliche Rückständigkeit zu überwinden. Bereits im August 1959 waren einige Mitglieder aus der Parteiführung gegen Mao Zedong aufgetreten und hatten seine Politik kritisiert, allen voran der Verteidigungsminister Peng Dehuai (1898–1974). Doch erst nachdem sich das Desaster des «Großen Sprungs» weder leugnen noch abwenden ließ, setzte sich Liu Shaoqis «Konsolidierungsbewegung» durch. Es kam zu einer Wiederbelebung «materieller Anreize» in Form von ländlichen Privatparzellen und bedingt freien Märkten. Mit Hilfe dieser Maßnahmen konnte sich das Land bis 1963/64 von der wirtschaftlichen Notlage einigermaßen erholen.

Für Mao Zedong wiederum war die offizielle Anerkennung solcher rein fachlich bezogener Maßstäbe ein Beweis dafür, dass viele seiner einstigen Mitkämpfer «die Farbe gewechselt» hatten und zu Vertretern einer neuen Bourgeoisie geworden waren. Unter seiner Führung setzte eine Gegenbewegung ein, die der neuen Politik einen «revisionistischen», das heißt vom revolutionären Kurs abweichenden Charakter vorwarf. Diese Gegenbewegung, die schließlich in der «Großen Proletarischen Kulturrevolution» mündete, sollte nach dem Willen ihrer Befürworter entscheidend für das zukünftige Schicksal Chinas sein. Sie führte zur Ausschaltung der Liu-Fraktion und zu einer jahrelangen landesweiten Kritik ihrer «revisionistischen» Lehren.

8. Chinas Nordgrenze und die Tibetfrage

Die Beziehungen zu Russland
Seit dem Frieden von Nertschinsk im Jahre 1689, wenn man von den gewaltsamen russischen Besetzungen des Ili-Gebietes 1871 und der Mandschurei 1900 absieht, hatte es keine kriegerischen Auseinandersetzungen zwischen China und Russland mehr gegeben, doch blieben die seit zwei Jahrtausenden andauernden Auseinandersetzungen mit Völkern an der Nordgrenze in Erinnerung. Daran gemahnte auch die Große Mauer, die freilich seit den großen Eroberungen der Mandschu im 17. und 18. Jahrhundert innerhalb Chinas liegt und eigentlich keine Grenze mehr markiert, auch wenn sie in den 90er Jahren des 20. Jahrhunderts wieder zum Symbol nationaler Selbstbehauptung und Identität stilisiert wurde. Ein anderes Projekt, das chinesische und russische Interessen verschränkte, war die in den frühen 90er Jahren des 19. Jahrhunderts begonnene Transsibirische Eisenbahn. China seinerseits hatte seit jener Zeit freilich auch die unterschiedlichen Interessen Russlands und Japans gegeneinander auszuspielen getrachtet, woraus nach der für China so schmachvollen Niederlage gegenüber Japan dann Russland erhebliche Vorteile zog, das sich mit der Chinesischen Osteisenbahn den Zugang über Harbin hinaus bis nach Shenyang (Mukden) und nach Dalian (Dairen) und Port Arthur sicherte.

Die besonderen Beziehungen zwischen dem zaristischen Russland und China beruhten auf der Tradition der russischen Gesandtschaft in Peking. In den frühen 50er Jahren des 20. Jahrhunderts, als die Zusammenarbeit zwischen der Sowjetunion und China besonders eng war, wurde gerne die lange Tradition der friedlichen Beziehungen zwischen Russland und China hervorgehoben. Begonnen hatte diese intensive Beziehung mit dem Freundschafts- und Beistandsvertrag zwischen dem Kreml und der kommunistischen Regierung unter Mao Zedong im Februar 1950. Nicht Wende, aber Bekräftigung der sino-sowjetischen Beziehungen war der Besuch Mao Zedongs in Moskau vom 16. Dezember 1949 bis 17. Februar 1950 gewesen, dessen Resultat dieser Vertrag war, auch wenn Stalin versuchte, die russische Kontrolle über die Mandschurei weiterhin zu behalten. Hier bereits sind aber auch die Keime für das spätere Zerwürfnis bzw. für die spätere Emanzipation Chinas von der Sowjetunion zu sehen. Konfliktträchtig waren auch die russischen Kolonialisierungsbemühungen an den Nordrändern Chinas sowie Russlands Interesse an einem Zugang zu einem eisfreien Hafen zum Pazifik im Zusammenhang der allgemeinen Kolonialisierung in Ostasien. Dies wurde wachgerufen bei den Auseinandersetzungen um den Grenzverlauf am Amur in den 60er und 70er Jahren des 20. Jahrhunderts, der eine Folge des 1860 von den Kolonialmächten, nicht zuletzt von russischer Seite den Chinesen aufgedrängten «ungleichen Vertrages» war, nach dem etwa auch die chinesische Stadt Haishenwai, in der sich russische Kolonisten niedergelassen hatten, in Wladiwostok umbenannt wurde. Die Grenzverhältnisse in der Mandschurei sind erst im Frühjahr 1999 geregelt worden, und doch besteht ein latenter Sinisierungsdruck. Zu den nach dem Zusammenbruch der Sowjetunion sich neu bildenden Staaten im Nordwesten suchte China seinerseits schnell Kontakt, auch um zu verhindern, dass sich unkontrollierte Beziehungen zwischen den nichtchinesischen Bevölkerungsteilen innerhalb der eigenen Grenzen und den neuen Staaten entwickeln.

Machtkonflikte um Tibet und die Rolle des Dalai Lama
Eine der großen Minderheitengruppen innerhalb Chinas sind die Tibeter, deren Ruf nach kultureller Integrität und politischer Eigenständigkeit bis in die Gegenwart international große Sympathie erfährt. Dabei ist die Feststellung wichtig, dass der tibetische Kulturraum weiter reicht als das «Autonome Gebiet Tibet»

und unter anderem Teile der chinesischen Provinzen Qinghai, Gansu, Sichuan und Yunnan umfasst. Mit immer stärkerer Hand hatte bereits die Mandschu-Regierung ihren Machtansprüchen in Tibet Geltung zu verschaffen gesucht, so dass Tibet schließlich am Ende des 18. Jahrhunderts «im festen Griff der mandschurisch-chinesischen Imperialmacht» (S. Dabringhaus) war. Nach dem Höhepunkt der chinesischen Stellung in Tibet um 1800 war das Interesse und Engagement Chinas dort wieder gesunken. Daran lässt sich ablesen, dass die mandschurisch-chinesischen Tibet-Interessen nur indirekter Natur waren. Erst der stärkere britische Zugriff auf Tibet im 19. Jahrhundert und zu Beginn des 20. Jahrhunderts rief Widerstände auf chinesischer Seite hervor. In der Folgezeit kreuzten sich die Interessen Englands, Indiens, Russlands und Chinas, aber seither ist von keinem Staat die Zugehörigkeit Tibets zu China bestritten worden, auch wenn die Politik Chinas gegenüber Tibet in der internationalen Öffentlichkeit vielfach kritisiert wird. Damit wird oft der geradezu katastrophale Substanzverlust der tibetischen Kunst in Verbindung gebracht, doch neben der Kulturrevolution haben dazu sowohl die Flucht der intellektuellen Führungsschicht als auch der zunehmende Tourismus und die «Massenproduktion von pseudoreligiöser Kunst als Andenkenkitsch» (R. Goepper) beigetragen.

Ein Wendepunkt in der Tibetfrage ereignete sich im Jahre 1959, als nach dem Scheitern der Einrichtung von Volkskommunen in Tibet die Regierung in Peking ein «Vorbereitendes Komitee für die Autonome Region Tibet» einsetzte und seine Volkskommunen-Politik weiterhin verfolgte. Am 10. März 1959 kam es zu einem Aufstand, bei dem Tibet seine Unabhängigkeit erklärte. Der Aufstand wurde in wenigen Tagen von chinesischen Truppen niedergeschlagen, und der 14. Dalai Lama floh am 17. März 1959 nach Indien. Seither gibt es nicht nur immer wieder aufflammende separatistische Aktionen in Tibet, sondern weite Teile der tibetischen Bevölkerung fühlen sich durch die chinesische Kulturpolitik einer Überfremdung ausgeliefert. Im Jahre 1988 etwa hatten Studenten in Lhasa dagegen demonstriert, dass an ihrer Universität nur in Chinesisch gelehrt werde. Die Pekinger Regierung hat insbesondere nach Unruhen in Tibet immer wieder eine Politik der Beschwichtigung verfolgt, zugleich aber auch regelmäßig den Ausnahmezustand über Lhasa verhängt, mit dem Hinweis auf zu befürchtende separatistische Unruhen. Wiederholt wurde bekräftigt, dass es für das «von China friedlich befreite» Tibet keine Unabhängigkeit, auch keine halbe Unabhängigkeit geben könne, wie in dem am 21. September 1992 veröffentlichten Weißbuch mit dem Titel «Souveränitätszugehörigkeit Tibets und seine Menschenrechtssituation» unmissverständlich dargelegt wird. Seither ist dennoch kein Ende der Feindseligkeiten abzusehen, und trotz gelegentlicher versöhnlicher Vorschläge von Seiten des Dalai Lama äußerte sich im Sommer 2006 der KP-Chef Tibets, Zhang Qingli, über den Dalai Lama: «Das Problem ist, dass sein Verhalten und seine Aussagen nicht übereinstimmen. Er sagt: ‹Ich will einen mittleren Weg gehen und akzeptieren, dass es nur ein China gibt.› Aber in Wahrheit hat er nicht einen einzigen Tag aufgehört, das Vaterland zu spalten.» Und tatsächlich fordert der Dalai Lama Autonomie und dass «Tibeter bei uns das Sagen haben» sowie «Tibeter in der Mehrheit sein müssen», und nur wer Tibetisch sprechen kann, dürfe bleiben.

VI. AUFBRUCH UND ERKUNDUNG EIGENER WEGE SEIT 1960

1. Chinas wechselnde Identitäten und die Fünfte Modernisierung

Mao Zedong und die Kulturrevolution

Als in der Nacht vom 8. auf den 9. September 1976 Mao Zedong starb, jener Mann, der nicht nur für viele Chinesen, sondern auch für die übrige Welt zur Inkarnation Chinas geworden war, ging für China eine Epoche zu Ende. Auch wenn seit dem Ende der 80er Jahre öffentlich diskutiert wird, welche Fehler und Versäumnisse ihm zuzurechnen sind, und auch wenn mit seinem Namen viele Millionen Opfer verknüpft sind, steht China doch bis heute im Schatten seines Ruhms. Im Ausland trat unter allen Facetten dieser vielschichtigen Gestalt am deutlichsten die Etikettierung Maos als «Chinas letzter Kaiser» oder als «Chinas neuer Kaiser» hervor. Diese Vorstellung bediente das Klischee von Mao als dem Monster und Despoten, der China zu einer «modernisierten Ausführung der traditionalen Orientalischen Despotie» habe werden lassen, ein Bild, das von manchen chinesischen Dissidenten und Exilchinesen bekräftigt wurde.

Das Scheitern des «Großen Sprungs» (1958–1961), gekennzeichnet durch eine der größten Hungerkatastrophen der Neuzeit, erwies sich als Glück für die liberalen Intellektuellen und ließ Mao Zedongs Stern dann doch nur vorübergehend sinken. Zunächst allerdings hatte Mao Zedong im April 1959 als Staatspräsident zurücktreten müssen und war durch Liu Shaoqi ersetzt worden. Die Auseinandersetzung über den Großen Sprung prägte das politische und intellektuelle Klima der folgenden Jahre. Eng verbunden mit einem der Kritiker, Deng Tuo, war der Historiker und (von 1949 bis 1966) Vizebürgermeister von Peking Wu Han. Während er bis 1949 seine Publikationen zur Ming-Zeit dazu benutzte, indirekt die GMD und Chiang Kaishek zu kritisieren, diente ihm nun ein Beamter der Ming-Zeit namens Hai Rui (1513–1587) zur Kritik an Mao Zedong. Die Bedeutung, die der Figur Hai Ruis zukam, gründete vor allem in der bodenlosen Ernüchterung über das Misslingen des Großen Sprungs. Am 16. Juni 1959 erschien eine Throneingabe Hai Ruis an den Jiajing-Kaiser aus dem Jahre 1566 in umgangssprachlicher Übersetzung, in der Hai Rui den Kaiser wegen seiner früheren Leistungen lobt, aber wegen seiner neuen Politik heftig kritisiert. Als Peng Dehuai, der Verteidigungsminister, wegen seiner auf der legendären Lushan-Konferenz im Juli 1959 geäußerten Kritik an der Politik des Großen Sprungs entlassen wurde, ermutigte Hu Qiaomu (1912–1992), Propagandist der KPCh und späterer Herausgeber der «Ausgewählten Werke Mao Zedongs», Wu Han, mehr über Hai Rui zu schreiben. So verfasste dieser im Jahre 1961 sein Theaterstück «Hai Rui wird aus dem Amt entlassen» *(Hai Rui baguan)*, das dann – 1965 – zum Auslöser der Kulturrevolution werden sollte.

Rote Garden und Permanente Revolution
Im Frühsommer 1966 begann Mao Zedong, nachdem er sich der Unterstützung der Armee unter der Führung Lin Biaos (1907–1971) versichert hatte, die Kulturrevolution, um seine eigene Machtposition innerhalb der Partei zu stärken. Als Vorwand diente ihm das Argument, er wolle die Partei säubern und von bürokratischen Fehlentwicklungen befreien. Dabei bediente sich Mao Zedong besonders der Jugend, die sich in «Roten Garden» organisierte. Nachdem Schulen und Universitäten im Sommer 1966 geschlossen worden waren, damit sich Schüler und Studenten – manche Schulen und Ausbildungsstätten blieben über Jahre geschlossen – an der Kulturrevolution beteiligen könnten, gab es eine Massenmobilisierung und zum Teil geradezu groteske Drangsalierungen bis hin zum Terror junger Kader gegen die

bisherigen Entscheidungsträger und Repräsentanten. Zugleich ermöglichten die Aufbruchstimmung und der revolutionäre Elan auch die Freisetzung von Utopien und Freiheitsvorstellungen, die nicht ohne langfristige Folgen für die chinesische Gesellschaft insgesamt blieben. Denn erstmals wurde in großem Stil der Widerstand gegen traditionale Autoritäten, Lehrer, Eltern und Schwiegermütter eingeübt, da sich alles an der Partei und deren großem Führer, der Person Mao Zedongs, orientieren musste. Die permanente, ununterbrochene *(buduan)* Revolution sollte die Revolution unsterblich machen und führte nicht nur zu einem Machbarkeitswahn, sondern zu einer nachhaltigen Zerstörung alles Individuellen. Die Verletzungen und die biographischen Brüche bis hin zu den körperlichen und seelischen Qualen, die viele Chinesen während dieser Phase erlitten haben, waren wohl mitverantwortlich für die Ellenbogenmentalität und die Politikverdrossenheit der folgenden Jahrzehnte.

Natürlich war die Kulturrevolution ein Machtkampf, was auch in der Entmachtung eines der langjährigen Vize-Ministerpräsidenten, des Politbüromitglieds Deng Xiaoping, zum Ausdruck kam. Vor allem aber schloss sich das Land gegenüber dem Ausland ab und wurde daher in den nächsten Jahren auch von außen als «hinter einem Bambusvorhang» wahrgenommen und dargestellt. Versuche, die Kulturrevolution auf weitere Kreise der Bevölkerung, insbesondere die Arbeiterschaft auszudehnen, riefen Widerstand hervor und führten zu Streiks. Das zur Unterstützung der Kulturrevolution mit einbezogene Militär wurde jedoch bald schon zur Kontrolle und zur Eindämmung der Roten Garden eingesetzt. Dennoch blieb das Land in Bewegung, und im Jahre 1968 löste der Aufruf Mao Zedongs an die Jugendlichen, «von den Massen zu lernen», eine «aufs-Land-Bewegung» *(xiafang)* aus, bei der etwa 15 Millionen Jugendliche zum Einsatz in der Landwirtschaft gebracht wurden, von denen vielen die Hoffnung auf Heimkehr durch Passentzug genommen wurde. Zur gleichen Zeit wurde Liu Shaoqi, der ebenso wie eine Reihe anderer Politiker bereits seit 1966 öffentlich als Revisionist und

«Verfolger eines kapitalistischen Weges» kritisiert worden war, seines Amtes als Staatspräsident und aller anderen Ämter enthoben. Nach dem Neunten Parteitag im April 1969 kam es dann unter Führung Zhou Enlais zu einer allmählichen Kursänderung. Sichtbares Zeichen dieser Gegenbewegung war der Sturz Lin Biaos 1971, der die Kulturrevolution zuvor noch ins Extreme gesteigert hatte und der im Jahr seines Sturzes bei einem mysteriösen Flugzeugabsturz über der Mongolei ums Leben kam. Zwar sammelten sich dann noch einmal die verbliebenen Kräfte der Kulturrevolution unter Führung der – später verurteilten – «Viererbande» gegen diesen «Wind von rechts», doch blieb dieses Aufbegehren gegen den inneren wie äußeren «Kapitulationismus» letztlich erfolglos.

Neuorientierung im Inneren und in der Außenpolitik
Nach dem Ende der «heißen Phase» der Kulturrevolution im Jahre 1969 hatte es erste Ansätze zur Konsolidierung gegeben, und es gelang bis zum Ende des Jahres 1970, den Wiederaufbau des regionalen Parteiapparates wenigstens formal abzuschließen. Seit dem Frühjahr 1971 wurden wieder einige der verfolgten Kader rehabilitiert, obwohl zu gleicher Zeit noch das militärische Mobilisierungs- und das Kollektivierungsprogramm Lin Biaos insbesondere die Wirtschaftspolitik dominierten.

Einen neuen Akzent bildeten seit 1969 Grenzkonflikte mit der Sowjetunion, die vor allem innenpolitisch instrumentalisiert und propagandistisch ausgeschlachtet wurden; parallel dazu kam es zu einer ersten Lockerung der Isolationspolitik gegenüber dem Ausland. 1971 wurde ein amerikanisches Tischtennis-Team nach China eingeladen. Damit begann die sog. «Ping-pong-Diplomatie», begleitet von der Aufhebung des Handelsembargos durch die USA und einen lange geheim gebliebenen Besuch des Nationalen Sicherheitsberaters des US-Präsidenten Nixon, Henry Kissinger, in Peking. Mit der Übernahme des bis dahin von Taiwan gehaltenen Sitzes in den Vereinten Nationen gehörte die außenpolitische Isolation der VRChina endgültig der Vergangenheit an.

Innenpolitisch signalisierte die Verabschiedung einer neuen Verfassung, allerdings ohne Beteiligung des Nationalen Volkskongresses, den beginnenden Richtungswechsel. Ein deutliches Zeichen war auch das Scheitern Lin Biaos, der Staatspräsident hatte werden wollen und dessen Putsch gegen Mao Zedong vereitelt wurde. Die Zeit bis zum Tode Mao Zedongs 1976 und zur Wiedereinsetzung Deng Xiaopings im Jahre 1977 war eine Periode von Kampagnen und Klärungsprozessen, die dennoch nicht zu einer Neubestimmung des Verhältnisses von Intelligenz und Staat beitrugen.

Die Öffnung gegenüber den USA, zunächst im Verborgenen betrieben, wurde spätestens offensichtlich mit dem Besuch des amerikanischen Präsidenten Richard Nixon im Februar 1972 und der Neuaufnahme diplomatischer Beziehungen mit den wichtigsten Staaten der westlichen Welt. Trotz dieser Politik der «Normalisierung» hielt die Regierung in Peking an ihren Positionen und Ansprüchen fest; dies galt insbesondere in Grenzfragen und in Fragen der Beanspruchung bestimmter Territorien an den Rändern Chinas, wozu der Festlandssockel im Chinesischen Meer, aber auch einige Inseln zählen.

Das Ende der Kulturrevolution

Die nach dem Tode Mao Zedongs entfachten Kampagnen führten zu einer äußersten Verhärtung und zu einer teilweisen Lähmung der Wirtschaftskraft. Bereits einen Monat nach Maos Tod war es zum wiederholten Mal zu einem Machtkampf zwischen den Anhängern der pragmatischen Zhou-Enlai-Linie und der kulturrevolutionären Linken gekommen, bei dem Letztere schließlich unterlagen und in der Kampagne seit 1976 als «Viererbande» verurteilt wurden. Erst mit dem Sturz dieser «Viererbande» um Maos Witwe Jiang Qing im Oktober 1976 war offiziell die Kulturrevolution beendet, auch wenn die Hauptphase nur von 1966 bis 1969 gedauert hatte, gefolgt von einer Zeit machtpolitischer Auseinandersetzungen um Lin Biao, die mit seiner Absetzung und dem mysteriösen Flugzeugabsturz im September 1971 und dann mit seiner offiziellen Verurteilung auf dem Zehnten Parteitag im August 1973, als der Sturz und der Absturz Lin Biaos überhaupt erst der Weltöffentlichkeit mitgeteilt wurden, endeten. Die letzte Phase innerparteilicher Auseinandersetzungen wurde mit der Verhaftung der Hauptvertreter der Politik der Kulturrevolution am 6. Oktober 1976 abgeschlossen. Als «zehn verlorene Jahre» wurde diese Zeit später gebrandmarkt, die aber dennoch – oder vielleicht gerade deshalb – keineswegs ohne Folgen bleiben sollte. Die etwa drei Millionen Opfer, die Traumatisierung der drangsalierten und aus ihren Ämtern gedrängten Funktionäre und Intellektuellen, überhaupt die zwanghafte Mobilisierung von Massen im ganzen Land blieben in schmerzlicher und nur in den Augen weniger in verklärter Erinnerung. Die Folgen sind unabsehbar, insbesondere weil die Mobilisierung nahezu der gesamten Bevölkerung China in Bewegung brachte, wie dies kaum jemals zuvor der Fall gewesen war. Und obwohl die Kulturrevolution eines derjenigen Ereignisse in China war, die sowohl von offizieller chinesischer Seite wortreich erklärt und von ausländischen Beobachtern in vielfältiger Weise kommentiert wurden, ist sie doch nach wie vor eine der Phasen in der neueren Geschichte Chinas, die am schwierigsten zu verstehen sind.

Die Vier Modernisierungen und das Charisma Deng Xiaopings
Wenn auch nicht der unmittelbare, so doch der eigentliche Nachfolger Mao Zedongs wurde Deng Xiaoping (1904–1997), der seit den 50er Jahren zu dem halben Dutzend der wichtigsten Personen in der kommunistischen Führung gehörte. Als Werkstudent war er in den 20er Jahren in Frankreich gewesen und hatte nach einem Aufenthalt in Moskau die kommunistische Bewegung in wichtigen Ämtern geführt. In den 50er Jahren konnte er sich dann, zum Teil auf Kosten anderer, profilieren und in die Spitzengruppe der Kader vordringen. Mehrfach hat er ein «comeback» erlebt, ein Umstand, der an eine jahrhundertealte Tradition

erinnert, bestimmten Führern, insbesondere Militärs, durch Mundpropaganda besondere Fähigkeiten zuzusprechen. Auf Betreiben Zhou Enlais wurde Deng Xiaoping, der während der Kulturrevolution als Parteigänger Liu Shaoqis angegriffen worden war, 1973 erstmals rehabilitiert und wieder Stellvertretender Ministerpräsident und Mitglied des Politbüros. Die reformerischen Kräfte setzten sich weiter durch. Im Jahre 1975 verabschiedete der Vierte Nationale Volkskongress eine neue Verfassung, und Zhou Enlais Forderung nach Modernisierungen auf verschiedenen Gebieten fand seinen Niederschlag in dem dann vor allem mit dem Namen Deng Xiaopings verbundenen Programm der «Vier Modernisierungen».

Als am 8. Januar 1976 Zhou Enlai starb, wurde überraschenderweise Hua Guofeng und nicht Deng Xiaoping zum geschäftsführenden Ministerpräsidenten ernannt. Doch es hatte sich inzwischen das Bedürfnis nach Kritik und ein Maß an Protestbereitschaft entwickelt, die während der Zeit der Kulturrevolution nur vorübergehend hatten gebändigt und kanalisiert werden können und nun ausbrachen. Seit Ende März 1976 kam es im Rahmen von Trauerbekundungen für Zhou Enlai auf dem Platz des Himmlischen Friedens zu ersten Zusammenstößen zwischen Demonstranten und der Polizei. Anfang April weiteten sich diese Kundgebungen auf über 100 Städte des Landes aus. Am 5. April 1976 gab es, anlässlich einer weiteren Trauerkundgebung für Zhou Enlai, eine Demonstration am Tian'anmen-Platz, die gewaltsam niedergeschlagen wurde. Dabei war auch Sympathie für Deng Xiaoping geäußert worden, der ab August 1974 kommissarisch das Amt des schwer erkrankten Ministerpräsidenten Zhou Enlai übernommen hatte und dessen pragmatischer politischer Kurs insbesondere in Wirtschaftsfragen viel Zustimmung fand. Doch zunächst setzten sich die Gegenkräfte durch, der Tian'anmen-Platz wurde gewaltsam geräumt, und Tausende wurden verhaftet. Deng Xiaoping wurde durch Beschluss des Politbüros seiner Ämter in Partei und Regierung wieder enthoben. Hua Guofeng dagegen konnte sich halten und wurde Ministerpräsident und damit Nachfolger Zhou Enlais und Erster Vorsitzender des ZK der KPCh; nach dem Tod Mao Zedongs wurde er bereits am 6.10.1976 dessen Nachfolger.

Der Tod Mao Zedongs
Dem Tod Mao Zedongs am 9. September 1976 war ein schweres Erdbeben in Nordostchina vorausgegangen, das etwa 650 000 Tote gefordert hatte, so dass ein großer Teil der durchaus dem Aberglauben zugeneigten Chinesen einen Zusammenhang sah. Daher kam auch die am 6. Oktober 1976 erfolgte Verhaftung der «Viererbande» sowie weiterer hochrangiger Parteimitglieder für viele nicht überraschend. Die Entscheidung des Politbüros, Hua Guofeng als Nachfolger Mao Zedongs im Parteivorsitz und im Vorsitz der Militärkommission einzusetzen, ließ sich jedoch nicht lange halten. Vor allem das Beharren Hua Guofengs auf bisherigen Positionen und seine Verteidigung der Politik Mao Zedongs führten zu wachsender Ablehnung. Einige regionale Militärkommandanten setzten gegen den Widerstand Hua Guofengs im Juli 1977 auf dem Dritten Plenum des Zehnten Zentralkomitees die Rehabilitierung Deng Xiaopings und seine Rückkehr in Partei- und Regierungsämter durch. Zwar wurde im März 1978 auf der Sitzung des Fünften Nationalen Volkskongresses Hua Guofeng noch einmal als Ministerpräsident bestätigt, doch wurde seine Macht drastisch eingeschränkt.

Deng Xiaopings Rehabilitierung und seine Einsetzung in alte Ämter war als Signal verstanden worden. Die Kulturrevolution wurde nun offiziell und unmissverständlich für beendet erklärt. Auf der Sitzung des Elften Zentralkomitees wurde eine neue Verfassung angenommen und die Politik der «Vier Modernisierungen» Hua Guofengs bestätigt. Im Bildungswesen wurde der Zwang zur Landarbeit vor Aufnahme eines Hochschulstudiums abgeschafft. Es war das Jahr 1977 überhaupt eine Zeit zunehmender Liberalisierung auf allen Gebieten, insbesondere aber auf kulturellem Gebiet. Werke von Bach, Beethoven, Chopin und anderen durften wieder gespielt werden.

Ruf nach Demokratie und «Pekinger Frühling»

Demokratie, seit dem Vorabend der 4.-Mai-Bewegung 1919 als eines der wichtigsten Ziele im Rahmen einer Modernisierung Chinas gefordert, hatte die geistige Debatte seither begleitet. Auch die junge Volksrepublik hatte sich unter das Motto einer «Neuen Demokratie» gestellt. Mit dem Ausgang der Kulturrevolution und nach dem Rückgang der Konfrontation mit den USA waren Demokratie und Menschenrechte erneut zum Thema geworden. Nach Vorboten seit etwa 1974 waren die Forderungen nach Demokratie zunehmend mit Kritik an der «Viererbande» verknüpft worden.

Als zum zweiten Jahrestag des Tian'anmen-Zwischenfalls vom 5. April 1976 Wandzeitungen in Peking erschienen, war offenkundig, dass eine neue Phase in China angebrochen war, denn die nachdrückliche Forderung nach Demokratie und nach Einhaltung der Menschenrechte sollte nicht mehr verstummen. Auch wenn nicht alle folgenden Bewegungen und Protestaktionen, die sich die Einhaltung der Menschenrechte und Demokratie auf die Fahnen schrieben, einer einheitlichen Bewegung zuzurechnen sind, so wurde doch hier eine – wenn auch vergleichsweise kleine – Grundströmung deutlich, die bis in die Gegenwart anhält und die für Innovationschancen ebenso steht wie für die Gefahr des politischen Chaos.

Nach der Rehabilitation von Deng Xiaoping im Jahre 1977 begann im April 1977 der «Pekinger Frühling». Hier wurde auch erste Kritik an Mao Zedong laut, wonach er etwa zu 30 Prozent schlecht und zu 70 Prozent gut gewesen sei. Solche Diskussion verband sich mit dem Ruf nach einer Neubewertung der Rolle von Peng Dehuai und Liu Shaoqi. Der Verteidigungsminister Peng Dehuai (1898–1974) war 1959 wegen Kritik an Mao und an der Politik des Großen Sprungs entlassen und 1966 ins Gefängnis geschickt worden, wo er auch starb. 1978 wurde er rehabilitiert.

Mauer der Demokratie und vorläufiges Scheitern der «Fünften Modernisierung»

Mit dem Namen Deng Xiaopings ist vor allem aber ein neuer Pragmatismus verknüpft, der ihn 1978 erneut die Politik der «Vier Modernisierungen» propagieren ließ. Gemeint war die Modernisierung der Landwirtschaft, der Industrie, der Landesverteidigung und der Wissenschaft. Die Bestätigung des von Deng Xiaoping eingeleiteten Reformprozesses hatte die Parteispitze auf dem Dritten Plenum des Elften Zentralkomitees im Dezember 1978 ausgesprochen. Zur gleichen Zeit entstand in Peking eine «Mauer der Demokratie», an der mit Wandzeitungen wirtschaftliche Reformen gefordert und Kritik an der bisherigen Politik geäußert wurden. An diesem Ort freien Meinungsaustauschs wurden bald auch Stimmen laut, die eine politische Modernisierung und Demokratie einforderten.

Obwohl die Partei- und Staatsführung im Dezember 1978 die Politik der «Vier Modernisierungen» bekräftigte, bei der es um eine sozialistische Modernisierung des Landes gehen sollte, und obwohl umfassende Reformen angekündigt wurden, gelang es nicht, die durch die Menschenrechts- und die Demokratiebewegung ausgelöste Unruhe zu beschwichtigen. Nachdem im Januar 1979 auch die Partei selbst Gegenstand offener Kritik geworden war, begann die Parteiführung unverzüglich mit der Verhaftung führender Vertreter dieser Bewegung. Einzelne Wandzeitungsautoren wurden verfolgt, und das verfassungsmäßig eingeräumte Recht, solche Wandzeitungen *(dazibao)* anfertigen zu dürfen, wurde aufgehoben (Art. 45 der Verfassung). Damit endete im Frühjahr 1979 die nach dem Ort in Peking, an dem sich die «Mauer der Demokratie» befand, benannte «Xidan-Bewegung», und der Bruch des Vertrauens zwischen der zaghaften Demokratiebewegung und der Regierung trat offen zutage. Mit der Schließung der sogenannten «Mauer der Demokratie» war eine Hoffnung gerade bei den Angehörigen der gebildeteren Mittelschicht enttäuscht worden. Als Symbolfigur für Hoffnung und Enttäuschung galt lange Zeit der ehemalige Rotgardist Wei

Jingsheng, der seit 1976 als Dissident zu einer der zentralen Figuren der Protestbewegung geworden war und der zusätzlich zu den «Vier Modernisierungen» eine «Fünfte Modernisierung» gefordert hatte, nämlich eine umfassende Demokratisierung.

Die Partei suchte sich intern zu konsolidieren und stärkte im folgenden Jahr, 1980, die Position Deng Xiaopings durch die Berufung Zhao Ziyangs und Hu Yaobangs in den Ständigen Ausschuss des Politbüros des Zentralkomitees der KPCh. Hu Yaobang wurde Generalsekretär der Partei, und durch die nachträgliche Rehabilitierung des der Kulturrevolution zum Opfer gefallenen ehemaligen Staatspräsidenten Liu Shaoqi im Jahre 1980 wurde die Neubewertung der Kulturrevolution fortgesetzt. Es konnte nun, nachdem sich die alten Gegner Mao Zedongs auf ganzer Linie hatten durchsetzen können, die mit dem Namen Deng Xiaoping verbundene und seit 1978 eingeleitete Öffnungs- und Modernisierungspolitik stetig vorangetrieben werden. Vornehmliches Ziel war es dabei, durch marktwirtschaftliche Reformen eine Steigerung der ökonomischen Leistungsfähigkeit des Systems zu erreichen.

Sonderzonen und das Schwanken zwischen Liberalisierung und Konformitätsdruck
In der Zeit der Propagierung der «Vier Modernisierungen» war ein Element dieser neuen Politik die von Deng Xiaoping 1978 nachdrücklich geforderte Rehabilitierung der bisher verfemten Intellektuellen und der sogenannten «Rechtsabweichler». Natürlich geschah dies mit Rücksicht auf das Ansehen im Ausland, doch vor allem aus der Einsicht, dass Produktivität, Phantasie und Innovation ein gewisses Maß an geistiger Freiheit notwendig machen. Bei der Öffnung nach außen stand das wirtschaftliche Interesse im Vordergrund, so dass manche Vorbehalte zurückgestellt wurden, wie bei dem 1978 unterzeichneten Friedens- und Freundschaftsvertrag zwischen China und Japan, der trotz der noch erheblichen Belastungen, die aus der japanischen Invasion in den 30er Jahren stammten, zustande kam.

Die Liberalisierungs- und Öffnungspolitik, begleitet etwa durch die Aufnahme voller diplomatischer Beziehungen zwischen den USA und China 1979 und eine Reise Deng Xiaopings in die USA im gleichen Jahr, brachte Vorteile für China – etwa den Status einer «most favored nation» (Meistbegünstigungsklausel) bei den USA –, ließ aber auch neuen Regelungsbedarf entstehen. So wurde etwa ein Joint-Venture-Gesetz zur Regelung der Handlungsspielräume für Unternehmen mit ausländischer Kapitalbeteiligung erlassen. Doch zeigte sich rasch, dass manche Erwartungen zu weit gingen, worauf eine Politik der «Readjustierung» antwortete, bei der überschwengliche Wachstumsvorstellungen relativiert wurden. Zur Beschleunigung des wirtschaftlichen Wachstums und um ausländische Investoren zu gewinnen, diente die Einrichtung einer zunehmenden Zahl von Wirtschaftssonderzonen, die abgeschirmt gegenüber dem Umland optimale Entwicklungsbedingungen gewährleisten sollten. Dabei kam der Wirtschaftssonderzone Shenzhen bei Hongkong insbesondere vor der Wiedereingliederung dieser britischen Kolonie 1997 eine Brückenfunktion zu.

Mit der Liberalisierung im Innern stand der Monopolanspruch der KPCh auf dem Spiel. Die Kritik Deng Xiaopings an der «Mauer der Demokratie» legitimierte dann das drastische Vorgehen der Sicherheitskräfte gegen demokratische und regierungskritische Kräfte. Einer der Aktivisten, Wei Jingsheng, wurde festgenommen und zu 15 Jahren Haft verurteilt. Trotz einzelner Repressionen wurde aber doch wieder die Politik der Liberalisierung und Öffnung fortgesetzt.

Trotz wachsender internationaler Akzeptanz, die etwa in der Aufnahme Chinas in den Internationalen Währungsfonds (IWF) zum Ausdruck kam, waren die Jahre 1980 und 1981 im Inneren noch stark von der Aufarbeitung der Vergangenheit, insbesondere der Kulturrevolution, geprägt. Deng Xiaoping hielt im August 1980 auf einer erweiterten Sitzung des Politbüros eine Rede über die «Reform des Parteisystems und der Staatsführung». Auf der 3. Sitzung des Fünften Nationalen Volkskongresses im September wurde Hua Guofeng durch Zhao Ziyang als Ministerpräsident ersetzt. Die Mitglieder der «Viererbande», der Arbeiteraktivist Wang Hongwen (1932–1992), der Literaturkritiker Yao Wenyuan (geb. 1931) und der Shanghaier Kulturfunktionär Zhang Chunqiao (geb. 1917) sowie Maos Frau Jiang Qing (1914–1991), wurden 1981, nach monatelangem Prozess, über den im Fernsehen ausführlich berichtet worden war, zum Tode verurteilt; die Strafen wurden später in lebenslange Haft umgewandelt. Die Rolle Mao Zedongs jedenfalls wurde auf dem 6. Plenum des Elften Zentralkomitees neu bewertet. Dabei ging es immer um die Schaffung von Innovationsbereitschaft, zugleich aber auch um die Bekräftigung einmal bezogener Standpunkte und Maßnahmen. Die für den Einzelnen, insbesondere für viele Frauen und Familien, schmerzliche landesweite Geltung der Ein-Kind-Politik (mit Ausnahme der nationalen Minderheiten) musste schon allein deswegen bekräftigt werden, weil ein stärkeres Bevölkerungswachstum jeden wirtschaftlichen Fortschritt sogleich wieder zunichtegemacht hätte.

Inzwischen waren die Reformen innerhalb des Parteiapparats so weit vorangeschritten, dass im Jahre 1982 eine grundlegende Umstrukturierung des Staats- und Parteiapparates in Angriff genommen werden konnte. Unter anderem wurde die Zahl der Ministerien verringert, und zahlreiche Ämter wurden mit jüngeren Kadern besetzt, so dass es insgesamt zu einer «Verjüngung» kam.

Die Modernisierungspolitik der 80er Jahre
Bei der Modernisierungspolitik der 80er Jahre lassen sich zwei Phasen unterscheiden. In der ersten Phase bis 1983/84 stand die Dezentralisierung der landwirtschaftlichen Produktion im Vordergrund. Von 1984 an wurden die Reformmaßnahmen dann auch auf den industriellen Sektor ausgeweitet. Die Zulassung marktwirtschaftlicher Motivationsfaktoren sowie die Öffnung des Landes für Auslandskapital bewirkten eine Steigerung der Produktivität in einem Ausmaß, das viele Beobachter in Erstau-

nen versetzte. Doch das darauf gegründete Wirtschaftswachstum löste noch nicht grundlegende strukturelle Probleme wie die mangelnde Produktivität der Staatsbetriebe, die wachsende Arbeitslosigkeit unter großen Teilen der Landbevölkerung infolge einer leichten, aber wirkungsvollen Mechanisierung der Landwirtschaft und die unsicheren Geldmarkt- und Kreditverhältnisse.

Die damit verbundenen Probleme und Sorgen, aber natürlich auch das Interesse am Machterhalt der KPCh und ihrer Funktionäre, bestärkten die Partei- und Staatsführung, gegenüber politischen Protestbewegungen ebenso rigide vorzugehen wie auch sonst gegen abweichendes Verhalten. Kampagnen zur ideologischen Festigung und zur Indoktrination, die Neubewertung des Konfuzius und überhaupt traditioneller Lehren, der mit staatlichen Geldern in großem Stil geförderte Kult um die mythischen Kaiser Huangdi und Yandi, aber auch das weitere Geltenlassen des Kultes um Mao Zedong gehören in diesen Zusammenhang. Seit Ende 1992 hatte auch Deng Xiaoping einem Personenkult zugestimmt, in dessen Mittelpunkt seine Werke standen, ganz in der Tradition der Kanonisierung der Worte Mao Zedongs, von denen Hua Guofeng am 26. Oktober 1976 gefordert hatte, was immer Mao sagte, es dürfe nicht kritisiert werden.

Minderheiten und Spannungen am Rande:
Neue und alte Unruhepotentiale
Trotz vielfältiger Veränderungen und Innovationen und trotz der Forderung nach einem «Neuen Menschen» blieben bestimmte Dynamiken und Impulse, die sich bereits in der Vergangenheit gezeigt hatten, erhalten. Dazu gehört die prinzipielle Bereitschaft zu Aufstand und Unruhe, sosehr solches in der offiziellen Rhetorik auch geächtet sein mag. Freilich waren die Ursachen und Gründe für Unruhen auch im 20. Jahrhundert vielfältiger Natur. Doch traten nach der Machtergreifung der Kommunisten und der Wiederherstellung des Einheitsreiches im Oktober 1949 trotz der Behauptung der KPCh, mit der «Massenlinie» «dem Volke zu

dienen», wie der Titel eines weitverbreiteten Textes formulierte, Spannungen zutage. Mit der Einführung des Sozialismus sollte nach offizieller Verlautbarung jeder Rassendiskriminierung die Grundlage entzogen sein, auch wenn Rückschläge eingeräumt wurden. Schon während des legendären Langen Marsches, der durch einige dichtbesiedelte Minderheitengebiete führte, mussten die auf Unterstützung angewiesenen Kommunisten notgedrungen Versprechungen machen. Mao Zedong selbst verwies wiederholt auf Artikel 14 der Statuten der KPCh von 1931, worin die Kommunistische Partei die Selbstbestimmung der nationalen Minderheiten und deren Recht zur Bildung unabhängiger eigener Staaten bekräftigte. Von solchen Versprechungen war nach 1949 dann aber nicht mehr die Rede. Freilich wurde eine geschickte Minderheitenpolitik verfolgt, die jedoch die Spannungen insbesondere in den uighurischen Gebieten Xinjiangs (d. i. Ostturkestan) im Nordwesten nicht nachhaltig mindern konnte.

Der islamische Nordwesten
Wiederholt ist es in den 90er Jahren zu Unruhen muslimischer Bevölkerungsgruppen in der Provinz Qinghai und vor allem in der «Autonomen Region Xinjiang» gekommen. Seit dem Zusammenbruch der Sowjetunion und der Gründung neuer islamischer Staaten entlang der chinesischen Westgrenze 1991 haben sich die Kontakte zwischen den Muslimen in Xinjiang und den Nachbarn in Kasachstan, Kirgisistan und Tadschikistan intensiviert. Und weil Peking das Eindringen fundamentalistischer Strömungen und dadurch hervorgerufener separatistischer Tendenzen befürchtet, ergreift es immer wieder Maßnahmen, um hier gegenzusteuern. Zu diesen Maßnahmen gehören das Verbot unabhängig erschienener und nicht von den Behörden genehmigter Publikationen zum Islam ebenso wie die bilateralen Verträge mit Kasachstan, um so den uighurischen Untergrundkämpfern den Rückhalt zu nehmen.

Eine neue Dimension hat Chinas Zentralasienpolitik durch das erwachende Interesse Russlands an dieser Region bekommen. Doch während seit Dezember 1991 die ehemaligen Sowjetrepubliken Kasachstan, Kirgisistan, Tadschikistan, Turkmenistan und Usbekistan zu politischen Gebilden mit eigener Staatlichkeit geworden sind, sind die von ihrer Fläche her viel ausgedehnteren «Nebenländer Chinas», das heutige Autonome Gebiet Innere Mongolei, die Uighurische Autonome Region Xinjiang und das Autonome Gebiet Tibet, allgemein unangefochtene Teile des chinesischen Reiches, auch wenn es nicht wenige Stimmen innerhalb, vor allem aber außerhalb Chinas gibt, die insbesondere für eine staatliche Unabhängigkeit Tibets eintreten.

Nachdem sich Kasachstan, Kirgisistan und Usbekistan im Jahre 1994 zu einer Zentralasiatischen Union zusammengeschlossen haben, denen sich Tadschikistan später als Beobachter zugesellte, zeichnen sich Konflikte zwischen dem zentralasiatischen Integrationsprozess einerseits und dem Anspruch Chinas an dieser Region andererseits ab, Konflikte, in welche die USA, Russland sowie die EU bereits hineingezogen sind. Prekär bleibt daher auch die Lage dieser «Nebenländer». Dies gilt besonders für Xinjiang, in dem eine Vielzahl nichtchinesischer Ethnien möglicherweise auf die Unabhängigkeitsbestrebungen der Turkvölker in der ehemaligen Sowjetunion reagieren könnte. Bei diesen Völkern beginnt nach einer langen Periode der Fremdbestimmtheit ein Suchen nach der eigenen Identität und eigenen Geschichte. Mit militanten Konfrontationen ist weiterhin zu rechnen, und die Regierung in Peking ist darauf vorbereitet. Anlässlich des 40. Jahrestages der Gründung der muslimisch geprägten «Autonomen Region Xinjiang» am 1. Oktober 1995 hob der von Peking eingesetzte Parteisekretär, Wang Lequan, in einer Rede hervor, dass der Kampf mit separatistischen Kräften noch über einen längeren Zeitraum anhalten werde.

Auch wenn das einigende Band durch kulturelle Faktoren und Sozialisationseigenheiten bestimmt wird, so gründet sich der Anspruch Chinas auf ein besonderes Territorialprinzip. Danach erhebt China im Prinzip auf alle Teile der ostasiatischen Landmasse Anspruch, auf die sich jemals eine chinesische Dynastie, einschließlich der sogenannten Fremddynastien, erstreckte. Wegen solcher Begründung von Ansprüchen aus der Geschichte spielt die Geschichtsschreibung eine entscheidende Rolle.

Zentralregierung und Provinzen
Spannungen zwischen der Zentrale und den Provinzen wurden und werden auch dadurch hervorgerufen, dass die Zentrale die Erwartungen weniger prosperierender Teile des Reiches durch Ausgleichsleistungen befriedigen muss und dies auch als eine ihrer Aufgaben sieht. Da es keinen Ansprachemodus der Provinzen untereinander gibt, muss sich die Zentralregierung der entsprechenden Mittel zur Zahlung der Transferleistungen versichern, was ihr offenbar nicht zur vollen Zufriedenheit aller Regionen gelingt, wenn etwa eine «übermäßige Dezentralisierung der Finanzkraft des Staates» beklagt wird. Die Regierung ist nicht nur an einem hohen Anteil am Steuer- und Abgabenaufkommen interessiert, sondern sucht auch die ausländische Investitionstätigkeit wie die regionale wirtschaftliche Entwicklung zu beeinflussen, obwohl der regionale Wettbewerb um Auslandsinvestitionen nur bedingt durch die Zentrale zu beeinflussen ist. Denn gerade das Nord-Süd-Gefälle ist erheblich durch die hohen Auslandsinvestitionen in den Provinzen Guangdong und Fujian während der Jahre seit 1979 hervorgerufen worden. Ebenso drastisch sind die Unterschiede zwischen den Küstenzonen und dem Inland. Vor diesem Hintergrund sind Bemühungen um Einrichtungen von Sonderwirtschaftsgebieten im Inland, etwa in Xinjiang, aber auch in Tibet, sowie die Ausgliederung Chongqings als regierungsunmittelbare Stadt aus der Provinz Sichuan seit 1997 zu verstehen. Während also die Zentralregierung «Multipolarisierung» innerhalb Chinas mit allen Mitteln zu bekämpfen versucht, ist es ihr erklärtes Ziel, die regionalen Disparitäten zu vermindern, und entsprechend werden Maßnahmen erwogen, die Beteiligung der Regionen an den Gemeinschaftsaufgaben zu erhöhen, wozu auch Maßnahmen zur Überwachung der Steuerabführungen aus den Provinzen gehören. Als eine solche Gemeinschaftsaufgabe wird

das Projekt des «Drei-Schluchten-Staudamms» angesehen. Wie kontrovers aber gerade solche Projekte auch in China sind, zeigt der Umstand, dass fast ein Drittel der Abgeordneten des Nationalen Volkskongresses auf dessen Sitzung im Jahre 1992 gegen dieses Staudammprojekt stimmte. Zwar war 1999 das Projekt so weit gediehen, dass es nicht mehr rückgängig gemacht werden konnte, doch begann eine breite öffentliche Diskussion nicht nur über Misswirtschaft und Korruption bei diesem gigantischen Bauvorhaben, sondern auch über eine Reduzierung der ursprünglich geplanten Maßnahmen.

Die historische regionale Gliederung Chinas wird weiter berücksichtigt und findet etwa in den Lokalbeschreibungsprojekten ihren sinnfälligen Ausdruck. Auf diese Weise werden heimat- und landeskundliche Interessen durch zentral gelenkte Projekte wieder uniformiert. Infolge des rapiden Wirtschaftswachstums in den 80er und 90er Jahren ist es aber auch zu neuen sozialen Verwerfungen gekommen und dabei vor allem zu Migrationsströmen im Lande und zu großen Unterschieden in der Reichtumsverteilung. Der Süden bekommt ein zunehmendes Eigengewicht und entwickelt eine Eigendynamik, die zwar nicht zu einer politischen Sezession führen muss, die jedoch zum Ergebnis haben wird, dass Südostchina zusammen mit Taiwan, Singapur und Hongkong zu einer wirtschaftlichen und gesellschaftlichen Prosperitätszone wird, deren Sogwirkung sich Peking nicht auf Dauer entziehen kann.

Elite-Intellektuelle

Nach 50 Jahren Einparteienherrschaft auf dem chinesischen Festland ist es für die Intellektuellen eine Selbstverständlichkeit geworden, dass sie auf bürokratischen Schutz und Begünstigung und auf die wechselseitige Kooptation zwischen Partei und Intellektuellen setzen können. Nicht die Bevölkerung, sondern bestimmte Gruppen und Schichten sind es, denen sich die meisten «Elite-Intellektuellen» *(gaoji zhishifenzi)* und die hochrangigen Kader *(gaoji ganbu)* immer noch verpflichtet fühlen. Gemeinsam ist diesen Gruppen die Überzeugung, dass die politische Kontrolle der Kultur durch den Staat legitim sei. Dies verwundert nicht, hat es doch in China keine bürgerliche Revolution gegeben und haben die Intellektuellen, die Literatenbeamten *(shi* oder *shenshi* oder *shenjin),* seit der Reichseinigung vor über zweitausend Jahren Kultur und Erziehung in den Dienst der Politik gestellt und zugleich von der Politik gefordert, sie müsse ihren moralischen Standards folgen.

Aus dieser Erwartungshaltung hat sich sowohl eine Spannung zum Staat als auch eine Spannung innerhalb der Intellektuellen entwickelt. Chinas Rückständigkeit ist lange Zeit dem Beharrungsvermögen der traditionellen Elite zugeschrieben worden. Andererseits finden sich dort viele Ansätze zur Erneuerung. Zudem hat gerade in der ersten Hälfte des 20. Jahrhunderts die Instabilität in der Elite eine Modernisierung unmöglich gemacht, eine Instabilität, die ein Resultat der «Sorge für das Ganze» und der Verweigerung ist, parteiisch zu sein. Die Mitglieder der politischen Elite im 20. Jahrhundert stammen vor allem aus besonders verdichteten urbanen Regionen; ihre Väter waren oft gebildete Grundbesitzer, Geschäftsleute oder ehemalige Qing-Beamte. Insbesondere das Bedürfnis nach Harmonisierung von Staat und Gesellschaft scheint eines der Haupthindernisse auf dem Weg in die Moderne gewesen zu sein. Trotz zahlreicher Konflikte zwischen Beamtenschaft und lokalen Funktionären ist der Glaube daran, dass Staat und Gesellschaft vereinigt werden müssten, immer noch lebendig. Die Idee der Einheit hatte die Spannungen innerhalb der Mitglieder der alten Elite gemäßigt, die daher eher reformistisch als revolutionär war, doch blieb die Forderung nach Einheit von Staat und Gesellschaft zugleich das Legitimitätsproblem erster Ordnung seit der Gründung der Republik. Elite und Regierung kooperierten, wie schon in früherer Zeit, bei Krisenbewältigungen mehr, als es gut war. Trotz aller Ernüchterung lebt aber weiterhin das Bild des Fürstenberaters fort, in dessen Rolle sich seit Konfuzius chinesische Intellektuelle immer wieder gesehen haben, ob als Kritiker oder als graue Eminenz. Diese hatten immer auch Vorschläge zur Regierung vorgetragen, und der Blick auf prominente Berater in der Vergangenheit diente zur Orientierung.

Die mit der außenpolitischen Öffnung verbundenen stärkeren Einflüsse westlicher Kultur und zunehmende Rufe nach mehr Freiheit und Demokratie wurden zwar im Rahmen einer Kampagne gegen geistige Verschmutzung im Oktober 1983 und dann auch in den folgenden Jahren immer wieder eingeschränkt, doch ließ sich die einmal entstandene informelle Meinungsfreiheit und Sittenvielfalt in den Städten nicht wieder zurückdrängen.

Studentenproteste und Forderungen nach Reformen und Demokratie

Unruhen unter der Bevölkerung hatten auch Rückwirkungen innerhalb der Partei. So wurde am 16. Januar 1987 Hu Yaobang seines Amtes als Generalsekretär enthoben, und an seine Stelle trat Zhao Ziyang, während die Kampagne gegen bürgerliche Liberalisierung fortgeführt wurde. Der Streit zwischen Reformern und Konservativen setzte sich also fort. Einen neuen Höhepunkt erreichte die Demokratiebewegung im Frühjahr 1989, die freilich inzwischen gegenüber der Xidan-Bewegung ihren Charakter insofern geändert hatte, als sich nunmehr insbesondere die städtischen Intellektuellen, namentlich die Studenten, zu Wort meldeten.

Am 6. Januar 1989 schrieb Fang Lizhi einen Brief an Deng Xiaoping mit der Bitte um Amnestie für alle politischen Gefangenen. Im April 1989 kehrte Hu Yaobang auf die politische Bühne zurück, starb aber nach wenigen Tagen, am 15. April. Die darauf folgenden Trauerkundgebungen, bei denen es äußerlich um die postume Rehabilitierung Hu Yaobangs, im Grunde dann aber doch um die Forderung nach besseren Lebensbedingungen für die Studenten ging, auf die die Regierung, insbesondere der Generalsekretär der KPCh, Zhao Ziyang, zunächst durch Vermittlungsversuche reagierte, eskalierten und gipfelten in einem Demonstrationszug auf den Tian'anmen-Platz am 20. April 1989, als etwa 20 000 Menschen dorthin strömten. Bereits am 26. April verurteilte die Volkszeitung die Demokratiebewegung als «planvolle Verschwörung». Die Folge war eine Verkettung von politischen Ritualen auf Seiten der Anführer der Demonstranten sowie zahlreicher Ungeschicklichkeiten auf Seiten der Führung, die unter der Wortführerschaft des Ministerpräsidenten Li Peng dem am 13. Mai 1989 begonnenen Hungerstreik und den damit verbundenen Unruhen am 20. Mai 1989 mit der Verhängung des Ausnahmezustandes über Peking begegnete, der erst am 11. Januar 1990 wieder aufgehoben wurde. Insbesondere die Beeinträchtigung des Besuchs des russischen Präsidenten Michail Gorbatschow am 18. Mai in Peking hatte die Beachtung, welche die Proteste und der inzwischen begonnene Hungerstreik in der internationalen Medienwelt fanden, gesteigert. Am 30. Mai kam es zur Errichtung der «Göttin der Demokratie» auf dem Platz des Himmlischen Friedens, einer weithin sichtbaren Skulptur. Mit dem Aufmarsch von Panzerverbänden und Truppen in der Nacht vom 3. auf den 4. Juni 1989 wurde der Platz blutig geräumt. Über die Zahl der Toten in Peking und anderen Städten, in denen ebenfalls Demonstrationen zerschlagen wurden, gibt es keine verlässlichen Zahlen, sondern nur Schätzungen, die für Peking von mehreren hundert bis zu mehreren tausend sprechen. Deng Xiaoping gratulierte den Einheiten der Volksbefreiungsarmee und bedankte sich. Zhao Ziyang verlor kurz danach sein Amt als Generalsekretär, von dem er vorher schon entbunden worden war, und es folgte ihm im Juni 1989 Jiang Zemin, der bis 1988 Bürgermeister von Shanghai war und der sich bald als der eigentliche Nachfolger Deng Xiaopings durchsetzte. Dazu gehörte, dass er im November Deng Xiaoping im Amt des Vorsitzenden der Militärkommission folgte.

Die Forderungen waren 1989 in hohem Maße auf Stabilität und auf die Bewahrung der Privilegien der städtischen Intellektuellen gerichtet und müssen daher in der langen Tradition der Forderung nach Statussicherung, wie sie bereits bei den Bemühungen um einen ersten Reichstag 1912/13 zu finden sind, gesehen werden. Freilich waren die der neuen Protestbewegung zugrundeliegenden politischen Spannungen einerseits den ökonomischen Erfolgen der Modernisierungspolitik, andererseits aber auch dem Ausbleiben nennenswerter Reformen im politischen System der VR China zu verdanken.

Eine im Sommer 1998 sich stärker artikulierende innerchinesische politische Opposition – eine Folge der zeitweiligen Lockerung in der Presse- und Medienkontrolle und einer partiellen Reform des chinesischen Strafrechts sowie der Unsicherheit im Verhalten der lokalen Behörden – wurde im Herbst desselben Jahres durch drastische Verurteilungen gebremst, die vielerlei internationale Proteste zur Folge hatten. Das Neue an dieser politischen Opposition war, dass sie nicht mehr in der kleinen Gruppe der Dissidenten-Intellektuellen ihre Adressaten sah, sondern in einfacher Sprache die Sorgen und Nöte in der breiten Bevölkerung artikulierte. Nicht zuletzt Unzulänglichkeiten und das Versagen der Behörden bei der Bewältigung der Folgen der großen Flutkatastrophe vom August 1998 schürten die Unzufriedenheiten in breiten Kreisen der Bevölkerung. Gerade die geschärfte Programmatik der innerchinesischen Opposition wurde als ernsthafte Herausforderung der politischen Führung gesehen. Und doch ist es bisher nicht zur Herausbildung einer fortschrittlichen bürgerlichen Öffentlichkeit mit eigenen Freiheitsrechten gekommen, und auch die alten Verbände, wie etwa die Gilden, hatten keine eigenen angestammten Rechte, und so fehlten und fehlen die Voraussetzungen für einen demokratisch legitimierten modernen Staat. Deshalb wurden Elitegruppen in der Volksrepublik ausschließlich aus der Partei rekrutiert und ihnen, insgesamt etwa 50000 Personen umfassend, immer wieder besondere Funktionen zugewiesen, die sie wiederum anfällig machten für Korruption. Darauf gründet sich bis heute der Unmut weiter Teile der Bevölkerung, gegen den die Parteiführung und der Nationale Volkskongress – mit freilich nur begrenztem Erfolg – einzuschreiten versuchen, um einen letzten Rest an Glaubwürdigkeit zu retten. Die bereits in den traditionellen konfuzianischen Lehren propagierte Suche nach der Persönlichkeit des Einzelnen als Garant für einen politisch-moralisch akzeptablen Staat, eine Suche, die dann in der Volksrepublik unter neuen Vorzeichen fortgesetzt wurde – man denke etwa an Liu Shaoqis berühmte Rede «Wie werde ich ein guter Kommunist?» von 1939, die nach langjähriger Verfemung 1980 neu aufgelegt wurde –, spiegelt das Fehlen einer Partizipation des Einzelnen am politischen Prozess.

Die Skepsis gegenüber den Freiheitsrechten des Einzelnen, die Mao Zedong unter dem Eindruck des Ungarnaufstandes in seiner Rede «Über die richtige Behandlung der Widersprüche im Volke» deutlich zum Ausdruck brachte, hatte auch Sun Yatsen (oder Sun Zhongshan, 1866–1925), der «Vater der Republik», geteilt, der meinte, nicht die Freiheit des Einzelnen – davon gebe es in China schon zu viel –, sondern die Freiheit der Nation sei das Ziel der Revolution. Er sagte dazu: «Einstmals lautete die Parole der Französischen Revolution: Freiheit, Gleichheit, Brüderlichkeit. Die Parole unserer Revolution lautet: Nationalität, Rechte des Volkes, Lebenshaltung des Volkes. (...) Wenn erst der Staat in der Lage ist, in Freiheit zu handeln, dann wird China ein starker Staat werden. Wenn wir das wollen, dann müssen alle von ihrer Freiheit opfern. (...) Warum wollen wir die Freiheit für den Staat? Weil China von den Mächten unterdrückt wird und seinen Platz als Staat verloren hat.» Diese Position ist bis heute die Grundlage der politischen Kultur Chinas geblieben.

2. Hongkong, Taiwan, Macau und «Großchina»

Neuordnung der Außenbeziehungen
Nach dem Ende des chinesisch-sowjetischen Konfliktes Ende der 80er Jahre ist es zu vielfältiger neuer Kooperation zwischen China und Russland gekommen. Diese ist nicht nur durch das gemeinsame Interesse an der Stabilität im muslimisch geprägten Zentralasien geleitet, sondern diese «strategische Partnerschaft» bleibt nicht ohne Einfluss auf die außenpolitische Orientierung der Länder Korea, Japan, Taiwan und der ASEAN-Staaten. Die Wiederbelebung eines guten Verhältnisses zu Russland ist Teil einer umfassenden außenpolitischen Offensive. Nach Verhandlungen mit der Sowjetunion zur Normalisierung der Beziehungen im Jahre 1982 waren 1983 auch mit Indien Botschafter ausgetauscht worden, die bei den Grenzstreitigkeiten 1968 zurückgezogen worden waren. Neben der Neuregelung der Kontakte zu den Nachbarn blieb die Fortsetzung der Beziehung zu den USA auf der Tagesordnung. Der Zusammenhang zwischen dem USA-Besuch des Ministerpräsidenten Zhao Ziyang im Januar 1984 und der Öffnung von 14 Küstenstädten für ausländische Investitionen ist offenkundig. 1982 hatte es auch erste Gespräche über die Zukunft Hongkongs mit der britischen Premierministerin Margaret Thatcher bei deren Besuch in Peking gegeben. Mit der «Gemeinsamen Erklärung» der britischen und der chinesischen Regierung zur Zukunft Hongkongs wurden erste Schritte zur Rückgabe Hongkongs unternommen, die dann am 1. Juli 1997 vollzogen wurde. Es folgte eine gemeinsame Erklärung Chinas und Portugals über die Rückgabe Macaus an China im Jahr 1999.

Die Abkühlung zwischen China und zahlreichen westlichen Staaten nach der Niederschlagung der Demonstrationen am Tian'anmen-Platz im Juni 1989 erforderte besondere diplomatische Anstrengungen. In diesen Zusammenhang gehört auch der Besuch des Ministerpräsidenten Li Peng in der Sowjetunion

1990, seit 1964 der erste Besuch eines chinesischen Ministerpräsidenten in Russland, bei dem es neben Grenzfragen auch um Tibet ging. Die Aufhebung des Ausnahmezustandes in Tibet am 1. Mai 1990 ist ebenso im Kontext der Entspannungs- und Öffnungspolitik zu sehen wie die Aufnahme diplomatischer Beziehungen 1992 zu Südkorea, wobei Wirtschafts- und Handelsinteressen im Vordergrund standen.

Da in China Regionalbewusstsein und Forderungen nach föderalen Strukturen sowie die Rede von Großchina keineswegs als gegensätzliche Positionen verstanden werden, wird in manchen chinesischen Intellektuellenkreisen das Ende des Nationalstaates im Sinne solcher föderaler Strukturen thematisiert. Angesichts der Globalisierung der Wirtschaft und der Lebensverhältnisse überhaupt werden zudem von manchen Argumente dafür gesammelt, dass die besonderen Entwicklungen in den «vielen Chinas», die sich in den letzten Jahrzehnten und Jahrhunderten herausgebildet haben, allesamt gewissermaßen als Laboratorien verstanden werden könnten, aus denen heraus sich eine moderne Kultur – und vielleicht sogar eine allen anderen überlegene Kultur, die Kultur des pazifischen Jahrhunderts – würde bilden können bzw. schon gebildet habe. Gegen eine solche den gesamten pazifischen Raum bestimmende Schrittmacherrolle Chinas spricht allerdings die historische Erfahrung, dass sich China immer mehr mit sich selbst beschäftigt hat und vornehmlich nach innen gewandt war.

Die vielen Chinas sind zunächst die an der Straße von Taiwan gelegenen «vier Länder» Taiwan, Hongkong, Macau und die Volksrepublik China, dann aber auch all diejenigen chinesischen Städte und «Chinatowns», die sich außerhalb Chinas gebildet haben. So bedeutend die nationalen Minderheiten innerhalb Chinas sind, so wichtig sind die sogenannten Überseechinesen, deren Selbstverständnis ja durchaus nicht überall gleich ist. Manche chinesische Autoren scheinen geradezu die Hoffnung zu hegen, dass sich mit dem «Ende des Nationalstaates» auch das bisher ja vielfältig erörterte Problem erledigen würde, dass China bis zum

Ende des Kaiserreiches 1911 – und eigentlich auch darüber hinaus – keine Nation war. Andererseits war gerade das Bestreben der Eliten Chinas, das «Reich der Mitte» in eine moderne Nation umzuformen, bis in die Gegenwart eine der treibenden Kräfte für Veränderungen; zugleich ist das Bemühen um Integration und die Vermittlung allgemein verbindlicher Werte über alle regionalen und ethnischen Verschiedenheiten hinaus ein Ziel, dem China weit näher sein dürfte, als dies in Europa der Fall ist. Insofern wäre China niemals einem «Europa der Vaterländer», sondern nur einem «Europa der Regionen» vergleichbar.

Taiwan

Immer schon war es das Ziel gewesen, Taiwan wieder zu integrieren. In einem solchen Zusammenschluss werden große Chancen gesehen, vordergründig, weil die unterschiedlichen Wirtschaftssysteme durchaus befruchtend aufeinander wirken könnten, was ja bereits heute praktisch realisiert wird, im Grunde aber, weil das Vorbild des Kangxi-Herrschers (reg. 1661–1722) noch wirksam ist, der mit der Eroberung Taiwans 1683 ein Zeitalter des Friedens einläutete. Eine Integration hat jedoch mehrere Schwierigkeiten zu überwinden, darunter das Bewusstsein davon, dass diese Insel erst relativ spät, nämlich unter der Mandschu-Dynastie, zu einem Teil Chinas wurde. Hinzu kommt die ältere Kolonialerfahrung, zunächst mit der Holländischen Ostindischen Kompanie im Jahre 1624, dann mit dem Eroberer während der Ming-Dynastie, Koxinga (1662), ferner mit der Eingliederung in das mandschurische Qing-Reich im Jahre 1683 und nicht zuletzt mit den Japanern, deren Kolonie Taiwan von 1895 bis 1945 war und deren Herrschaft im Rückblick erträglicher war als die zumindest in ihrer Anfangsphase rücksichtslose und in den ersten Jahren (seit 1945) durchaus brutale Herrschaft der GMD. Die Widerstände gegenüber den GMD-Besatzern von Seiten der Bevölkerung, die zunächst die vom Festland als Flüchtlinge kommenden Truppen und Verwaltungsleute begrüßt hatte, waren heftig, und die Geschichte der Unterdrückung der taiwanesischen

Mehrheit durch die «Festländer», insbesondere der Aufstand des Jahres 1947, wurde erst in den letzten Jahren des 20. Jahrhunderts in der Öffentlichkeit und den Medien beachtet und prägt seither in erheblichem Maße das Bewusstsein in Taiwan. Gleichwohl gilt nach dem Verständnis der meisten Chinesen heute Taiwan als Teil Chinas. Doch die Geschichte der Kolonisierung dieser Insel lässt auch ein anderes Bild zu, zumal Taiwan nicht immer als unverzichtbarer Teil Chinas galt, auch nicht für Li Hongchang, der im Jahre 1895 kommentierte, mit Taiwan verliere die Dynastie nur eine wenig schätzenswerte Insel. Immer wieder gefährdet und von Invasoren besetzt, bleibt heute, angesichts der Bedrohung durch das Festland, den Taiwanesen nur die Suche nach einer eigenen Identität, in einer Situation, in der 86 Prozent der Bevölkerung auf Taiwan als Taiwanesen und 14 Prozent als Festländer gelten. Auch wenn es zutrifft, dass die taiwanesische Bevölkerung zumeist auf Einwanderungsbewegungen vom Festland zurückgeht, während die wirklichen «Ureinwohner», die eher alten austronesischen Zivilisationsformen zuzurechnen sind, weitgehend verschwunden sind, müssen die Kinder in Taiwan doch erst mühsam «lernen, Chinesen zu werden».

Nachdem sich die GMD unter Führung Chiang Kaisheks 1949 nach Taiwan zurückgezogen hatte, reklamierte sie weiterhin den Anspruch, das ganze China zu vertreten. Dieser Anspruch wurde formal in den 50er und 60er Jahren international von zahlreichen Staaten anerkannt, doch seit im Jahre 1971 die VRCh in den Vereinten Nationen an die Stelle Taiwans getreten war, verlor dieser Anspruch international an Rückhalt. Doch erst Lee Teng-hui (Li Denghui, geb. 1923), den Chiang Kaisheks Sohn, Chiang Ching-kuo (Jiang Jingguo), 1972 in den Rang eines Ministers und 1978, nach seiner Wahl zum Präsidenten, zum Bürgermeister von Taipei und 1981 zum Gouverneur von Taiwan befördert hatte, entwickelte in der Zeit seiner Präsidentschaft seit 1988 die Idee von einer eigenen Nation Taiwan, was 1999 zu einem Eklat führte. Er argumentierte, dass seit der Anerkennung der Regierung in Peking durch die UNO die Bezeichnung «Republik of China» für Taiwan nicht mehr sinnvoll sei. Taiwan solle als Nation anerkannt werden und «Taiwan» heißen, so in einer Rede am 6. September 2003, womit er bekräftigte, was der auf ihn folgende, im Januar 2008 nicht wiedergewählte Präsident Chen Shuibian im August 2002 erklärt hatte, der von «einem Staat auf jeder Seite» *(yibian yiguo)* der Taiwan-Straße gesprochen hatte. So unakzeptabel solche Positionen für die Pekinger Führung waren, so änderte dies doch nichts daran, dass diese seither offiziell nicht nur eine harmonische Gesellschaft, sondern insgesamt eine «friedliche Entwicklung» *(heping fazhan)* oder einen «friedlichen Aufstieg» *(heping jueqi)* propagierte. Nachdem andererseits die Regierung Taiwans unter Führung der GMD jahrzehntelang die Rückeroberung des Festlandes auf ihre Fahnen geschrieben hatte, hat sich in den 90er Jahren ein Wandel vollzogen, und die für ein selbständiges Taiwan eintretenden Kräfte können seither offen für ihre Ziele werben, ohne hierfür jedoch eine Mehrheit zu finden.

Im Gegenzug wird von Peking gerade auch wegen der großen Zahl von Auslandschinesen und mit Blick auf ein Großchina seit einigen Jahren ganz bewusst eine nationale Kulturpolitik betrieben. Zeichen hierfür war die Gründung einer «Chinesischen Gesellschaft zur Förderung der Nationalkultur» *(Zhonghua minzu wenhua cujin hui)* am 29. Februar 1992 in Peking in der Großen Halle des Volkes. An der Gründungsversammlung nahmen über 200 Chinesen, auch aus Hongkong, Macau und Taiwan, teil, und um jeden Verdacht der Dominierung durch die Zentralregierung zu zerstreuen, hat diese Gesellschaft ihren Sitz nicht in Peking, sondern in Chongqing genommen.

Die Integrationskraft des Grenzdiskurses
Der anti-imperialistische Nationalismus der Mao-Ära hatte den Blick für den Umstand verstellt, dass China ein Gemisch aus einer Vielzahl von Kulturen und die Ausdehnung des Reiches eine Folge der Expansion der Mandschu-Dynastie war. Seit den 90er Jahren scheint sich eine Umkehr abzuzeichnen, und es sieht so

aus, als ob sich eine am chinesischen Süden orientierte neue nationale Identität herausbildet. Noch Hua Guofeng, der unmittelbare Nachfolger Mao Zedongs, sah die Ausrichtung von Chinas Wirtschaftssystem in einem autarken sozialistischen Einheitsstaat auf der Grundlage einer entwickelten Schwerindustrie. Doch die unaufhaltsame Entwicklung von Wirtschaftssonderzonen und die Öffnung von 14 Küstenstädten 1984 leitete eine Entwicklung ein, die durch die Reise Deng Xiaopings in den Süden 1992 – seine letzte große Reforminitiative – legitimiert wurde. Ferner bilden die engen Beziehungen insbesondere der Wirtschaftssonderzonen Shenzhen mit Hongkong und Xiamen mit Taiwan die Voraussetzungen für erste Schritte zu einer Reintegration von Hongkong und Taiwan in ein Großchina. Andererseits ist eine regionale Differenzierung in unterschiedliche Großräume unvermeidlich.

Der Diskurs über Fragen der Außengrenzen bestärkt die Tendenz zur Integration und stützt die Bildung einer chinesischen Identität. Daher auch werden die Forschungen zur Grenzgeschichte in keinem Land so intensiv betrieben wie in der Volksrepublik China. Dies steht durchaus im Zusammenhang mit einer patriotischen, nationalistischen Propaganda und Erziehung, wie sie mit der Großen Mauer verbunden wird. Seinen Anspruch auf Inseln auf dem Festlandssockel erhält China weiterhin aufrecht und will darüber hinaus ganz offensichtlich seinen Einfluss bis in den Indischen Ozean ausdehnen. Die ASEAN-Staaten («Association of South East Asian Nations», das sind Thailand, Malaysia, Singapur, die Philippinen, Indonesien, Brunei und seit 1995 Vietnam) bilden trotz untereinander durchaus widerstreitender Interessen ein Gegengewicht gegen Chinas Ansprüche.

Mit dem russisch-chinesischen Abkommen über den Westsektor der chinesisch-russischen Grenze vom 7. Oktober 1995 war die Territorialabgrenzung Chinas gegenüber seinem großen Nachbarn im Norden im Wesentlichen abgeschlossen; gleichwohl gibt es einige offene Fragen, und gerade in der Mandschurei sind manche Grenzfragen nach Russland bzw. Korea hin noch nicht abschließend geklärt. Von manchen wird durchaus auch die

Äußere Mongolei noch in den Raum eines chinesischen Reiches einbezogen. Die Auflösung der Sowjetunion und Unabhängigkeitsbewegungen bzw. Machtkämpfe in einzelnen Teilen der ehemaligen UdSSR und nicht zuletzt der Siedlungsdruck der chinesischen Bevölkerung nach Norden werden dem Grenzdiskurs auch in Zukunft immer wieder neue Impulse geben.

Dörfer und Städte: Dorfdemokratie
Auch die inneren Strukturen durchlaufen einen tiefgreifenden Veränderungsprozess. Das ländliche Nordchina um 1900 war Teil eines kulturell gestützten Machtgefüges gewesen und hatte so zur Stabilität des politischen Systems beigetragen. Der Zugriff des Staatsapparates bis auf die lokale Ebene hatte dann aber schließlich zu einer Schrumpfung des Bereichs des Staatlichen geführt, weil es eben nicht gelang, die älteren Formen lokaler Administration zu ersetzen. Dieses traditionelle «kulturell gestützte Machtgefüge» ist ja nicht als eine räumliche Einheit zu sehen, sondern vielmehr als ein System, innerhalb dessen eine Vielzahl von Organisationen und von Netzwerken persönlicher Beziehungen an der Verteilung von Macht und Erwerbschancen auf örtlicher Ebene beteiligt waren. Dörfer, Felderbewachungs-Vereine, Bewässerungssysteme, Heiratsverbindungen, Tempelhierarchien etc. waren in der Vergangenheit Teile dieses Systems. Nach der Unterminierung dieses Machtgefüges durch den Prozess der Staatsbildung zu Beginn des frühen 20. Jahrhunderts bilden sich Ersatzstrukturen.

Ob das 1987 initiierte Dorfdemokratie-Programm nun zu neuen Strukturen führen wird oder stattdessen traditionelle Formen der Sozialorganisation wiederbelebt werden, muss einstweilen offenbleiben. Das Programm steht jedenfalls deutlich in der Tradition der Selbstorganisation der Dörfer, wobei es weniger um Partizipation als vielmehr um eine Maßnahme der Kontrolle der unteren Verwaltung und zugleich der Integration der Bevölkerung geht. Dies wird etwa deutlich an dem vom Zentralkomitee der KPCh und dem Staatsrat gemeinsam verbreiteten Zirkular zur «allgemeinen Durchführung des Systems der Offenlegung dörflicher Angelegenheiten und der demokratischen Verwaltung in den Dörfern». Darin wird die Transparenz dörflicher Angelegenheiten *(cunwu gongkai)* als Kernerfordernis bezeichnet. Nicht nur die gewählten Dorfkomitees, sondern auch die dörflichen Zellen der KPCh sollen einer öffentlichen Aufsicht unterzogen werden. Darüber hinaus sollen die Verfahren der demokratischen Leitung *(minzhu guanli)* durch regelmäßige Versammlungen der Dorfbewohner bzw. derer Repräsentanten sowie durch regelmäßige Bewertungen der Arbeit der Dorfleitung durch die Dorfbewohner gestärkt werden. Für die Verwaltung dörflicher Angelegenheiten werden schriftlich festgelegte Regeln *(guizhang)* gefordert, um Willkürakte zu unterbinden. Bemerkenswert ist auch, dass vor «archaischen Klanstrukturen» *(zongzu shili)* und illegalen religiösen Aktivitäten gewarnt wird, die sich die ländliche Basisdemokratie zunutze machen könnten. Hier kommt also wieder das Thema «Orthodoxie» und Zensur ins Spiel. Andererseits spiegelt sich noch in diesen Maßnahmen die Erinnerung an die Erfolgsgeschichte der kommunistischen Bewegung in China, die ja niemals die Massen auf ihrer Seite hatte, wie sie in ihrer Propaganda immer wieder behauptete, sondern die flexibel auf örtliche und regionale Gegebenheiten sich einzustellen in der Lage war.

Gerade um das Machtvakuum zu eigenen Zwecken zu nutzen, hatte Mao Zedong in einer Instrumentalisierung traditioneller religiöser und sozialer Strukturen keinen Ansatzpunkt zu einer Reform und Rekonstruktion des ländlichen China gesehen, obwohl natürlich der ganze spätere Mao-Kult sich solcher Elemente bediente. Vielmehr hatte er das ländliche China als rückständig gebrandmarkt, indem er die religiösen und sozialen Aspekte aus ihren Kontexten löste und auf diese Weise der Lächerlichkeit preisgab. In dieser Haltung gibt es eine Übereinstimmung zwischen der Führung der KP und den Protagonisten der Protestbewegung von 1989 zumindest in einem Punkt, dass sie nämlich der Ansicht sind, dass die bäuerliche Bevölkerung Chinas aus kulturellen Gründen nicht in der Lage sei, an einer politischen Demokratie mitzuwirken. Diese elitistische Haltung gründet sich weniger auf die tatsächlichen Verhältnisse wie Lebensumstände, kulturelle Fähigkeiten etc. der Landbevölkerung, sondern vielmehr auf die Ansprüche dieser Elite auf eigene Privilegien und auf Macht. Was immer die Bauern tun, das eigentliche Problem ist das Verständnis der Elite von ihrer eigenen Rolle in Chinas Politik und Gesellschaft.

Neue Gegensätze
Diese ideologische Vernachlässigung des ländlichen China ist seit langem zu einer erheblichen Belastung geworden, zumal China ja immer noch in hohem Maße agrarisch strukturiert und entsprechend in kleineren sozialen Einheiten und Gruppen organisiert ist. Die Frage bleibt daher auf der Tagesordnung, wie die Beziehung zwischen beiden Bereichen, den Dörfern einerseits und den Städten andererseits, geregelt wird, zumal die Mehrzahl der Kader sich eher den Städten und deren Milieu zugehörig fühlt. Es gibt Anzeichen dafür, dass es unabhängig von dieser Spannung zwischen Stadt und Land auch zunehmend Unterschiede zwischen Arm und Reich gibt, und zwar nicht nur individuell, sondern auch regional, so dass wieder «interne Kolonien» entstehen könnten. Daraus könnten Spannungen entstehen mit lokalen sozialen Unruhen vor allem in solchen Gegenden und an solchen Orten, wo diese Unterschiede aufeinanderprallen.

Die Spannungen zwischen dem ländlichen Raum und den Städten haben sich inzwischen wieder verschärft. Das Wohlstandsgefälle zwischen Stadt und Land war in den 50er Jahren erheblich, nahm dann aber nach der Kulturrevolution dermaßen ab, dass sich Anfang der 80er Jahre die städtische Bevölkerung benachteiligt sah, deren Lebensstandard unter Anrechnung der Kaufkraftunterschiede unter den der Landbevölkerung zu sinken drohte. Seither hat sich die Kluft jedoch wieder vergrößert, so dass der Migrationsdruck in die Städte drastisch gewachsen ist. In den letzten Jahren haben Bauernunruhen zugenommen.

Entsprechend den Erfordernissen ist die Verfassung seit der Gründung der VRCh mehrfach geändert worden, und man könnte die Geschichte der Volksrepublik auch im Spiegel der Verfassungsänderungen darstellen. So waren einzelne Verfassungsänderungen immer auch Ausdruck einer Neuorientierung in der politischen Zielsetzung. Grundmerkmal aber war stets, dass China als multiethnischer Einheitsstaat auf ein sozialistisches System verpflichtet wurde. Das begütigend als «demokratische Diktatur des Volkes» bezeichnete Prinzip, dass alle Führung von der Partei herkommen müsse, wurde niemals offiziell in Frage gestellt. Als Medium der Realisierung der Staatsziele dienten und dienen die einzelnen Staatsorgane, darunter der Nationale Volkskongress (NVK) mit seinen etwa 3000 Delegierten.

Einheit oder Teilung und Festhalten am Einheitsstaat
Gedanken zu einer Aufsplitterung Chinas, zu einer politischen Organisation als Konföderation, sind gelegentlich geäußert worden. Chinas Entwicklungsprobleme beruhen zum Teil auf dem Fehlen klarer Kompetenzzuweisungen und -abgrenzungen politischer Institutionen auf unterschiedlichen territorialen Ebenen. Allerdings zeigen sich heute bereits Ansätze zu einer stärkeren Verflechtung führender Amtsträger der verschiedenen Systemebenen. Diese «Politikverflechtung» führt ansatzweise «zur Begrenzung zentralstaatlicher Machtbefugnisse und zur Herausbildung einer vertikalen Gewaltenverschränkung zwischen Zentrale und Regionen» (Sebastian Heilmann). Die Verlagerung von Kompetenzen von der Zentralregierung auf die Provinzebene, wie sie seit 1979 vor allem in der Zuweisung von Gesetzgebungsbefugnissen auf die Provinzversammlungen stattfindet, ist zwar eine Voraussetzung für Gewaltenverschränkung, doch verstärken sich die Konflikte zwischen Zentrale und Provinz eher, als dass sie durch solche Kompetenzverlagerung mediatisiert würden.

Vor dem Hintergrund der Tendenz zur Auflösung des klassischen Staatsgedankens und zu asymmetrischen Konfliktszenarien, in denen Kriege nicht mehr erklärt, sondern als Strafexpeditionen oder als präventive Selbstverteidigungsmaßnahmen deklariert werden, muss auch die lange Zeit unbestrittene staatliche Integrität Chinas gesehen werden, bei der selbst bezogen auf Taiwan alle Seiten von einer «Ein-China-Politik» ausgegangen waren. Diese Sicherheit scheint sich aufzulösen, und auch unter den Intellektuellen Chinas finden sich in den letzten Jahrzehnten nicht wenige, welche sich eine stärkere Autonomie Tibets vorstellen, und auch solche, die eine Vereinigung Taiwans mit der Volksrepublik China allenfalls in weiter Ferne sehen.

EPILOG
ELEMENTE DER ORDNUNG CHINAS

Das «lernende System» und das «andere China»
In ihren Grundmustern folgt die Vorstellung von Chinas Geschichte den chinesischen Selbstauslegungstraditionen und deren früher Spiegelung in den Berichten europäischer Missionare und Reisender. Bis in die Gegenwart wird China als der «Schlafende Riese» und als aufkommende Weltmacht gesehen und zumeist gefürchtet. Dabei ist sich China seiner Identität weniger gewiss, als dies solche Bilder nahelegen. Das hängt mit den vielen Facetten der Geschichte und der Kultur des «Reichs der Mitte» zusammen.

Während die Reichseinigung unter Qin Shihuangdi (reg. 221–210 v. Chr.) das Ergebnis einer Tendenz zur Rationalisierung und Vereinheitlichung war, hat das Einheitsreich eine Tendenz zu innerer Differenzierung begünstigt und damit auch Pluralisierungschancen eröffnet. Gegenüber dem Einheitsstaat wurde immer eine gewisse Reserve gehegt. Die Machtverdichtung wurde im Zuge des Bevölkerungswachstums der Frühen Neuzeit durch zusätzliche Lockerung abgelöst, die zu Krisen führte, auf die im 20. Jahrhundert zunächst insbesondere die Kollektivierung der Landwirtschaft die Antwort war, die insgesamt aber eher misslang. Dennoch wurde das Prinzip der leninistischen Parteidiktatur bis heute nicht aufgegeben, sondern mit unterschiedlichen Strategien nur immer wieder eine Stabilisierung des Gleichgewichts angestrebt.

Jenseits der bei einer universalhistorischen Betrachtung sich aufdrängenden Grundstrukturen hat es stets Alternativen gegeben und unterschwellige Kräfte und Optionen, die von einem anderen China zu sprechen Anlass geben. Sosehr die Vielfalt der kulturellen und gesellschaftlichen Teilsysteme in Form religiöser Bewegungen und Kulte, in Form von Kommunikations- und Verbandsstrukturen, zur Stabilisierung des Gesamtsystems beiträgt, sosehr waren solche Sphären immer auch der Ausgangspunkt von Impulsen, die das ganze System gefährdeten. Die Aufmerksamkeit der Zentralregierung, stets die mögliche Gefährdung durch solche partikularen Mächte im Auge zu behalten, bindet viele Kräfte. Will man die von solchen systemgefährdenden Impulsen ausgehenden Kräfte verstehen, ist ein Blick auf jene Phasen in der Geschichte Chinas angebracht, die wir als Machtwechsel bezeichnen, weil sich dort am sinnfälligsten nicht nur die Weichenstellungen, sondern auch die latenten Möglichkeiten wahrnehmen lassen.

Nun waren Staatlichkeit und Machtorganisation in der Vergangenheit zwar nicht immer gleich, aber unter dem Gesichtspunkt der Machtverschränkung war das chinesische Reich Europa lange Zeit voraus, und dies blieb so bis ins 20. Jahrhundert. Die Machtverdichtung, dazu gehört auch die Bürokratie, war zwar zugleich ein Hindernis und ist ein solches nach wie vor, in China ebenso wie inzwischen auch in Teilen Europas. Die Entstehung von Nichtregierungsorganisationen (NGOs) ist eine Antwort darauf, und doch ist das den NGOs anhaftende plebiszitäre Element – übrigens hier wie dort – nicht ohne Risiko.

Auch in China sind die Zeiten der Instabilität und interner Machtkämpfe, die Zeiten der Reichsteilung in der Geschichte, in letzter Zeit wieder stärker ins Bewusstsein getreten, und mit einiger Skepsis wird die Rede von der fünftausendjährigen Kontinuität der Geschichte und der Kultur Chinas begleitet. Solche Rhetorik war Teil der Legitimationspropaganda der jeweiligen Dynastien und Herrschaftssysteme und ist dies bis in die Gegenwart geblieben. Und doch müssen wir Kontinuitäten anerkennen und zur Kenntnis nehmen, beispielsweise jene, dass sich manche Dynastien über mehrere Jahrhunderte gehalten haben. So gesehen ist politische Stabilität eines der hervorstechenden Merkmale

Chinas – und dies spricht nicht für Uniformität, sondern für Lernfähigkeit und Komplexität. Daher ist es interessant, nach den Gründen für Machterhalt und für Machtwechsel zu fragen. Dem Kenner Chinas und seiner Geschichte ist bewusst, dass unter den Gründen für Kontinuität neben den Klanstrukturen auch der politischen Philosophie und Weltanschauungslehre eine wichtige Rolle zukommt. Auf der Hand liegt auch der Umstand, dass es keine festen Thronfolgeregelungen für den Kaiserthron gab, so dass die Herrscherfolge anders organisiert war als etwa im alten Europa. Zur Stabilisierung trug auch bei, dass grundlegende Veränderungen in China oft innerhalb einer Dynastie stattfanden, so dass die Dauerhaftigkeit eines Dynastienamens über die Wechselhaftigkeiten während der jeweiligen Periode hinwegtäuschen kann. Fest steht aber auch, dass die Stabilität nicht immer gleich war, und wir müssen davon ausgehen, dass sich die Rahmenbedingungen in den letzten Jahrhunderten derart drastisch geändert haben, dass wir aus den Erfahrungen der Vergangenheit nicht ohne weiteres auf die Gegenwart und die Zukunft schließen können.

Dass die Nachfolgefrage ungeregelt war, barg stets eine Vielzahl von Risiken und war wohl eher dazu angetan, die Instabilität zu befördern, zugleich aber durch solche Destabilisierungstendenzen das System als Ganzes zu stabilisieren. Wir haben es also mit einem Prozess zu tun, bei dem man von einem «lernenden System» sprechen könnte. Freilich will ich vorweg konzedieren, dass die Zielstellung der Reichserhaltung auch ein Grund für rigoroses Vorgehen der herrschenden Dynastie und für die mangelnde Entfaltungsmöglichkeit von Gruppen darstellt. Und hier besteht tatsächlich ein fundamentaler Gegensatz zu den gegliederten Strukturen Europas.

Systemumgebung und die «fehlende» Kirche
Eine Voraussetzung für das lernende System ist das Fehlen einer Blockade durch die Umgebung. Da Adaptions- und Lernfähigkeit auch ein Ausdruck der Zulassung von Alternativen und damit von Pluralität ist, hat zwar Europa im Zuge der Frühen Neu-

zeit ein hohes Maß an Lernfähigkeit gezeigt, diese Lernprozesse aber auch zugleich mit hohen Preisen bezahlt. Dies hängt damit zusammen, dass wir in Europa auf einen Säkularisierungsprozess zurückblicken, während in China lediglich ein Verblassen der Gottheiten erfolgt ist. Als Folge dieser «Degradierung» – den Begriff entlehne ich Theodor Reik – konnte man in China nicht nur gelassen mit den Göttern umgehen und sie nach Bedarf absetzen, sondern sie ermöglichte auch einen entspannten Umgang mit fremden Göttern und Gottheiten. Diese Gelassenheit kennzeichnete den Umgang mit den Lehren des Buddhismus ebenso wie mit der christlichen Mission.

Es gibt einen Unterschied, den ich hier festhalten möchte. Er bezieht sich auf das unterschiedliche Verhältnis zu Gott, welches zwar zunächst nur kollektiv etabliert wird, den Einzelnen dann aber wieder einholt. Denn es ist eine lange bestehende Einsicht, dass es zu einem Aufsprengen einer «ursprünglich ungeschiedenen Einheit von Herrschaft und Heil» in China nur insofern gekommen ist, als aus der chinesischen Geisteswelt die Götter grundsätzlich ausgeschlossen blieben. So besteht ein fundamentaler Unterschied zwischen einer monotheistisch fundierten Welthaltung, die im Sinne Jan Assmanns als Folge einer «monotheistischen Wende» zu fassen und als Ergebnis eines Umsturzes und eines Einbruchs von außen (im Sinne einer Offenbarung) zu denken ist, und der prinzipiellen Innerweltlichkeit des chinesischen Weltverhältnisses.

Auch müssen wir uns des Umstands bewusst bleiben, dass der Pluralismus-Begriff erst seit dem späten 19. Jahrhundert in der heutigen Bedeutung «Vielfalt gleichberechtigter Gruppen, Werte, Weltanschauungen etc. innerhalb eines Gemeinwesens» gebraucht wird, während er zuvor in der von Immanuel Kant eingeführten Bedeutung «Gemeingeist, Nächstenliebe» Verwendung findet – und damit dem chinesischen *gong* («gemeinschaftlich», «öffentlich») sehr nahe steht, welchem bis heute in China der Begriff des auch als «Egoismus» verstandenen «Privaten» *(si)* gegenübergestellt wird. Allerdings hat es durchaus ein hohes Maß an geduldеter, akzeptierter Abweichung gegeben. Davon unberührt blieb die Einforderung einer unverbrüchlichen Loyalität, die einherging mit Selbstschutzmaßnahmen der Herrscher und Geheimdienstaktivitäten gerade auch nach innen, wie sie für den Reichseiniger Qin Shihuangdi sprichwörtlich sind und wie sie insbesondere in der legalistischen Tradition bis in die Gegenwart beschworen werden. China war also immer auch unsicher, nicht zuletzt für die Mächtigen! Dies lag an dem hohen Maß an Pluralität und den Möglichkeiten der Einflussnahme bzw. subsidiärer Gestaltungsmöglichkeiten.

Andererseits gibt es gute Gründe dafür, weiterhin mit dem Einheitsstaat zu rechnen. Dann aber stellt sich die Frage, an welche Sphären der Vielfalt aus der Vergangenheit angeknüpft werden könnte. Das Problem des Staates und der internen Staatsorganisation ist die letzten tausend Jahre, seit der Song-Zeit (960–1279), immer wieder thematisiert worden, aber letztlich ungelöst geblieben. Auch die Nationalstaatsoption seit dem Ausgang des 19. Jahrhunderts läuft im Falle Chinas in zweierlei Hinsicht ins Leere, weil einerseits China wegen seiner inneren Vielfalt nicht dem Nationalstaat europäischer Prägung entsprechen kann und weil andererseits im Zeitalter der Globalisierung und transnationaler asymmetrischer Konflikte der Nationalstaatsbegriff ganz allgemein obsolet wird.

Sphären der Vielfalt und das patrimoniale Element
Die im Zuge der Reichseinigung durch den Teilstaat Qin installierte und dann durch die Dynastie Han gesicherte Bürokratie der Reichsverwaltung blieb in ihren Grundzügen, insbesondere hinsichtlich der schwachen Präsenz der Zentralregierung auf der lokalen Ebene, bis zum Ende des Kaiserreiches die Grundlage für das Verständnis von Staatlichkeit. Ideologisch war das Reich bis auf die Ebene der Haushalte an den Kaiser gebunden, was seit dem 12. Jahrhundert durch entsprechende Erziehungs- und Indoktrinationsmaßnahmen zunehmend bekräftigt wurde, wodurch auch die bis dahin hierfür «zuständigen» religiösen Kulte

verschiedenster Art zurückgedrängt wurden bzw. ihnen eine neue Funktion zugewiesen wurde. Der Kaiser selbst war zwar nominell Repräsentant des gesamten Reiches, und alles, alle Güter und sämtlicher Grundbesitz, unterstand seiner Verfügungsgewalt, doch waren seine Handlungsmöglichkeiten in vielfältiger Weise eingeschränkt. Herrschaft war kein subjektives Recht des Herrschaftsinhabers. Der Herrscher war nicht Grundeigentümer. Vielmehr kennt das chinesische Recht den Begriff des Gemeinbesitzes, und dieser ist, seit der Reichseinigung, aufs engste mit dem Begriff der allgemeinen und umfassenden Staatsgewalt des Kaisers verknüpft. Der Herrscher konnte also nicht über Territorien verfügen – und wieweit die sog. Feudalfürsten dies in der «Teilstaatenzeit» konnten, ist ungewiss. Dass die Person des Kaisers von seiner Funktion getrennt gesehen wurde, ist im Kern der bürokratische Aspekt der chinesischen Reichsverfassung. Auch die Autorität und die Amtsgewalt der Ämter und Behörden und deren Vertreter leitete sich nicht vom Herrscher her; dies gilt bereits für frühe Formen der Staatsverwaltung und der Reichsverfassung und trifft dann seit der Zeit der Mongolenherrschaft besonders zu. Andererseits hat es aber immer den Rest der persönlichen Verbindung, der Loyalitätsbeziehung gegeben.

Die Verschränkung von Staat und Gesellschaft, bis in die Gegenwart zentrales Thema, trat in verschiedenen Formen auf, und seit einigen Jahrzehnten wird das Thema in Form der Debatte zur «Civil Society» sowie in der immer wiederkehrenden Diskussion über das Verhältnis der Intellektuellen zum Staat verhandelt. Für diese spezifische Verschränkung während der Zeit des Kaiserreiches hat Max Weber den Begriff der «Patrimonialbürokratie» geprägt.

Das patrimoniale Element fand seinen Ausdruck in der Analogie von Familie und «Staat» sowie von Patriarchen und Herrschern, eine Analogie, die sich übrigens in sozialen Subsystemen immer wieder ausformte, in der Organisation religiöser Gemeinschaften ebenso wie in den auf die Gewinnung von politischer Macht gerichteten Vereinigungen. Dabei wurde Legitimation gewonnen durch moralische Überlegenheit, aber natürlich auch durch kosmologische Konstellationen und durch Verfahren und Rituale – und bereits sehr früh schon durch Unterstützung durch Öffentlichkeiten. In dauerndem Widerstreit zu dieser patrimonialen Komponente stand die Position der Legalisten, die in den Staatsbildungs- und Bürokratisierungsprozessen der Teilstaatenzeit ihren Niederschlag fand. In der Kombination von beidem, der patrimonialen wie der bürokratisch-rationalen Komponente, liegt vielleicht der Schlüssel zum Verständnis der Dauerhaftigkeit des chinesischen Staates.

Dabei spielte seit alters das Rechtssystem eine tragende Rolle. Die bisher weithin überbetonte Rolle strafrechtlicher Verfahren gegenüber zivilrechtlichen Auseinandersetzungen betont den patrimonialen Aspekt und verbirgt das bürokratische Element der weitgehend formalisierten Verfahren, durch die der Regierungsvertreter vor Ort Streitigkeiten zu regeln und zivilrechtlich zu lösen hatte. Aller Konfliktregelung voraus jedoch ging die Moral bzw. die Indoktrination der Bevölkerung, wobei den Intellektuellen im weitesten Sinne eine Schlüsselrolle zufiel. Bis in die Gegenwart ist das Staatsverständnis in China nicht zu verstehen ohne diese Rolle der Intellektuellen und nicht ohne die besondere Ausprägung ihres Verhältnisses zum Staat.

Elemente der Unordnung galten in China stets als Vorstufe einer neuen Ordnung. Daher auch waren Bauernaufstände, politisch-militärische Rivalitäten unter den Macht- und Funktionseliten und der andauernde Versuch der Großgrundbesitzer zur Sicherung ihrer Privilegien sowie der Versuch der Zentralregierung, das Reich unter Kontrolle zu halten und sich die nötigen Steuereinnahmen zu verschaffen, Themen öffentlicher Verständigung. Auch diese erweiterte Wahrnehmung der Bedingungen von Staatlichkeit trug zur Stabilisierung des Systems bei. Trotz lang andauernder Zeiten relativer Stabilität gab es, oft im Zusammenhang der Auseinandersetzungen mit nichtchinesischen Völkern an den nördlichen Rändern Chinas, Zeiten staatlichen Zerfalls, der Staatsteilung sowie der Fremdherrschaft. An all diesen

Formen arbeiteten sich die Zeitgenossen, vor allem aber dann die Geschichtsschreiber ab, wodurch die Tradition eines Legitimitätsdiskurses begründet wurde. Die im Zuge früher Rationalisierungen während der Reichseinigungszeit ausgebildeten spekulativen Kosmologien wurden zu einem wesentlichen Element einer alle Gesellschaftsschichten verbindenden Ideologie.

Sinisierung, Herrschaft und die Orientierung am Altertum
Trotz der historischen Vielfalt und vor allem trotz starker Einflüsse durch die politische Herrschaft nomadischer oder halbnomadischer Völkerschaften über Teile Chinas blieb das Verständnis von der Kontinuität chinesischer Kultur und Staatlichkeit bestimmend, so dass trotz weitgehend neuer Umstände die Orientierung am Altertum oberste Maxime blieb. Innerhalb des komplexen Beziehungsgeflechts von Staat und Gesellschaft hat es eine Vielzahl von Diskursen über zahlreiche Themen gegeben, über die wir seit der Song-Zeit in zunehmendem Maße gut informiert sind. Alle Versuche zu Neuerungen im Verständnis von Staat, Verwaltung und Gesellschaft mussten dies durch die Reinterpretation der Klassiker tun. Auf diese Weise wurde trotz gelegentlicher erheblicher Konflikte der Konsens, einer Kultur zuzugehören, bei allen bestehenden Widersprüchen noch gesteigert. Dazu trugen auch die Staatsprüfungen bei, deren Standards den Bildungskanon und die Vorstellungen von staatlicher Ordnung und politischer Praxis wesentlich prägten.

In dem Maße, in dem sich traditionale Beziehungsmuster im Späten Kaiserreich auflösten, ein Prozess, der bis heute anhält, stellt sich die Frage der Freiheit in einer neuen Dringlichkeit. Nach europäischer Vorstellung können letztlich nur positive Schutzrechte den Einzelnen vor Willkür und Übergriffen des Staates, aber ebenso auch anderer Mächte abschirmen. Wie aber und auf welche Weise sind solche Schutzrechte zu etablieren, und wie sind sie durchzusetzen?

Während sich einzelne Schutzrechte allmählich herausbilden, ist eine größere Beteiligung bei der Bestimmung der Staatsführung in keiner Weise absehbar, mit allen Konsequenzen. Und dies liegt im Kern daran, dass es keine etablierte Herrscherwechselregel gibt. Es dreht sich also um einen jener Fälle, bei denen das Fehlen einer Regel nicht mehr, sondern weniger Freiheit für einen großen Teil der Bevölkerung zur Folge hat. Hinzu kommt, dass bei der Frage der Wertorientierung kein zentraler Text zur Verständigung vorliegt. Eine religiöse Instanz jenseits einer – zudem schwer definierbaren – Staats-/Nations-/Vaterlands-Idee ist nicht etabliert.

Vielvölkerreich und neue geopolitische Herausforderungen
Als Vielvölkerreich versteht sich China selbst, und ein solches ist China seit der ersten Reichseinigung im Jahre 221 v. Chr. immer gewesen. Aber erst die Konfrontation mit den europäischen Mächten, vor allem dann im 19. Jahrhundert, ließ die Multiethnizität Chinas vor der Folie des Nationalstaatsgedankens problematisch erscheinen, und dieser Umstand bildet, neben anderem, den Hintergrund für die heutige Menschenrechtsdebatte. Zugleich ist erneut die Frage aufgeworfen worden, was denn überhaupt «das Chinesische» sei.

Ob ethnische Konflikte, in jüngster Zeit verstärkt verknüpft mit religiös begründeten Geltungsansprüchen, immer mehr zum beherrschenden Problem werden und ob das Prinzip nationaler Selbstbestimmung, im 20. Jahrhundert als Norm gesetzt, zum Fluch des 21. Jahrhunderts wird, ist eine offene Frage. In jedem Falle aber könnte Ethnizität ein bestimmender Faktor der Zukunft werden. Weltweit operierende ethnische Gruppen könnten zu den Säulen von Handel und Dienstleistungen im internationalen Maßstab werden. Dies etwa prognostiziert Joel Kotkin in seinem «Stämme» betitelten Buch, in dem er die Chinesen als «die Calvinisten des Ostens» bezeichnet. Hier kommen die Überseechinesen oder Auslandschinesen, die *huajiao*, wieder ins Spiel, die zwei Drittel des Einzelhandels in den Ländern Südostasiens kontrollieren und die etwa in Indonesien, ganz zu schweigen von Singapur, fast drei Viertel der betrieblichen Vermögenswerte besitzen und deren Einfluss weit höher einzuschätzen ist als jede Vereinbarung der ASEAN-Staaten. Dass der von Samuel Huntington beschworene sogenannnte «Kampf der Kulturen» nicht als Kampf zwischen Staaten stattfinden würde, war immer klar; dass indes bestimmte ethnische Gruppen aus ihrem Zusammenhalt und ihrer intern optimierten Kommunikationsfähigkeit Vorteile ziehen werden, ist für die Zukunft wahrscheinlich. Solche interne, an «Beziehungen» *(guanxi)* geknüpfte Erfolgschancen werden möglicherweise auch in China zur internen Differenzierung und Diversifikation beitragen.

Kann man das heutige China nur aus der Geschichte verstehen? Dem Selbstverständnis der Akteure nach ist die Geschichte Teil der Identität Chinas; zugleich hat es immer wieder die These gegeben, China müsse sich von Grund auf erneuern, oder, wie Sun Yatsen es zu Beginn des 20. Jahrhunderts fasste, China sei ein «unbeschriebenes Blatt». Bei einer näheren Betrachtung zeigt sich, dass es kein Entrinnen aus der Geschichte und doch auch keine Determination gibt. Die heutige Geschichtswissenschaft und der internationale Dialog bieten immer wieder Ansatzpunkte zu neuer Rekonstruktion der Geschichte Chinas. Die ganze chinesische Geschichte, die neuere wie die ältere, fordert schon allein deswegen stets von neuem ihre Rekonstruktion, weil sich nur auf diese Weise die politische wie die kulturelle Identität dieses riesigen Flächenstaates bekräftigen lassen. Hierzu tragen freilich auch äußere Faktoren bei, wie der Zusammenhalt und die Chinaorientierung der zahlreichen Überseechinesen sowie die Spannungen und gelegentlichen Angriffe, denen Chinesen insbesondere in Südostasien, wie im Mai 1998 in Indonesien, ausgesetzt sind.

Am Vorabend der Olympischen Spiele in Peking bekräftigte die Führung unter Partei- und Staatschef Hu Jintao und Ministerpräsident Wen Jiabao die im Jahre 2002 formulierte Entwicklungskonzeption der «harmonischen sozialistischen Gesellschaft», was im März 2007 die 2978 Delegierten des 10. Nationalen Volkskongresses auf ihrer 5. Plenartagung und im September 2007 der

17. Parteitag der KP Chinas bekräftigten. Wenn dabei auch vom «Aufbau politischer Demokratie in China» die Rede ist, dann ist damit ein «chinesischer Weg zur Demokratie» gemeint.

Der Satz «keine Zukunft ohne Herkunft» hat, wie wir gesehen haben, für China immer Geltung gehabt, und zwar in zunehmendem Maße. Davon hatten sich die Reformer zu Beginn des 20. Jahrhunderts loszusagen versucht, doch ohne Erfolg. So ist die widersinnige Lage eingetreten, dass sich über eine dynamisch sich entwickelnde und in vieler Hinsicht europäisch bzw. international geprägte Modernität die Geschichte einer mehrtausendjährigen Kultur mit allen Reminiszenzen ausbreitet. Dabei ist davon auszugehen, dass dieses China ein neues Gesicht finden wird, doch es wird dem Alten China mit der Zeit eher ähnlicher werden, als es zunächst zu vermuten war, so wie Kinder mit fortschreitendem Alter ihren Eltern ähnlicher zu werden pflegen.

ZEITTAFEL

**Hochneolithische Kulturen (ca. 5000–3000 v. Chr.),
zum Teil gleichzeitig nebeneinander existierend:**

Yangshao (Mittellauf des Gelben Flusses, d.h. Shaanxi, Shanxi, südl. Hebei, westl. Henan, östl. Gansu, östl. Qinghai) | **Xinle** (Liao-Fluss, d.h. Liaoning, Jilin) | **Dawenkou** (Shandong, nördl. Jiangsu) | **Majiabang** (zwischen Huai-Fluss und Yangzi-Unterlauf, d.h. Jiangsu, Shanghai) | **Hemudu** (Hangzhou-Bucht, d.h. nördl. Zhejiang) | **Dapenkeng** (Taiwan, Guangdong, Fujian)

Kulturen der Übergangsperiode vom Neolithikum zur Bronzezeit (ca. 3000–1100 v. Chr.), zum Teil gleichzeitig:

Majiayao (Gansu) | **Longshan** (Shandong; weitere Verbreitungszentren: östl. Henan; nördl. Henan; westl. Henan; Shanxi; Shaanxi; Hubei) | **Liangzhu** (Zhejiang) | **Erlitou** (westl. Henan); Identifikation mit der Xia-Dynastie (trad. 2205–1766 v. Chr.) ist fraglich | **Erligang** Frühe Shang, ca. 1600–1300 v. Chr. | **Yinxu** Späte Shang, ca. 1300–1050 v. Chr. | **Sanxingdui** (Sichuan) 12.–11. Jh. v. Chr.

Dynastien:

Shang   ca. 16.–11. Jh. v. Chr.; trad. 1766–1122 v. Chr.
Blütezeit der Bronzetechnologie;
erste schriftliche Zeugnisse auf Orakelknochen.

Zhou   1045 v. Chr. (trad. 1122 v. Chr.)–256 v. Chr.
Inschriften in Bronze und Stein; Himmelskult
Westliche Zhou   1045–771 v. Chr.

Entstehung des *Buchs der Lieder* zwischen 1000 u.
600 v. Chr. und des *Buchs der Urkunden* zwischen 900
u. 800 v. Chr.
Östliche Zhou   770–256 v. Chr.

Frühling- und Herbst (Chunqiu)-Zeit   722–481 v. Chr.
Zeit der «Wandernden Philosophen» (Konfuzius,
Laozi), Ausformung der Grundzüge politischen
Denkens.

Streitende Reiche (Zhanguo-Zeit)   403–221 v. Chr.
Zunehmende Rationalisierung in Verwaltung,
Handel und Verkehr; Zusammenschluss einzelner
Staaten bis zur Errichtung des ersten Einheitsreichs.

Qin   221–207 v. Chr.

Han   206 v. Chr.–220 n. Chr.
Konsolidierung des Kaisertums und Sicherung des
zentralistischen Staatsmodells. Wiederkehrende
Konflikte mit nomadischen und halbnomadischen
Völkern an den Nord- und Nordwestgrenzen

Frühere (Westliche) Han   206 v. Chr.–8 n. Chr.

Xin-Dynastie (Interregnum des Wang Mang)   9–23

Spätere (Östliche) Han   25–220

(Sechs Dynastien) Liuchao-Zeit   220–589

Drei Reiche (Sanguo-Zeit)   220–265
Errichtung verschiedener Teilreiche.

Wei (Cao-Wei)	220–265
Shu (Shu-Han)	221–263
Wu	222–280
(Westliche) Jin	265–316
vorübergehende Reichseinigung	317–420
Östliche Jin	

Südliche und Nördliche Dynastien
(Nanbeichao-Zeit)   420–589 bzw.
386–581

Südliche Dynastien:		Nördliche Dynastien:	
(Liu-) Song	420–479	Nördliche (Tuoba-) Wei	386–534
Südliche Qi	479–502	Östliche Wei	534–550
Liang	502–557	Westliche Wei	535–556
Chen	557–589	Nördliche Qi	550–577
		Nördliche Zhou	557–581

Reichseinigung

Sui   581–618

Tang   618–907

Konsolidierung der Reichseinigung; seit der Mitte des 8. Jahrhunderts (Rebellion des An Lushan) Stärkung der regionalen Militärgouverneure und Schwächung des Kaisertums.

Fünf Dynastien (Wudai-Zeit)   907–960

Neben diesen einander ablösenden Dynastien in Nordchina gab es mehrere Teilreiche im Süden

Spätere Liang	907–923
Spätere Tang	923–936
Spätere Jin	936–946
Spätere Han	947–950
Spätere Zhou	951–960

Song   960–1279

Nördl. Song   960–1126
Liao (Khitan)   907/946–1125
Xixia   1032–1227

Südl. Song   1127–1279
Jin (Dschurdschen)   1115–1234

Yuan (Mongolen)   1271–1368

China wird Teil des mongolischen Weltreichs.

Ming   1368–1644

Qing (Mandschu)   1644–1911

Republik China (seit 1949 auf Taiwan)   1912–

Volksrepublik China   1949–

UMSCHRIFT UND AUSSPRACHE

Für das Chinesische wird durchgängig die Pinyin-Umschrift verwendet und nur in sehr wenigen Ausnahmefällen, etwa bei Peking und Hongkong, die eingebürgerte Schreibweise beibehalten. In Zitaten, nicht aber in den Literaturhinweisen, sind die verwendeten Umschriften der Pinyin-Umschrift stillschweigend angeglichen worden.

Im Hochchinesischen besteht jede Silbe aus einem oder mehreren der folgenden Elemente:
1. einem Anlautkonsonanten (b, c, ch, d, f, g, h, j, k, l, m, n, p, q, r, s, sh, t, w, x, y, z, zh),
2. einem Halbvokal (i, u),
3. einem offenen Vokal (a, e, i, o, u, ü),
   oder: einem geschlossenen Vokal (an, ang, en, eng, in, ing, ong, un),
   oder: einem Diphthong (ai, ao, ei, ou).

Es kommen folgende Kombinationen vor:
aus den unter 3. (z.B. e, an, ai),
aus den unter 1. und 3. (z.B. ba, xing, hao),
sowie aus den unter 1., 2. und 3. (z.B. xue, qiang, biao) genannten Elementen.

Die Aussprache unterscheidet sich erheblich von der deutschen:
Bei folgenden Anlautkonsonanten:

c	wie in zeigen, stets, schwatzhaft
h	acht
j	Jeep oder Gin (engl.)
q	tschüß, Tschernobyl,
w	way (engl.)
x	ich, China
z	Gethsemane
ch	deutsch, Patschhand
sh	schaffen

y   Jesus
zh zwischen Dschungel und jeune (franz.)

Bei folgenden Halbvokalen:
i   wie in   Union (z.B. bianwen)
u   Qual   (z.B. Zhuangzi)

Bei folgenden offenen und geschlossenen Vokalen:
ao   wie in   Raum, bauen
ai   sein, Meister
e   beginnen, Mauer
ei   eight (engl.)
ie   jetzt
ian   Jenseits
iao   jauchzen
iang   young (engl.)
iong   Jungenstreich
ong   Zeitung
ou   know (engl.)
ua   Quaste

Weiter ist zu beachten:
- Im Hochchinesischen sind n und ng die einzigen Auslautkonsonanten (Namen wie Sun Yat-sen, Chiang Kai-schek sind Umschriften von Dialekten)
- In Silben, die mit einem u oder hu beginnen, wird das u nur angedeutet; der anschließende Vokal wird kurz gesprochen, z.B. huang; siehe auch oben zur Aussprache von ua
- u nach den Anlautkonsonanten j, q, x, y wird als ü ausgesprochen, z.B. xuan
- i nach z, c, s verlängert diese Konsonanten
  i nach zh, ch, sh und r wird als vokalisiertes r ausgesprochen
- die Silbe er ist ein Sonderfall und wird ähnlich wie engl. err ausgesprochen.

HINWEISE ZUR LITERATUR

Die Geschichte Chinas umfasst alle Bereiche der Kultur einschließlich der Religion, der Künste und der Literaturen und natürlich die Diplomatie- und Kriegsgeschichte sowie die Geschichte der Technik und der Wissenschaften und nicht zuletzt die Naturgeschichte. Insbesondere die Ausgrabungsfunde der letzten Jahrzehnte haben unsere Kenntnisse erweitert. Zugleich hat sich als Folge eines gesteigerten Bewusstseins von der Globalisierung und ihrer Vorgeschichte der Blick auf größere Räume gerichtet. Die Geschichte Chinas ist aus der Obhut der Sinologie in weiten Teilen herausgetreten, und sie wird als Teil der Geschichte Eurasiens gesehen. Für die Vor- und Frühgeschichte siehe HERMANN PARZINGER, *Die frühen Völker Eurasiens. Vom Neolithikum bis zum Mittelalter* (München, 2006). Die Zeit des ersten vorchristlichen Jahrtausends schildert meisterhaft LOTHAR VON FALKENHAUSEN in seinem Werk *Chinese Society in the Age of Confucius (1000–250 BC). The Archaeological Evidence* (Los Angeles, 2006). Da ein Bild der Geschichte jedoch nicht aus archäologischen Funden allein gewonnen werden kann, sind andere Darstellungen hinzuzuziehen, wie *The Cambridge History of Ancient China* (Cambridge, 1999) sowie *The Cambridge History of China* (Cambridge, 1979 ff., unvollständig). Im Zuge der Spezialisierung hat sich die Forschung einzelne Themen und Epochen aufgeteilt. Manche Arbeiten thematisieren engere Zeitabschnitte wie DIETER KUHN, *Die Song-Dynastie (960 bis 1279)* (Weinheim, 1987). Einen Überblick mit Literaturhinweisen geben HELWIG SCHMIDT-GLINTZER, *Geschichte Chinas bis zur mongolischen Eroberung 250 v. Chr.–1279 n. Chr.* (München, 1999) und SABINE DABRINGHAUS, *Geschichte Chinas 1279–1949* (München, 2006). In den letzten Jahrzehnten ist zunehmend die innere Entwicklungsdynamik Chinas während der späten Kaiserzeit in den Vordergrund getreten, wobei unterschiedliche Zeiträume herausgegriffen wurden, wie etwa bei FREDERICK W. MOTE, *Imperial China 900–1800* (Cambridge, Mass., 1999), oder bei JONATHAN D. SPENCE, *Chinas Weg in die Moderne* (München, 1995), der die Entwicklung vom 17. Jahrhundert bis in die unmittelbare Gegenwart schildert. Für das Verständnis der Geschichte

Chinas bleiben aber die chinesische Selbstauslegung ebenso wie die immer wieder neu verfertigten Zukunftsentwürfe und Visionen prägend. Daher wird in Zukunft Studien zur Geschichte des politischen, gesellschaftlichen und kulturellen Denkens eine besondere Bedeutung für ein vertieftes Verständnis zukommen. Eines der maßgeblichen Werke auf diesem Gebiet ist nach wie vor WOLFGANG BAUERS, *China und die Hoffnung auf Glück. Paradiese, Utopien, Idealvorstellungen* (München, 1971).

REGISTER

Abschließungspolitik 106
Achte Feldarmee 182
Ackerbau 18, 31, 35, 46, 74, 122
Ackerböden 129
Adel 57, 63, 71, 74, 84
Afghanistan 62, 139
Afrika 13, 18, 101
Agnostizismus 52
Agrarreform 190
Agrarverfassung 79
Ägypten 8, 39
Ahnen, Ahnentempel und
    Ahnenverehrung 23, 25, 96,
    98, 104
Akademien 59, 108, 119, 127
Aleni, Giulio 116 f.
Alles-unter-dem-Himmel
    (tianxia) 11, 25, 104
Alma Ata 139
Amnestien 58, 96, 217
Amtssprache 28, 113
Amu-darja (Oxus) 41 f.
Amur 70, 72, 139 f., 195
An Lushan 61 ff., 245
Anarchismus 163
Angkor 100
Angriffskriege 137
Anhui 19, 28, 85, 94, 97, 130 f., 180
Anhui-Clique 97
Annam 59, 81, 99, 134
antibuddhistische Polemik 55

antichristliche Propaganda 116
antijapanischer Kampf 183
Arabien 39, 81, 83
arabische Welt 61
Arabisches Meer 39, 59, 81, 100
Aralsee 100
Arbeiteraufstände 166, 168 ff.
Arbeiterbewegung 170
Aristokratie 29, 52, 68
Armut 132 f., 152
Armutsrevolten 132
Arrow-Krieg 132
ASEAN 221, 226, 241
Astronomie 24, 110, 116
Aufstand des Huang Chao 69
Aufstand in Tibet 195 ff.
Aufstand von Nanchang 174
Aufstände 48, 122 f., 126, 129 f., 133,
    138, 144 f., 154, 174, 238
Ausdehnung Chinas 22, 26, 45
Auslandskapital 210
Auslandsstudium 135, 163 f.
Ausnahmezustand 197, 218, 222
Ausrufung der Volksrepublik 187
Außengrenzen 46, 101, 158, 226
Außenhandel 128 f., 138, 149
Außenministerium 133, 148
Außenpolitik 39 f., 46, 99, 201
Äußere Mongolei 97, 123, 227
Äußerer Hof 104
Auswanderung 133

Autokratie 90
Autonome Gebiete 63, 195 f., 213
Autonomes Gebiet Tibet 195 f.,
    213
Autonomiebestrebungen 63, 131
Ayurbarwada 83, 86

Bach 205
Bagdad 81
Baikalsee 59, 81, 139
Baktrien 38 f., 41 f.
Balchaschsee 39, 81, 100, 139
Ban Gu 44 f.
Banditen 45, 69, 86 f., 114
Bankiers 106
Barbarei 25
Barbaren 25, 31, 42, 44 ff., 60 f.,
    63 f., 66, 68, 89, 155, 165
Barbarikon 39
Barbarisierung 43
Bauernaufstände 129, 238
Baumwolle 128, 136
Baumwolle s. a. Shanghaier
    Baumwollmühle
Beamtenrekrutierung 76
Beamtenschaft 26, 216
Beethoven 205
Befriedung der Grenzen 97
Beijing s. Peking
Beiping 185
Beiyang-Armee 134
Belagerung von Peking 152
Bengalen 28, 59, 81, 100
Berater 40, 61, 92, 95, 104, 108,
    119, 146, 148 f., 157, 176, 201,
    216 f.
Beraterstab *(Neige)* 104
Bergbau 122, 146
Berufspolitiker 149

Besetzung Tibets 138
Bettelmönch 91
Bevölkerungsentwicklung 74
Bewässerungswirtschaft 29
Bhutan 139
Bianzhou 59
Bibliothek 119
Bier 136
Bildende Künste 52
Bildung 14, 77, 92, 116, 118, 124, 148
Bildungselite 86, 103
Binnenhandel 35, 78
Birma 28, 41, 63
Birmanisch 28, 62 f., 75
Bishkek 28
Bodenreform 184, 190
Bodenschätze 135
Bohai 70
Bolschewisten 176
Boote 18
Borneo 59, 100
Boxer *(Yihequan)* 145, 152
Boxeraufstand 132, 150 ff.
Boxer-Protokoll 153, 178
Boyang-See 88
Britisches Parlament 127
Britisch-Indien 139
Bronze 243
Bronzekessel
Bronzetechnik 22, 243
Bronzezeit 22 ff., 243
Buch der Urkunden 244
Buchara 39, 59
Buchdruck 56, 71, 79
Buddhismus 32 f., 42, 46, 51 ff., 62,
    64, 66 f., 90, 99, 102, 235
Bündnispolitik 44
Bürgerkrieg 13, 87 ff., 111 f., 130,
    137, 153, 157, 159, 183 f., 189

Bürgerrechte 155
Bürokratie 29, 47, 51, 68, 71 ff., 112, 116, 124, 129, 145, 149, 233, 236 f.
bürokratischer Staatszentralismus 27
Bürokratisierung 32, 56, 68, 75 f., 81, 191, 238

Cao Cao 51
Cao Pi 45, 51
Cao Yin 115, 119
Chan-Buddhismus 53
Chang'an 43, 49 f., 55, 57, 59, 64 f., 69
Changsha 139, 169, 174
Charachotscho (Gaochang) 62
Chen An 66
Chen Duxiu 164, 168 ff.
Chen Shuibian 225
Chen Youliang 89
Chengdu 21, 28, 30, 49 f., 59, 69, 81, 91
Chiang Ching-kuo 224
Chiang Kaishek 132, 162, 170 f., 173 ff., 179, 181, 183 f., 188, 199, 224
China als Bezeichnung 11, 33
China Merchants Steam Navigation Company 135
Chinabild 8, 118
Chinesen-Barbaren-Unterschied 64, 66
Chinesische Mauer, s. Große Mauer
Chinesisch-französischer Krieg 132, 134
Chinesisch-japanischer Krieg 147, 158, 177 ff., 188

Chinesisch-Turkestan s. Ostturkestan
Chongqing 138, 184, 214, 225
Chongzhen 85, 113 f.
Christentum 33, 152
Christliche Mission 235
Christus 55
Chronik des Himmelssohnes Mu 37
Chronologie 27
Chu, Chu-Kultur 26 f.
Cishan-Kultur 20 f.
Cixi 143, 146, 151
Cochin 100
Cohong-Gilde 149

Da Qing yitongzhii 119
Dadu 97
Dagu-Festungsanlagen 138, 152
Dairen 134, 153, 194
Dalai Lama 195 ff.
Dalian s. Dairen
Dammbau 76
Daoismus 32, 48, 67 f., 102
daotong 66
Datong 39
Daxingcheng 57
Dayuan 41 f.
Dayuan s. Ferghana
Deichbauprojekte 128
Deichunterhaltung 21
Delhi 81, 100, 139
Demokratie 154 f., 161 ff., 187, 189, 206 ff., 217 f., 227 ff., 242
Demokratiebewegung 207, 217 f.
Demokratischer Bund 187
Deng Tuo 198
Deng Xiaoping 189, 200, 202 ff., 211, 217 f., 226

Despotismus 85
Deutschland 134 f., 139, 150, 152, 161, 181
Dhaka 19, 28
Dialekte 28, 248
Diktatur des Proletariats 169
Diplomatie 30 f., 201, 249
Dissensbildung 141
Dissidenten 9, 198, 219
Di-Stämme 46
Dokumente 71, 108
Dolmetscher 148
Dolmetscherschule 133
Dong Qichang 108
Donglin-Akademie/Donglin-Partei 108 f., 118
Dorfdemokratie 227
Dorfkomitees 228
Dorgon 114
Drei Erhabene 17
Drei Reiche 49, 94, 244
Drei Volksprinzipien 154
Drei-Schluchten-Staudamm 20, 215
Dreschmaschinen 78
Druckwesen 125
Dschurdschen 73, 78 ff., 110 f., 117, 245
Dsungaren 50, 123, 131
duale Herrschaft 82
Dunhuang 21, 39, 43, 50, 59
Dürrezeiten 83
Dynastiegründung 87, 89, 94 f., 99, 104
Dynastiewechsel 48 f., 57, 89, 107, 112 ff., 156, 159

East India Company 124
Ehegesetz 190
Einheitsfront 169 ff., 179 ff.

Einheitsstaat 49, 64, 142, 151, 186, 226, 230, 232, 236
Einigungspolitik 34
Ein-Kind-Politik 210
Einparteienherrschaft 180, 215
Eisen 134
Eisenbahn 132 ff., 148, 153, 156, 178, 194
Eisenerz 135
Eisentechnologie 24, 34
Elite-Intellektuelle 215
Elitekultur 23, 56
Eliterekrutierung 151
Empfehlungssystem 98
Endzeiterwartungen 56, 123
Energiewirtschaft 14
England 128 f., 134 f., 138, 146, 150, 152, 196
Ennin 66
Enteignung 76, 191
Enteignung der Großgrundbesitzer 191
Entmilitarisierung 63, 76
Erbadel 63
Erbkönigtümer 36
Erblichkeit der Herrscherwürde 18
Erde 23, 95 f., 107, 171
Erdnuss 106
Erleuchtung 53 f.
Erlitou 22 f., 243
Ernährungssituation 106
Erneuerungs-Gesellschaft 109
Erschaffung der Welt 17
Erster Weltkrieg 161 f., 166 f.
Erzählstoffe 36
Erzähltraditionen 56
Erziehung 15, 58, 92, 95, 98, 134, 141, 147, 163 f., 189, 216, 226, 236
Essig 94

Euklid 116
Eunuchen 68, 101, 107, 110, 118
Eurasien 9, 13, 18, 80, 82, 249
Europa 7, 9, 13 f., 16, 42, 56, 83,
　　115 ff., 122, 126, 131, 154, 164,
　　223, 233 ff.
Europabild 116
Expansion 27, 34, 37, 41, 43, 77, 80,
　　99, 109, 112, 120 f., 123, 140,
　　151, 180, 225
Expeditionen 41 f., 46, 99, 101
Exterritorialrechte 129

Fan Guozhen 86
Fan Zhen 55
Fang Lizhi 217
Fang Xiaoru 90
Faschismus 179
Feng Guifen 142
Fengshui s. Geomantik
Ferghana (Dayuan) 41 ff.
Fernhandel 39, 42, 47, 83
Festlandssockel 202, 226
Feudalismus 26, 29, 162
Feuerwaffen 107
Finanzkrise 110
Finanzsektor 14
Finanzverwaltung 58
Flussbettveränderungen 90
　　s. a. Laufänderungen
Flutkatastrophe 219
Föderalismus 186
Franke, Herbert 26
Franke, Otto 180 f.
Frankreich 134 f., 139, 146, 152, 173,
　　203
Freiheitsstrafe 210
Fremde 67
Fremdherrschaft 79, 111 ff., 141, 238

Friede (Vertrag) von Shimonoseki
　　134
Friede von Peking 140
Friedensfraktion 40
Frühling- und Herbstzeit 27
Fujian 19, 28, 91, 116, 214, 243
Fünf Urkaiser 17
Fünfjahresplan 191
Fuzhou 21, 28, 81, 133, 139, 146
Fuzhou-Arsenal 146

Ganges 37, 39, 81, 139
Gansu 19, 21, 28, 38, 62, 156, 196,
　　243
Gansu-Korridor 19, 37, 45, 132
Gaochang s. Charachotscho
Gaozong 60, 79
Gaozu (der Tang) 58, 60
Gastkaiser 117
Gebiet innerhalb der Pässe 33
Geheimgesellschaft 88, 154
Geiseln 43 f.
Geister 52, 95, 102
Gelber Fluss 30, 39, 49 f., 54 f., 72 f.,
　　81, 91
Gelber Fluss s.a. Huanghe
Gelbes Meer 59
Gelbkaiser 18
Geldwährung 106
Geldwirtschaft 211
Gelehrsamkeit 118, 120
Generalstreik 173
Gentry-Kaufleute 148 f.
Geograph 119
Geometrie 116
Geopolitik 9, 13, 240
George, Henry 155
Gesandte 42, 44, 115, 169
Gesandtschaften 43

Geschichtsamt 24
Geschichtsschreibung 47, 51, 107, 112, 214
Geschichtswissenschaft 241
Gesetze 95, 98
Gesetzgebung 33, 181, 190
Getreideversorgung 20
Gewerkschaften 173, 176
Globalisierung 124, 222, 236, 249
GMD s. Guomindang
Gobi 21, 72 f.
Goldene Horde 81
Golf von Bengalen 28, 59, 81, 100
Gong Zizhen 119
Gorbatschow, Michail 218
Götter 25, 52, 235
Gott, Gottesvorstellung 17, 23, 235
Göttin der Demokratie 218
Grabanlagen 155
Greater China 93
Grenzbefestigung 30 f.
Grenzkriege 46
Grenzpolitik 37, 46
Grenzsicherung 42 f., 46, 91
Grenzsiedlungen 46
Grenzwälle 26, 30 f.
Griechisch-Baktrien 38
Großbritannien 139, 182
Großchina 33, 221 f., 225 f.
Große Ankündigungen 92
Große Gemeinschaft 150
Große Mauer 12, 26, 28, 31, 39, 43, 68, 91, 111, 139, 194, 226
Große Proletarische Kulturrevolution s. Kulturrevolution
Große Yuezhi 38
Großer Kanal s. Kaiserkanal
Großer Sprung nach vorn 16, 191 ff., 198 f., 206

Großes Fahrzeug 53
Großgrundbesitz 29
Großgrundbesitzer 191, 238
Großkaufleute 106
Großkhan 115
Gründung der KPCh 166 f.
Gründung der Volksrepublik 175
Gründungsherrscher 27, 36, 43, 58, 75, 85 ff.
Gründungszeremonie 95
Grundwasserspiegel 14
Gu Hongming 148
Gu Yanwu 119, 142
Guang Wudi 35, 44
Guangdong 19, 28, 41, 91, 129, 214, 243
Guangxi 19, 28, 91, 129
Guangxu 111, 143, 151
Guangzhou 21, 28, 39, 59, 81, 91, 100, 139, 169, 174
guanhua 28
Guerillakrieg 176
Guizhou 19, 28, 41, 91
Guo Moruo 165
Guo Songdao 146
Guo Zixiang 92
Guomindang 154, 171
Güyük 80

Hai Rui 199
Hainan 21, 28, 39, 59, 100, 139
Hakka 28, 130
Hami 41, 59
Han Lin'er 88
Han Wudi s. Wudi
Han Yu 64, 66
Handel 35, 58, 78, 100, 107, 149, 187, 240, 244
Handelsbeziehungen 83, 99, 106

Handelsembargo 201
Handelsrouten 59
Händlerschicht 144
Handwerk 74, 78, 121 f., 187
Hangzhou 21, 72 f., 79, 81, 91, 139, 243
Hankou 134, 139, 156
Hanlin-Akademie 95
Hanyang 91, 156
Haozhou 92
Harbin 28, 194
Harem 101
Hart, Sir Robert 136
Hauptstadt 27, 30, 33, 43, 46 f., 57 ff., 64 ff., 69, 82, 91 ff., 104 f., 109 ff., 113, 119, 130, 158 f., 161 f., 174 ff.
Hauptstadtbezirk 36
Hauptstädte 20, 30, 59, 103
Hauptstadtfrage 93 f., 157 f.
Hauptstadtverlegung 158
Hauptstadtzeitung 109
Haus 61
Hausgesetze 97 ff.
Haustiere 22
Haustierhaltung 20
Hay, John 150
Hebei 19, 28, 33, 156, 243
Heerwesen 58
Heilmann, Sebastian 230
Heilongjiang 19
Heiratsbeziehungen 23
Heiratspolitik 81
Hemudu-Kultur 22
Henan 19, 22, 28, 33, 91, 131, 156, 243
heqin-Politik 39 f., 44
Herbsternte-Aufstand 175
Herrscherfolgeregelung 22, 234, 240

Herrscherklan 23, 96
Himmelsaltar 95, 98
Himmelsbegriff 25
Himmelskult 25, 51, 243
Himmelssohn 37, 98, 180
Himmelstempel 95
Himmlische Pferde 41
Himmlischer Meister *(tianshi)* 102
Hirseanbau 20
Historiker 8, 44 f., 70, 110, 180
Historikerkommission 27
Historiographie 114
Historische Geographie 119
Hofgelehrte 48
Hofkonferenz 40
Holland 223
Holzplattendruck 71, 79, 119
Hong Chengchou 114
Hong Xiuquan 130
Hongkong 19, 21, 28, 128 f., 138 f., 167, 209, 221 ff.
Hongwu-Kaiser s. u. Zhu Yuanzhang
Hu Hanmin 175
Hu Jintao 241
Hu Qiaomu 199
Hu Shi 163
Hu Weiyong 101
Hu Yaobang 208, 217
Hua Guofeng 204 f., 210 f., 226
Huai-Armee 130, 145
Huai-Fluss 78, 80, 86, 131, 243
Huang Chao 69
Huang Xing 157
Huang Zunxian 142
Huangdi 18, 211
Huanghe 20 f., 30, 33, 78
Huangpu (Whampoa)-Militärakademie 171

Hubei 19, 26, 28, 128, 156, 243
Hunan 19, 28, 128, 169, 174 f.
Hundert-Blumen-Bewegung
    191 f.
Hundert-Tage-Reform 143 f.
Hungerkatastrophen 198
Hungersnöte 137, 151
Hungerstreik 218
Hunnen 38, 44
Huntington, Samuel 241

Ili-Gebiet 194
Il-Khanat 100
Imperialismus 139, 151, 175
Indien 28, 37, 39, 41 f., 59, 83, 128,
    139, 196, 221
Indischer Ozean 39, 100 f., 105,
    226
Indochina-Bahn 134
Indoktrinierung 121
Industrialisierung 121, 134 f., 167 f.
Industrie 136, 187, 192, 207
Inkas 8
Innenpolitik 46, 76
Innere Mongolei 28, 213
Innerer Hof 68
Innerweltlichkeit 33, 235
Inspektionsreisen 123
Instrumente 36
Intellektuelle 10, 114, 134, 146 f.,
    154, 158, 166, 168, 172, 177,
    182, 187, 192, 198, 203, 208,
    215 ff., 231, 237 f.
Internationaler Währungsfonds
    (IWF) 209
Invasion Japans 208
Iran 38, 41, 59, 82
Irkutsk 28
Isfahan 100

Islam 33, 212
Italien 61, 115, 152

Japan 13, 16, 33, 53, 59, 61 f., 70, 81,
    99, 122, 127, 133 ff., 138 ff., 146,
    150, 152 ff., 158, 161 f., 164,
    170, 173, 175, 177 ff., 188, 194,
    208, 221
Japans Forderungen 161 f.
Jardine & Matheson 136
Jerusalem 81, 100
Jesuiten 115 ff.
Jesuitenmission 106
Jesus 248
Jia Yi 40
Jiajing 85, 111, 199
Jiang Qing 202, 210
Jiang Tingfu 180
Jiang Ziwen 102
Jiangnan-Arsenal 133
Jiangsu 28, 118 f., 130 f., 243
Jiangxi 19, 28, 88, 91, 176 f.
Jiangxi-Sowjet 174
Jiankang 49 f., 54 f.
Jianning 91
Jianwen-Kaiser 103
Jiaozhou-Bucht 134
Jiaqing 121, 129
jiedushi 62, 72
jimi (lose Zügel)-Politik 44
Jin (Dschurdschen) 51, 70, 72 f.,
    78 ff., 244 f.
Jingdezhen 122
Joint-Venture-Gesetz 209
Juden 172
Judentum 33
Jugendliga 176

Kabul 59, 81
Kadettenschulen und -anstalten 135, 146
Kaifeng 21, 72 f., 81, 91
Kaisergräber 114
Kaiserinwitwe s. Cixi
Kaiserkanal 20, 78
Kaiserliche Hochschule 94
Kaiserlicher Park 47, 65
Kaiserpalast 7, 65
Kaiserwürde 95, 97
Kalender 18, 24, 35, 95, 157
Kalendersystem 157
Kalikut 100
Kampagne gegen Rechtsabweichler 191 f.
Kampfkünste 91
Kanalbau 57
Kang Youwei 120, 142 f., 150
Kangxi 66, 111, 115 f., 118 f., 121, 123, 223
Kanton 91, 124, 127 f., 139, 148 f., 169 f., 173 f.
Kantoner Aufstand 157
Kantoner Kaufleute 128
Kantoner Kommune 174
Kantonesisch 28
Kanzleramt 101, 103
Kapitalismus 106 f.
Karakorum 81 f.
Kasachen 59
Kasachstan 28, 139, 212 f.
Katmandu 19, 28, 139
Kaufleute 124, 128, 147, 173
Kavallerie 43
Kejia s. Hakka
Keramik 22
Keramikherstellung 20
Ketteler, Clemens von 152

Khanbalik (Peking) 81 f.
Khitan 72 f., 75, 245
Khitan-Liao 75 s. a. Liao
Khmer 59, 81
Khotan 39, 41 f., 59, 81
Khubilai Khan 80, 83, 86, 95
Kiew 81
Kirgisen 59
Kirgisistan 212 f.
Kissinger, Henry 201
Klassenkampf 168
Klassiker 47, 110, 239
Klassikerauslegung 86
Klassikergelehrsamkeit 118
Kleinbauern 63, 78, 122, 191
Kleinkönigtümer 43
Klerus 51, 101
Klima 19 f.
Klimaänderung 21
Klöster 51, 56, 65
Klosteranlagen 52
Klosterbesitz 76
Kohle 134 f.
Kohlehügel 113
Kohlelager 178
Kohlemine Kaiping 135
Kollektivierung der Landwirtschaft 232
Kolonialmächte 129, 150, 166 ff., 195
Kolonialtruppen 151
Komintern s. Kommunistische Internationale
Kommunisten 159, 168 f., 172 ff., 211 f.
Kommunistische Bewegung 132, 151, 167 ff., 183, 203
Kommunistische Internationale 169

Kommunistische Partei Chinas 112, 164 ff., 168 ff., 173 f., 176 f., 179 ff., 184 f., 187 ff., 191 f., 199, 205, 208 f., 211 f., 217, 227 f.
– Mitgliederzahl 189
Kompradoren 145, 149
Konföderation 36, 62, 230
Konfuzianisierung 56, 104, 121
Konfuzianismus 47, 64, 109, 143, 148, 163
Konfuzius 11, 211, 216, 244
Königmutter des Westens 37
Königtümer 34, 36, 43
Konstantinopel 81, 83, 100
Konstitutionalisten 146
Konsumkultur 14
Konvention von Chongqing 138
Konvention von Peking 138
Konvention von Zhifu 138
Korea 28, 33, 61, 70, 81, 140, 153, 221 f., 226
Korruption 126, 149, 193, 215, 219
Kotkin, Joel 240
Koxinga 223
KPCh s. Kommunistische Partei Chinas
Krakau 81
Kreise 35
Kriegsherren 86 f., 131, 152, 162 f., 167, 170 ff., 181
Krondomänen 45
Kulis 133
Kultbilder 52
Kulte 36, 155, 211, 233, 236
Kulturentwicklung 20, 32
Kulturheroen 17
Kulturrevolution 16, 24, 56, 172, 196, 198 ff., 208 f., 229

Künste 56, 107, 121, 249
Kupfermünzen 106
Kushan-Reich 39
Küstenstädte 134 f., 166, 168, 221, 226
Kutscha 41 f.

Lackschüsseln 22
Lahore 81, 139
Laien 53, 56
Laienbewegungen 51, 56
Landakkumulation 78
Landbau 29
Landbesitzverhältnisse 71
Landesverteidigung 207
Landreform 133, 155, 175, 188
Landverkauf 29
Landwirtschaft 35, 76, 78, 122, 191 f., 200, 207, 210 f., 232
Langer Marsch 174
Laozi 48, 244
Laufänderungen des Gelben Flusses 21, 78
Lebenspflege 121
Legitimation 48, 86, 95, 233, 237
Legitimität 66, 88 f., 216, 239
Lehnsherr 27, 29
Leibniz, Gottfried Wilhelm 7
Lenin 170, 232
Lhasa 28, 139, 196 f.
Li Chi 180
Li Dazhao 168
Li Denghui 224
Li Guangli 42
Li Hongzhang 130 f., 145, 148, 153
Li Hua 61
Li Lisan 174
Li Peng 218, 221
Li Shanchang 97

Li Zicheng 113 f., 187
Liang Qichao 142, 144
Liao 70, 72 f., 75, 79, 243
Liaodong 178
Liaoning 243
Lin Biao 203
Lin Zexu 127 f.
Lin'an 72 f.
Linguistik 119
Linienkämpfe in der KPCh 177
Literarisierung 51, 63
Literaten 60, 107 f., 110, 118 f., 141, 147
Literatenbeamte 15, 48, 63, 104, 106, 124, 127, 216
Literatengesellschaften 119
Literatenschicht 68, 70, 108, 116, 118, 141
Literatur 9, 25, 76, 106 f., 124 ff., 163, 172, 249
Literaturtage 119
Liu Bang 36, 86, 95
Liu Changyou 146
Liu Futong 88
Liu Jing 40
Liu Mingchuan 145
Liu Shaoqi 185, 189 f., 193, 198, 200, 206, 208
Lokalchroniken 109
London 128, 147
Longshan-Kultur 21
Lop Nor 21
Loyalität 80 f., 91, 114, 131, 236 f.
Lu Xun 141, 165, 172
Luoyang 21, 30, 39, 49 f., 54, 59, 100
Lushan-Konferenz 199
Luxus 120 f., 126

Ma Huan 99
Macau 19, 128, 134, 221 ff.
Machtwechsel 58, 113, 233 f.
Mais 106
Majiabang 22, 243
Majiayao-Kultur 21
Major, Ernest 147
Malakka s. Melaka
Malediven 100
Malerei 9, 107, 116
Malraux, André 173
Mamluken 100
Mandalay 18
Mandarin 28, 164
Mandschu 50, 89, 93, 97, 105, 107, 109 ff., 115, 117 ff., 125 f., 128, 131, 133, 137 f., 141 ff., 151 ff., 155 f., 159, 177, 194, 196, 223, 225, 246
Mandschukuo 177 f.
Mandschurei 21, 70, 81, 91, 132, 138 ff., 175, 177 f., 180 f., 184, 194 f., 226
Mandschutruppen 105, 112, 114, 187
Manichäismus 60, 65, 87 f., 97
Manufakturen 106, 115, 122, 172
Mao Dun 165
Mao Zedong 7, 66, 85, 137, 169, 171, 175 ff., 184 ff., 189 ff., 195, 198 ff., 202 f., 205 f., 208, 210 ff., 220, 226, 228
Maodun 38
Mao-Mausoleum s. Mausoleum für Mao Zedong
Marco Polo 115
Marco-Polo-Brücke 179, 182
Marineausbildung 146
Maring 169
Marktwirtschaft 208, 210

Marshall, George 185
Marxismus 168
Maße und Gewichte 35, 47
Massenbewegungen 116
Massendemonstrationen 107
Massenerziehung 92
Massenexekutionen 101
Massenlinie 211
Mathematiker 119
Mauer der Demokratie 207, 209
Maulbeerbaumrinde 79
Mausoleum für Mao Zedong 7
Mechanisierung 78, 211
Medina 81, 100
Meditation 108
Meditationsbuddhismus 53
Meditationspraxis 53
Mehrparteiensystem in Taiwan 189
Meiji-Reform 133, 153, 177
Meiji-Zeit 177
Meistbegünstigungsklausel 209
Mekka 81, 100
Melaka 100
Melodien 36
Mengzi 139
Menschenraub 172
Menschenrechte 206
Menschlichkeit 143
Menzius s. Mengzi
Migrationsströme 215
Mikojan, Anastas 185
Militär 77, 148, 174, 200
Militäradel 84
Militärakademien 135
Militärberater 146, 176
Militärdienst 91
Militärerziehung 147
Militärgouverneure 62, 72, 162, 245

Militärische Expansion 34
Militarisierung 87, 129, 134, 145 f., 183
Militarismus 179
Militärkolonien 43, 99
Militärkommission 205, 218
Minderheiten 210 ff., 222
Minderheitensprachen 165 f.
Ming Sheng 97
Ming Taizu s. Zhu Yuanzhang
Mingshi 119
Mission 41, 115
Missionare 106, 115, 145, 147, 152, 182, 232
Missionsschulen 182
Mittelmeerraum 115
Mittelschicht 106, 207
Mittlere Ebene 11, 51
Modellherrscher 18
Modernisierung 7, 15, 141 f., 148 f., 153, 160, 177, 198 ff., 207 ff.
Mohe 70
Mönche 52 f., 55
Mönchsgemeinden 52
Mond 23, 157
Möngke 80
Mongolei 19, 21, 28, 38 f., 50, 81, 91, 97, 105, 123, 138 f., 162, 178, 181, 185, 201, 213, 227
Mongolen 89, 93, 95 ff., 103, 105, 111, 117, 123, 131, 178, 245
Mongolenherrschaft 15, 80 ff., 86, 91 f., 97, 158, 237
Mongolisch 9, 28, 56, 81 ff., 90, 92, 117, 245, 249
Monopole, siehe Staatliche Monopole
Moskau 81, 169, 174, 176, 179, 180 f., 195, 203

Moslem-Rebellion 131
Mühlen 56, 78
Mukden 178, 194
Mukden-Zwischenfall 178
Münzanstalt 95
Musiktheater 126
Muslim-Aufstände 123, 133
Muslime 131, 212

Naher Osten 13
Naito Konan 73
Nanjing (Nanking) 21, 28, 79, 88, 91 ff., 99 f., 103, 119, 122, 125, 129 f., 135, 138 f., 156, 159, 161 ff., 173 f., 179, 181 ff.
Nankinger Nationalregierung 175, 185, 187
Nanzhao 62
Nassreisanbau 29
Nation 15, 26, 153, 155, 168, 181, 186, 209, 220, 223 ff.
Nationaler Volkskongress 202, 205, 209, 215, 241
Nationalismus 67 f., 96, 154 f., 225
Nationalistische Partei s. Guomindang
Nationalsprache 165
Nationalstaat 143, 150, 153 ff., 222, 236, 240
Nationsidee 224, 240
Naturalabgabe 29
Naturkatastrophen 14, 137, 151, 192
Naturräume 19
Naturwissenschaften 164
Neo-Konfuzianismus 56
Neo-Legalismus 64
Neolithikum 243, 249
Neolithische Revolution 18
Nepal 28, 59, 139

Nertschinsk s. Vertrag von Nertschinsk
Nestorianismus 60
Neue Demokratie 189, 206
Neue Jugend 14
Neumann, Heinz 174
New Territories 138
Nian-Rebellion 131
Ningxia 19, 28, 59
Nixon, Richard 201 f.
Nomaden 38, 46, 75, 80
Nordfeldzug 89, 162 f., 172, 174 f.
Nordgrenze 38, 45 f., 50, 99, 117, 140, 194 ff.
Nord-Süd-Gefälle 214
Nordvölker 44
Nurhaci 111, 114, 121

Oasengebiete 19, 38, 43
Öffentliche Arbeiten 104
Öffentlichkeit 78, 107 ff., 144 ff., 182 f., 196, 203, 219, 224, 238
Ögödei 80
Okinawa 100, 134
Oktoberrevolution 168
Ölvorkommen 178
Olympiastadion 7
Olympische Spiele 241
Open Door Note 150
Opfertempel für die kaiserlichen Ahnen 104
Opium 127 f., 172
Opiumhandel 124, 127 f., 136, 138
Opiumkrieg 127 ff., 132, 137 f.
Orakel, Orakelknochen 23, 243
Ordos-Bogen 34
Ordos-Hochebene 21
Orissa 100
Österreich 161

Österreich-Ungarn 152
Ostindische Kompanie 127, 223
Ostroute 100
Osttürken 57, 62
Ostturkestan (Xinjiang) 50, 138, 212
Oxus s. Amu-darja
Ozeanien 19

Pagodenarchitektur 116
Palastanlage 65
Palasteunuchen 101
Palastprüfung 98
Pamir 41, 59
Pangu 17
Papier, Papierherstellung 47, 61, 79
Papst 115
Paradies 108, 178, 250
Parkanlagen 116
Parlament 155, 159, 161
Parlamentarische Demokratie 154
Parlamentarismus 142
Parteibildung 109
Parteidiktatur 232
Parteisäuberungen 189, 199
Parthien 42
Partisanenarmee 180
Patna 37
Patriarchenlinie 53
Patrimonialbürokratie 237
Patronage 119
pax mongolica 83
Peiping 97, 159
Peking 7, 19, 21, 28, 79, 81 f., 89, 91, 94, 103 ff., 109 f., 113 f., 116, 119, 125, 135, 138 f., 140, 143, 152, 156 ff., 175, 179, 182, 185, 187, 194, 196, 199, 201 f., 206 f., 212 f., 215, 218, 221, 224 f., 241, 247

Pekinger Frühling 206
Pekinger Universität 166
Peking-Gazette 109
Peking-Hankou-Eisenbahn 134
Peking-Mensch 20
Peng Dehuai 174, 177, 193, 199, 206
Peng Yingyu 88
Permanente Revolution 199
Persien 40, 62, 83
Pescadoren 177
Pest 83, 103
Pfandleihen 56
Pferd 23, 42, 43
Philologie 110, 118
Pietät 18
Pingcheng 39, 50
Ping-pong-Diplomatie 201
Piratentum 103
Pjöngjang 19, 28
Platz des Himmlischen Friedens s. Tian'anmen
Pluralismus-Begriff 235
Port Arthur (Lüshun) 134, 139, 153, 194
Portugal 134, 139, 221
Porzellan 47, 106, 116
Porzellanmanufaktur 122
Priesterkaste 24
Priestertum 52
Prinz des Lichts 87
Prinzenerziehung 98
Privilegien 108, 134, 218, 229, 238
Professionalisierung 34, 76 f.
Proletariat 167, 169
Proletarische Kulturrevolution s. Kulturrevolution
Propaganda 73, 89, 92, 113 f., 116, 185, 226, 228, 233
Prostituierte 172

Protestbereitschaft 204
Protestbewegung 166, 208, 211, 219, 228
Protesttraditionen 141
Prüfungen 70
Prüfungskandidaten 124
Prüfungswesen 58, 63, 143, 151
Puyi 111, 157, 178

Qiang 45 f., 247
Qianlong 66, 111, 114, 123, 129
Qin Shihuangdi 29, 35, 62, 64, 85, 232, 236
Qinghai 19, 21, 196, 212, 243
Qu Qiubai 165, 174
Qufu 21, 30

Rabe, John 182 f.
Ränder der Welt 37
Rebellen 48, 69, 92, 114, 130, 153, 156
Rebellenarmee 114
Rebellenorganisationen 58
Rebellionen 69, 89, 107, 123, 130
Recht, Rechtssystem 207, 212, 237, 238
Rechtsabweichler 191 f., 208
Rechtskodex 34, 101
Refeudalisierung 84
Reformbewegung 143
Reformen 76, 120, 146, 151, 163, 207 f., 210, 217, 219
Reformen in Taiwan 188
Regierungsdevise *(nianhao)* 84 f., 99
Regionalismus 68, 87, 90
Reichseinigung 11, 25 f., 28 f., 31 ff., 75, 84, 93, 117, 216, 232, 236 f., 239 f., 244 f.

Reichsverwaltung 47, 236
Reine-Land-Lehre 108
Reisanbau 63
Reisanbauzone 21
Reiseberichte 42, 109
Religion 11, 52, 60, 66 f., 74, 102, 124, 249
Religionspolitik 57
Religiöse Bewegungen 14, 87, 233
Republik China 11, 16 f., 28, 156, 174 f., 181, 187 f., 222, 226, 231
Republikaner 132, 172
Restaurationspolitik 133
Revolte der Vier Prinzen 64
Revolution von 1911 144, 153 ff.
Revolutionäre 132, 146, 154 f., 157
Revolutionäre Allianz (Tongmenghui) 154 f., 157, 161
Ricci, Matteo 115
Riten 18, 95, 104
Ritual 23, 85 f., 102, 120, 218, 238
Ritualpraxis 25
Ritualtraditionen 24
rituelles Pflügen 97
Rohbaumwolle 128
Rohöl 135
Rohstoffe 9, 13, 36, 134, 177
Rom 39
Römisches Reich 39
Rote Armee 113, 171, 174, 176 f., 184 f.
Rote Garden 199
Rote Turbane 87 ff., 92, 95
Rotes Becken 21, 37
Ruan Yuan 127
Ruinenstädte 42
Russland 9, 13, 28, 70, 82, 123 f., 139 f., 146, 150, 152 f., 168, 183, 186, 194 ff., 212 f., 221 f., 226

Rüstungsindustrie 146
Rüstungstechnik 129
Ryukyu-Inseln 134

Sachalin 153
Salz 38
Salzmonopol 94
Salzschmuggel 69
Samarkand 42, 59, 81
sanhuang 19
Schall von Bell, Johann Adam 115
Schaufelraddampfer 129
Schifffahrtslinien 135
Schiffswerft 133
Schmuggler 87
Schrift 18, 23, 62, 70, 143, 164
Schriften 48, 109, 142
Schriftvereinheitlichung 47
Schulen 53, 59, 77, 105, 125, 127, 135, 150, 199
Schwarz-Schilling, Christian 75
Schwerindustrie 133, 190, 192, 226
Seefahrt 83, 99
Seehandel 106
Seezollverwaltung 136
Seide 22, 41 f., 75, 116, 136
Seidenstraße 19, 37, 39, 42 f., 52
Sektenbewegungen 87
Selbstbild Chinas 8
Selbstmord 103, 113 f.
Selbstorganisation der Dörfer 227
Selbststärkung 132 f., 135 f., 140, 143, 148
Selbstverwaltung 143 f.
Seoul 19, 28
Separatismus 63
Seuchen 14, 91
Shaanxi 19, 21, 28, 91, 131, 243

Shandong 19, 21, 28, 69, 91, 131, 140, 152, 243
Shangdi (Shang Di) 23, 25, 35
Shangdu 81
Shang-Dynastie 22 f., 34
Shanghai 19, 21, 28, 133, 139, 147, 160 f., 166, 169, 171 ff., 178, 182, 185, 243
Shanghaier Baumwollmühle 135
Shanyuan, Friede von 75
Shaoxing 79
Shen Bao 146 f., 158
Shen Baozhen 146
Sheng Xuanhuai 135
Shenyang 28, 178, 194
Shenzhen 209, 226
Shi Siming 63
Shu 244
Shujing s. Buch der Urkunden
Shun 18, 142
Shundi 35, 96
Shunzhi 111, 114
Sichuan 19, 21, 28, 41, 46, 62, 69, 91, 99, 179, 182, 196, 214, 243
Sikkim 166
Silber 75, 106, 124, 127 f.
Silla 59, 61
Sima Xiangru 47
Singapur 215, 226, 240
Sinisierung 45, 51, 166, 195, 239
Sklaverei 29
Sneevliet, Hendricus s. Maring
Snow, Edgar 169
Sommerresidenz 138
Sonderzonen 208 f., 226
Song Jiaoren 161
Song Lao 118
Song Lian 95 ff.
Sonne 23, 66

Sonnenkalender 157
Sowjetunion 170, 181, 184, 187, 194 f., 201, 212 f., 221, 227
Sozialdarwinismus 163
Sozialismus 155, 163, 191, 212
Sozialutopien 130
Sozialverfassung 148
Spanien 61
Spence, Jonathan 127, 249
Spielhöllen 172
Sprachenvielfalt 28
Sprachpolitik 164
Sprossen des Kapitalismus 106 f.
Sprossen des Parlamentarismus 142
Sri Lanka 39, 100
Staatenbildungen 50
Staatliche Monopole 38
Staat, Staatlichkeit 16, 26, 30, 51, 213, 233, 236, 238 f.
Staatsfinanzen 106 f.
Staatskanzlei 77
Staatskunstlehre 108
Staatsprüfungen 47, 59, 86, 95, 120, 140, 239
Staatsteilung 238
Staatswirtschaft 135
Stadt vs. Land 74, 229
Stadtbeschreibungen 109
Stadtbevölkerung 125
Städte 7, 12, 35, 74, 78, 125, 144, 160, 172, 191, 204, 222, 227, 229
Stadtgötter 102
Stadtkultur 78, 125
Stadtmauern 78, 125
Stadtstaaten 37, 41, 43
Stalin 173 f., 183, 185, 195
Standardisierung 25, 35, 47, 165
Steppenvölker 50, 61
Sterblichkeit der Seele 55

Sterne 24
Steuern 104
Stipendien 94
Strafgesetzgebung 58
Strafrecht 219, 238
Streiks 170, 200
Streitende Reiche 27
Streitwagen 23
Studentenproteste 217
Studentenunruhen 166
Studiengesellschaften 150
Südamerika 18
Südkorea 222
Südmandschurische Eisenbahn 178
Südostasien 13, 105, 122, 133, 240 f.
Sui-Herrscher 57
Sumatra 59, 100
Sumerer 8
Sun Yatsen 132, 146, 149, 153 ff., 161 ff., 170 ff., 175 f., 183, 220, 241
Sun Yatsen-Universität 176
Sun Yixian s. Sun Yatsen
Sündenbekenntnisse 108
Süßkartoffel 106
Suzhou 7, 115, 119, 125

Tadschikistan 212 f.
Tai Miao 104
Taipei 188, 224
Taiping-Aufstand 129 f., 135, 144, 187
Taiping-Ideologie 132
Tai-See 21
Taishan 19, 21
Taiwan 112, 123, 139, 177, 183, 188 f., 191, 201, 215, 221 ff., 243, 246
Taiwanesen 9, 188, 224

Taizong 60 f., 76
Taklamakan 21, 39, 59, 139
Tan Sitong 143
Tang Meng 41
Tang Taizong s. Taizong
Tanguten 72 f., 75
Tangutisch 75
Tao Kai 98
Tarim-Becken 41 f., 62
Taschkent 39, 81
Tee 116, 128, 136
Teehandel 95
Teeverarbeitung 122
Terror 113, 173, 182, 199
Textilien 41
Textilindustrie 122, 146
Thatcher, Margaret 221
Theater 125 f.
Thronbesteigung 95 f., 102
Throneingabe z. Buddhaknochen 66
Throneingaben 109, 199
Thronfolge 103 f., 234
Tian'anmen 166, 204, 206, 218, 221
Tianjin 19, 21, 135, 138 f., 143, 152
Tiantai 21
tianxia 11, 25, 104
Tibet 12, 19, 28, 68, 112, 123, 138, 195 ff., 213 f., 222
Tibeter 62, 72 f., 131, 195, 197
tibeto-birmanische Fürsten 63
Timuriden 100
Tocharer 42
Todesstrafe 219
Toghon Temür 96
Tongmenghui s. a. Revolutionäre Allianz 154
Tongzhi 111, 133, 135
Töpferkunst 18

Tor des Himmlischen Friedens 7, 166, 186
Transoxanien 59
Transport 78
Transportindustrie 146
Transsibirische Eisenbahn 134, 194
Traubenwein 41
Traumatisierung 137
Tributbeziehungen 44
Trinkwasser 14
Trotzki 174
Tschingis Khan 80, 83
Tujüe 57
Tukur, Ulrich 183
Tungusen 80
Tuoba 46, 54 f., 245
Turfan 21, 39, 41, 59, 62
Türken 62, 80
Turkistan 59, 81, 139
Turkvölker 213
Turkmenistan 213

Überschwemmungen 78, 83, 90
Über die richtige Behandlung der Widersprüche im Volke 192, 220
Überflutungsgebiete 33
Überseechinesen 222, 240 f.
Übersetzungstätigkeit 52
UdSSR s. Sowjetunion
Uighuren 59 f., 62
Uighurisch 9, 12, 28, 75, 212 f.
Ulan Bator 19, 28, 139
Umgangssprache 95
Umsiedlungen 46, 78
Unabhängigkeit der Mongolei 162
Unabhängigkeit Tibets 162, 196 f., 213
Ungarnaufstand 192, 220

Ungleiche Verträge 129
Universalherrschaft 61
Unruhen 48, 58, 69, 92, 107, 112 f., 123, 126, 129, 138, 166, 186, 197, 211 f., 217 f., 229
Unruhepotential 211
Unsterblichkeit 37
Unterer Yangzi 19, 28, 63, 92, 110, 112, 115, 125, 182, 243
Unternehmer 135, 146, 149, 167
Urbanisierung 56, 74, 125
Urkaiser 17 f.
USA s. Vereinigte Staaten von Amerika
Usbekistan 42, 213
Ussuri 70, 140
Usurpation 104
Utilitarismus 163
Utopie 93, 130, 150, 200

Vatikan 178
Verbindung nach Westen 39
Vereinigte Staaten von Amerika 9, 13, 132, 142, 164, 178, 181 ff., 185, 188, 201, 202, 206, 209, 213, 221
Vereinte Nationen 201, 224
Verfassung 155, 175, 184 f., 191, 202, 204 f., 207, 230
Vergnügungsstätten 125
Verkehrswegenetz 57
Veröffentlichungswesen 118
Versailles 132
Vertrag von Aigun 140
Vertrag von Kiachta 123
Vertrag von Nanking 129, 138
Vertrag von Nertschinsk 140
Vertrag von Shimonoseki, s. Friede von Sh.
Vertrag von St. Petersburg 133
Vertragshäfen 139, 160, 167
Verwaltungsaufteilung 35
Verwaltungsregeln 101
Verwaltungsstädte 35, 74
Vielvölkerreich 9, 123, 240
Vier Meere 25
Vier Modernisierungen 203 ff., 207 f.
Viererbande 201 f., 205 f., 210
Vierte-Mai-Bewegung 16, 127, 164, 166, 206
Vietnam 28, 132, 134, 138, 226
Voitinski, Gregory 169
Völkerrecht 129
Volksaufstände 126
Volksbefreiungsarmee 184, 218
Volkserhebungen 110, 122
Volkskommunen 192
Volkskommunen in Tibet 196
Volkswohlfahrt 155
Vormundschaftsregierung 175

Waffentechnik 133
Wagenbau 18
Währung 106
Wanderungsbewegungen 224
Wandzeitungen 206 f.
Wang Chong 48
Wang Fu 45
Wang Jingwei 175, 183
Wang Mang 35, 49, 244
Wang Tao 148
Wang Wei 97
Wang Zun 68
Wanli 85
Wanli-Periode 107, 113
Warentransport 78
warlords s. Kriegsherren

Wasserregulierung 18
Wasserstraßen 78
Wasserwegebau 57
Weber, Max 33, 237
Webinstrumente 22
Wei Jingsheng 207, 209
Wei Zheng 61
Wei Zhongxian 107, 118
Weidewirtschaft 82
Weihaiwei 139
Wein 38, 94
Weinritual 23
Weintrinken 23
Weiße-Lotos-Sekte 123
Wei-Tal 63
Weltbildkonstruktion 25, 33
Weltentstehung 17
Welterrettungsvorstellungen 90
Welthandel 106, 126
Weltklima 90
Weltreich der Mongolen 80 ff., 245
Wen (König) 27
Wen Jiabao 241
Wendi (der Sui) 35, 58
Wendi (der Han) 35
Wenzong (der Tang) 60, 68
Westlande 10, 39 ff., 45 f.
Westliche Xia s.a. Xixia 75
Westorientierung 83, 147
West-Qiang 46
Whampoa-Militärakademie
  s. Huangpu
Wiederherstellung des Altertums
  92
Wirtschaftsleben 112
Wissenschaft 148, 207
Wladiwostok 195
Wu (Staat) 89
Wu Han 199

Wu Zetian 60
Wuchang 148, 156
Wuchang-Aufstand 155
Wudi (der Han) 62
wudi s. Fünf Urkaiser
Wuhan 21, 28, 172
Wunder der Meere 99
Wüstenzonen 34
Wusun 42
Wuzong 60

Xi'an 28, 39, 57, 65, 94
Xi'an-Zwischenfall 179
Xia (Xixia) 72 f., 75, 245
Xia 18, 22 f., 75, 97, 99, 120, 243
Xiamen 139, 226
Xian Nong 97
Xianbi 46, 49, 75
Xiang 28
Xianyang 33
Xianzong (der Tang) 60, 64, 66
Xidan-Bewegung 207, 217
Xinjiang 12, 19, 21, 28, 50, 62, 132,
  138, 158, 165, 212 ff.
Xinmin conbao 199
Xinqingnian 192
Xiongnu 38 ff., 46, 61
Xixia s. Xia (Xixia)
Xizong 60, 107
Xu Da 97, 103
Xu Hongzu 109
Xu Qianxue 119
Xu Yuanwen 119
Xuanzong 60
Xunzi 32

Yan Fu 148
Yang Shangkun 177
Yang Xiong 44

Yangshao-Kultur 21
Yingya shenglan 21
Yangzhou 125
Yangzi 19 ff., 28, 49 f., 54 f., 57, 63, 72 f., 81, 91 f., 139, 172, 179 f., 182, 185, 243
Yangzi-Delta 21
Yangzi-Schluchten 19
Yao 18, 68, 142
yaozei (dämonenhafte Rebellen) 48
Yarkand 39, 41, 59
Yi (Luoluo) 75
Yili-Gebiet 134
Yingtian (Nanjing) 94
Yokohama 144
Yongle 85, 94, 97, 99, 102 ff.
Yongzheng 111, 113, 121, 123
Yu 18
Yuan Hongdao 108
Yuan Shikai 143 f., 157, 159 ff., 164, 170
Yuanmou-Mensch 20
Yuezhi 38, 40 ff.
Yuezhou 79
Yumen-Pass 44
Yun Jing 119
Yunnan 19 f., 28, 41, 91, 106, 123, 196

Zeitrechnung 27
Zeitschriften 132, 144
Zeitung 132, 147, 158, 172, 218
Zen 53
Zeng Guofan 130, 145, 147, 149
Zensoren 104
Zensur 71, 118, 121, 228
Zentralasien 41, 45, 59, 80, 105, 124, 212, 221
Zentralebene 33, 51
Zentralismus 90
Zentralregierung 29, 105, 123, 126, 135, 162, 164, 173, 176, 214, 225, 230, 233, 236, 238
Zhang Qian 40 ff.
Zhang Qingli 197
Zhang Shicheng 86
Zhang Xueliang 178
Zhang Xun 161
Zhang Zeduan
Zhang Zhidong 148 f.
Zhao Ziyang 208, 210, 217 f., 221
Zhejiang 19, 28, 91, 116, 130, 243
Zheng He 99
zhengfa-Politik 44
Zhifu 138 f.
Zhong-Berg 102
Zhongyuan 11, 33
Zhou Enlai 171, 184, 186, 201 f., 204 f.
Zhou-Dynastie 25 ff., 60, 70, 76
Zhoukoudian 20
Zhu Biao 94, 96
Zhu De 186
Zhu Di 103
Zhu Xi 86
Zhu Yuanzhang (d. i. Ming Taizu, Hongwu-Herrscher) 84 ff., 88 ff., 93, 97 f., 101 ff., 155
Zhuang 28
Zhuangzi 48, 248
Zhuhong 108
Zivilrecht 238
Zollverwaltung 136
Zongli Yamen 133, 148
Zoroastrismus 60
Zuo Zongtang 130 ff., 138
Zushan 99
Zweiter Weltkrieg 183